# 布力架家族

澳門土生葡人在港五代發展傳奇

鄭宏泰

獻給父親，表達無盡思念

# 目錄

# 序

　　香港與澳門同位處中國偏南一隅，背靠大陸、面向太平洋，兩地一衣帶水，近在咫尺，在近現代中國歷史上長期扮演著連結華洋中外的橋樑角色，亦因曾分別為英國和葡萄牙統治，孕育出了特殊的族群與文化，而澳門土生葡人則是當中信仰、血脈與文化混合的最突出例子。更加引人注視的是，這個族群不只在澳門扎根發展，更在香港被闢作英國殖民地時移營換寨，由澳轉港，憑其精通中英葡多種語言的優勢，又了解東西文化，成為溝通各方的「文員階層」，在香港社會與經濟發展進程中居於吃重位置，發揮關鍵作用。

　　在由澳轉港發展的芸芸澳門土生葡人家族中，布力架（Braga）家族既具歷史縱深，又具政經與社會影響力，同時在宗教信仰上別具曲折經歷，其多代人在港澳發展的故事，見證了兩地社會在中國近現代史上的起落跌宕和曲折進程，Stuart Braga 的博士論文，更詳述了家族成員不同時期的種種際遇。

　　在完成渣甸家族、太古家族、猶太家族和巴斯家族在香港的發展故事後，吸引筆者研究視野和興趣的，便是作為澳門土生葡人的布力架家族，核心原因是這個家族信奉天主教，與前文提及其他家族的信仰不同，而布力架家族在香港的發展歷史又同樣深厚，因此能夠作為參照、比較，有助我們對不同宗教信仰、不同種族與不同文化的家族與企業發展特點的了解。

　　當然，必須承認的是，要深入研究這個家族的發展，有很多包括語言文字、宗教信仰與社會文化等困難，令人卻步。但本著邊研究、邊學習的鍥而不捨精神，最終仍順利完成這項艱巨任務，讓布力架家族與港澳社會發展的故事粗略展示讀者面前。

毋庸置疑，研究過程遇到的問題多多，儘管筆者力求解答，但畢竟受各種知識和認知等缺陷影響，粃漏缺失難免，希望讀者不啬賜正，有以教我。至於這一研究工作最終能順利完成，實乃獲得各界友好及機構鼎力協助所致，在此謹向他們致以最衷心感謝。

首先，要感謝我們家族企業研究團隊的黃紹倫教授、孫文彬博士、周文港博士、許楨博士、王國璋博士及閻靖靖博士等，儘管過去三年，受 2019 冠狀病毒病影響，我們鮮能如過去般聚首談天論學，但幸好在科技幫助下，大家仍能坦誠分享、交流見解、互相砥礪，實乃研究道路上的重要助力。

同樣地，亦要向前研究助理李明珠和行政主任俞亦彤表示謝忱，她們曾在不同層面給予幫助，令本書內容更加充實。當然，亦要感謝香港中文大學圖書館、香港大學圖書館、香港歷史檔案館、英國國家檔案館、澳門檔案館和澳洲國家圖書館（National Library of Australia）—— 尤其 Braga Collection 和 Stuart Braga 的博士論文 —— 等提供圖片和資料，給予支援和協助，使本研究可克服種種困難，得到今天的成果。

最後，要向太太李潔萍表示衷心感謝，她是文稿的第一位讀者，並多次協助校對，給予不少建言。而且，她大小家事一手抓，疫情期間做好各種防疫抗疫措施，保護家中老少，讓我不用操心，並在我身心疲累時為我打氣，更令這項研究得以順利完成。

雖然得到各方友好和機構的大力幫助，但研究成果的出版仍有波折，2019 冠狀病毒病持續多年打擊各行各業，出版業亦甚困難。幸好最後得到香港三聯大力支持，才能順利出版，在此向李毓琪小姐、寧礎鋒先生等致以謝忱。如對本書有任何意見，請致函香港新界沙田香港中文大學香港亞太研究所或電郵 vzheng@cuhk.edu.hk 聯絡。

鄭宏泰

# 第一章

## 澳葡商人

### 天主教信仰家族的發展軌跡

完成了信仰基督新教、猶太教或瑣羅亞斯德教不同家族的跨世代發展研究後，我們對不同民族、信仰與文化的婚姻、家族、血脈有了不同了解，他們在不同時代背景下的移民，又產生了不同的商業營運模式與企業精神，左右了商業發展。對這些概念有一定掌握後，很容易令人想到歷史上另一個不容忽略的族群——同樣信仰基督，但屬天主教會，祖先是歐洲大陸伊比利亞民族的「土生葡人」群體。他們不但與香港關係密切，來華歷史悠久，以在香港生活的族群人數論，亦遠比來自英格蘭島的盎格魯撒遜人、來自黎凡特的猶太人，以及來自波斯灣的巴斯人多，他們的發展進程和軌跡，既同中有異，更合作中有競爭，有著同樣獨特的歷史傳奇篇章。

在香港開埠之前長達 300 多年的歷史裡，澳門一直是華洋交往的獨一無二管道，按道理這樣的特殊環境應可孕育出不少巨富家族，或延續多代、極具影響力的大企業，但現實是，無論自 1557 年澳門容許葡人在當地生活，[1] 或是自 1849 年澳門獲確立為葡萄牙殖民地起，均未見特殊或成功的例子，土生葡人或其家族在澳門的經濟或商業力量不算強大；哪怕他們離開澳門，轉到香港、上海或其他地方後，亦鮮見能創立如渣甸洋行、太古洋行、沙遜洋行、麼地洋行或律敦治洋行等財力雄厚的大型企業。本研究以土生葡人中在香港具知名度和影響力的布力架（Braga，另譯布拉架、罷拉架或白樂嘉等，因香港普遍稱之為布力架，並設有布力架徑，本文一律以布力架稱之）家族為個案，並圍繞一神宗教下婚姻、家族與企業發展的不同特質，作出一點結構性的比較、說明和分析，讓我們可對不同信仰的族群在香港、中國內地、亞洲，甚至世界不同環境下的處變、應變和求變有更深入了解。

# 信仰的發展力量

正如渣甸、太古、沙遜，以至打笠治和麼地等家族般，在分析他們的發展進程時，信仰總被放到一個特殊高度及重要位置，如戰爭術語中的「制高點」，認為信仰因素對不同族群的經濟、商業、日常生活與精神追求等層面均有決定性影響。德國社會學巨匠韋伯（Max Weber）尤其掌握這一要點，提出了極為重要、影響了學術界及社會重大發展方向的理論，認為信仰的巨大力量乃現代資本主義興起的源頭，而基督新教或清教則是核心所在（Weber, 1985）。這引起了學術界的巨大迴響，不少人提出質問與疑竇，覺得不可思議，過於理論化、片面或唯心主義（黃仁宇，1997）。具體辯論與求證不論，宗教信仰左右人類行為甚至商業行為，從而決定一個社會的經濟發展動力，這樣的觀點無疑引起了關注。

按此理論，本書聚焦的葡萄牙或澳門土生葡人，因信仰天主教，與基督新教相比，雖同屬一神論，卻在婚姻、血脈、商業發展與生活文化等各層面，呈現不同追求和特質，因此有了不同發展。所以無論在澳門生活的葡萄牙人或土生葡人，他們雖然是香港開埠後湧來的其中一個「人多勢眾」的非華裔（籠統地或可稱為「洋人」），人數與英國人不分軒輊，惟他們所發揮的商業力量卻沒預期中巨大，與英國人比較相去甚遠。

到底信仰的力量如何導致發展差異？其轉變的歷史如何？從縱向的歷史發展角度看，談到全球化與現代民族國家的興起時，於1139年獨立的葡萄牙帝國，無疑是史上第一個由大國主導世界秩序的例子，該國最先在全球建立殖民地，進行跨地域的資源掠奪，憑著突出的航海技術和冒險精神，尤其是達伽瑪（Vasco da Gama）於1497年穿越非洲好望角，踏足東非，然後抵達印度，開啟了葡萄牙人走向全世界的風氣之先——日後稱為全球化（Friedman, 2006）。之後的歲月，葡萄牙人在非洲、亞洲和美洲大陸建立殖民地，其中最

受關注的，是 1557 年獲大明朝廷首肯，取得澳門作為其貿易及傳教據點，開展了葡萄牙與中華大地的多方面交往。繼葡萄牙之後，西班牙亦憑著航海技術與冒險精神獨步世界，是哥倫布（Christopher Columbus）在 1492 至 1502 年間多次航越大西洋，成功踏足美洲新大陸，開闢為殖民地，建立起無遠弗屆的龐大帝國。

　　但自十六世紀之後，葡萄牙和西班牙主導世界的風光局面不再，逐步被新崛起的荷蘭及英國所取代。這兩個國家本土的人口及領土同樣不多，但國力擴張較葡萄牙和西班牙迅速，因此後來居上，不但在全球開拓新的殖民地，還吞併了不少原本由葡萄牙及西班牙掌控的殖民地，成為主導世界的新霸主。這一發展局面在學術界長期引起不少討論，並因葡萄牙與西班牙是天主教（或稱「舊教」，以區分於「新教」）國家，而荷蘭和英國則屬基督新教國家之故，於是出現了前文韋伯認為新教有助經濟與商業發展問題的討論。

　　比較天主教國家和新教國家的發展動力，不但葡萄牙與西班牙（天主教）不及荷蘭和英國（新教），就連中南美洲國家（天主教）亦不及北美洲國家（新教）。把視野集中到香港及澳門，同樣不難發現，曾被英國統治的香港，遠比曾被葡萄牙統治的澳門有較大的發展活力，背後除反映政治制度差異之外，天主教與新教之別亦是不容忽略的因素。法國大思想家孟德斯鳩（Montesquieu）在其《論法的精神》中指出了一個重點：一個民族愈發達，物質因素對其影響愈小，反之精神因素對其影響則愈大（孟德斯鳩，2009）。即是說，一個社會愈發達、愈長期發展，就愈依賴精神因素，而不是與生俱來的物質因素。

　　馬丁‧路德（Martin Luther）於 1510 年代提倡宗教改革，創立基督新教，強調因信稱義、善功贖罪等觀念；這種觀念自加爾文主義（Calvinism）於 1610 年代起在荷蘭和英國等地流行起來後，令其社會氣氛脫胎換骨，人民精神面貌大振，經濟亦在商業活動頻仍下迅速發展起來，因此韋伯提出了新教倫理造就

現代資本主義精神的理論，說明精神因素在更大程度上決定了民族或社會的發展（Weber, 1985）。

在馬丁‧路德提出改革之時，天主教會強調「到普天下傳福音」的信念，無疑有助他們足跡走遍全世界，成為推動全球化的先驅。但在經歷千百年發展之後，難免出現不少規則與制度，被部份教徒認為壓抑人性、扭曲上帝本意，不利社會及經濟發展，或者說掉進了僵化的教條主義窠臼，造成嚴重流弊。例如教會擁有能約束行為與思考的強大力量，被部份教徒視為枷鎖桎梏，覺得個人自由或思想受限制，難以擺脫社會傳統規範；又例如教會壓抑商業活動，貶視追逐利潤的努力；商人沒有甚麼社會地位，得不到尊重，教會對信貸行為更是高度抗拒，壓抑了社會的商業行動；當然，還有出售「贖罪券」斂財等等，導致像馬丁‧路德般的信徒不滿，認為教會扭曲人性、窒礙社會發展。

由是觀之，馬丁‧路德之所以提出宗教改革，目的是還原他本人所理解的上帝本意，強調釋放人的本性，令新教徒重拾個人自由自主，按本性追求自我，發揮自我力量。其中，新教衝破傳統天主教會長期強調的禁慾主義，被認為乃刺激經濟發展的重要力量，令那些奉新教為圭臬的社會或國家，商業上獲得了巨大的發展動力，經濟蒸蒸日上，與服膺於傳統天主教會的社會或國家，隨後有了截然不同的發展力量和進程。

法國社會學者佩雷菲特（Alain Peyrefitte）還提出另一要點，指出資本主義在中世紀末的歐洲南部發展很快，造就了葡萄牙和西班牙的崛起，但在馬丁‧路德提出宗教改革後，天主教會為抗衡新教所作出的連番舉動，反而窒礙了他們的發展，令「南歐諸國相對於新教國家曾經有過的領先地位不僅沒有保住，而且以絕對值而論還蛻變成了日益嚴重的落後」（佩雷菲特，2016：499）。即是說，本來同源的兩大宗派──天主教與新教，因為改革與反改革在明在暗相互較勁，走上了不同道路，令信仰這兩種宗教（或隸屬於不同教會）的社會或

信眾，有了截然不同的商業與經濟發展力量。

就移民為例，為了尋求發展而往外闖的葡萄牙、西班牙人，或是荷蘭、英國人，本質上都是移民，按經典企業精神理論，他們都應具備千方百計尋找商機、發展企業的強烈意欲與野心，可他們各自的宗教信仰，卻又形塑了不同的商業意識與事業追求，用熊彼得（Joseph Schumpeter）的角度說，則是指企業家精神，因此影響了他們的商業活力與經濟發展（Schumpeter, 1996）。背後所揭示的現實，則是葡萄牙和西班牙的商業與經濟發展活力，遠不及荷蘭和英國。


## 種族與文化的排擠或融合

不同民族因不同氣候、地理、歷史與宗教信仰等因素，孕育出不同社會制度、文化及價值觀，從而更好地維護自身利益及長期發展。本來，在科技落後的年代，受山川河流等自然條件阻隔，跨種族與跨文化接觸極為有限——或是不深入，點到即止的情況下，不同種族或文化各自生活，彼此沒有甚麼分歧、矛盾與衝突。惟科技進步，令地理阻隔被打破，接觸變得頻密時，則較難維持自身不受影響。堅持本身種族純正，不與其他種族通婚；或是彼此接納，結秦晉之好，則成為兩種截然不同的種族或文化策略，亦因此影響了不同種族或社會的發展。

具體地說，出於相信自身種族純潔或文化優越的考慮，不少種族或文化都抗拒與非我族類通婚融合，前文提及筆者過去深入研究的洋人家族個案——盎格魯撒克遜人的渣甸家族和太古家族、猶太人的沙遜家族，以及巴斯族裔的打笠治和麼地等——便是很好的說明。舉例說，在探討英國向全世界殖民擴張的問題時，赫騰伯克（Robert Huttenback）尖銳地指出，種族主義是大英帝國維持高效統治的核心，乃鞏固權力的基礎，白人至上或白人優越的觀念深入各

階層的白人心中，統治者與知識分子尤其強烈。例如曾任大英帝國殖民地部大臣，統管日不落國大片海外殖民地的章百倫（Joseph Chamberlain）曾說過：「我相信不列顛種族是世界上前所未見的最偉大的統治種族」（Huttenback, 1976: 15-16）。

同樣值得注意的，是猶太家族及巴斯家族的例子，他們為保持種族純潔，以免被世上其他種族同化，失去身份、文化和信仰的獨特性，因此視異族婚戀和改變宗教信仰為禁忌，覺得乃對家族或種族的嚴重背叛，違者會被驅逐，斷絕交往，從此相見如陌路。羅旭龢家族的個案，便是十分突出的例證。

在種族與文化融合方面，葡萄牙人顯然持截然不同的看法：他們不但容忍異族婚戀，甚至鼓勵這樣做，且重視或吸納混血後代到政府管治的中上階層，成為管治集團的其中一股重要力量或夥伴。正因如此，在澳門、馬六甲、印度、東非等葡萄牙殖民地或勢力範圍，都能清晰看到混血群體的社會地位及政治力量，澳門土生葡人——即葡語中的 Macaense——的特殊身影，揭示他們不但在社會上備受注視，亦深具影響力。然而，所謂「土生葡人」，沒有十分清晰的中文概念與定義，只是簡略指那些「本地化了的葡萄牙人」而已（李長森，2007：35-40），可見這個群體具有一定彈性和包容性，並非一成不變（參考下文討論）。[2]

相對而言，在香港，同樣作為跨種族戀情結晶的混血族群，雖然他們的父親大多為洋人，母親才是華人，按父權社會傳統，應屬於洋人一邊，卻因英國統治者採取種族主義政策，認為「非我族類，其心必異」，又覺得純種血統才是優良，「溝雜」了便不好（Huttenback, 1976），不但不接納非我族類者，連混血兒族群也拒諸門外，不給予歐洲或英國人身份，令他們只能作為華人生活，投入到華人社會之中（鄭宏泰、黃紹倫，2006）。對於港英政府的種族政策，葡萄牙學者卡布拉爾（Joao de Pina Cabral）在分析澳門歐亞混血族裔的特

徵後作出評論:「香港的英國人,不會輕易接受他們與中國女子所生子女為自己的具有完全合法地位的子女」(卡布拉爾,1994:190),可謂言簡意賅地點出了核心所在。

對葡萄牙人較為包容跨種族婚戀的態度,李長森在進行深入跨世代長期追蹤的研究後,提出了如下一些解釋:一來是他們人口不足以應對全球擴張,只能吸納其他種族作為補充;二來他們無法克服巨大的地理阻隔,難以派遣自身人口走向全球;三來他們的勢力範圍或殖民地的戰線拉得太長,鞭長莫及,極難派出葡萄牙女性到遠隔千里的海外,只好採取被稱為「男性嫁接」的方法應對。所謂「男性嫁接」,說白了即是任由那些隻身前往海外的葡萄牙人與當地女子結婚,誕下混血兒子女(李長森,2007:50-60),然後把混血兒子女吸納到中上層社會,成為統治助力,鞏固葡人在海外的統治。

由此觀之,葡萄牙人在全球擴張殖民地時,為應對本身人口不足、男性人口在海外開拓,難以成家立室等問題,採取了接受現實的「折衷」方法,既鼓勵他們與當地婦女結合,亦接納混血後代,混血兒能夠成為統治集團的重要部份,分享一定統治權力,擁有一定社會地位,因此他們很自然地重視維持本身獨特身份,令其「土生葡人」的名牌可以長久地保存下來。正因英國與葡萄牙推出了截然不同的種族政策,港澳兩地的混血兒族群乃有了巨大的發展差別。

另一重大不同,呈現於宗教信仰對其他種族的包容度上。據李長森(2007)所指,在澳門的土生葡人中,第一代不是全部都是混血人士,亦有不少純種華人,主要是那些選擇皈依天主教者。一般而言,那些接受福音、舉行了受洗儀式、改了葡萄牙人姓名、搬到澳門居住的純種華人,亦能獲接納為澳門土生葡人。他們有些與葡萄牙人結合並誕下混血兒,混血族群之間再互相通婚,令後代的血統逐步融和,因此亦強化他們土生葡人的身份與特點。

葡萄牙人容許其他民族加入天主教,並能視改宗者為自己族群,情況與猶

太教及瑣羅亞斯德教有巨大差別，因為後兩者只屬於猶太人及巴斯人，並不接納非我族類者的皈依。即是說，對他們而言，宗教信仰是與生俱來的，不能後天改變。最能說明這種情況的例子，則是 1908 年孟買巴斯族群的《白帝訴吉吉貝》（Petit v Jijibhai）案，興訟一方是嫁入巴斯家庭的法裔婦人，核心點是哪怕她已舉行了皈依瑣羅亞斯德教的儀式，亦不獲巴斯族群接納，無法獲得與巴斯人同等的權利，揭示巴斯族群對非我族類者改信他們宗教的抗拒（參考《巴斯家族》一書）。

無論是基於現實或宗教因素，葡萄牙的種族政策較為包容開放，因此形成了土生葡人族群。天主教會接納不同種族的人士皈依，強化了土生葡人族群的內涵；葡萄牙統治者願意吸納土生葡人進入統治體系，則令族群有了物質及社會基礎，得以長期維持，歷久不衰，此點無論與盎格魯撒克遜人、猶太人或巴斯人相比，均顯示了截然不同的一面。


## 婚姻與家庭的倫理和關係

社會的最基本單位是家庭，用以組織家庭、繁衍後代、壯大成為家族的社會制度是婚姻，而婚姻和家庭的理想、結構、倫理及關係等，則深受宗教信仰及歷史文化等因素影響。天主教與新教雖然都信仰基督，同宗同源，但兩者對婚姻和家庭的理想、對生育子女的看法，乃至對離婚、再婚，以及夫婦、親子關係的看法等等，卻呈現不少差異。它們與猶太教和瑣羅亞斯德教的差異之巨大，更可謂不講自明。

由於信仰有別，加上歷史、文化、生活及地理環境差異，家族和企業的發展軌跡有所不同，亦不難理解。天主教與猶太教或瑣羅亞斯德教對婚姻、家庭及子女等觀念存在差異不談，只看天主教與新教的分歧，亦可找到不少至關重要的因素，如何導致家族和企業呈現不同發展，不容忽略。以下且就天主教與

新教的婚姻及生育觀念作一個簡單比較。

　　首先，在婚姻方面，天主教和新教的共同點是奉行一夫一妻制，夫妻結合的重中之重是延續血脈，視家庭為教育子女信奉上帝（猶太教與瑣羅亞斯德教亦如此）的關鍵所在。然而，天主教和新教對婚姻的觀念卻甚為不同，在新教出現之前，天主教極為強調禁慾，視服侍教會高於家庭和婚姻，壓制慾望追求，對婚姻的看法甚為矛盾：既貶低性行為，崇尚貞潔，但由於家庭教育對宗教傳播的重要性，又不得不接納繁衍後代所必須的性行為，所以轉而認為婚姻結合乃上帝的恩典和祝福，又把婚姻中的性行為視為生育的「唯一正當性」所在，而婚姻是「不應解除」的關係（Buitendag, 2007; 郭鴻標，2004 及 2017；張生，2013）。

　　自馬丁·路德之後，新教對婚姻觀念提出眾多質疑，為婚姻與性愛的矛盾關係賦予了截然不同的觀念。扼要地說，新教徒不認同婚姻乃上帝恩典之說，認為婚姻本質上不是「屬靈」的，而是「屬世」之事，屬於人世間法律的範圍，而非福音之事，並對婚姻中的性行為給予正面和積極意義，視之為夫婦親密、愜意、身心互通互動的美好行為，與是否聖潔扯不上邊，而是「來自上帝的禮物」（Schnucker, 1969: 139），並引伸出婚姻具有「可解除」的特點（Buitendag, 2007; 郭鴻標，2004 及 2017）。

　　在傳統的天主教眼中，婚姻是上帝的恩典和祝福，故強調教徒與教徒通婚，不能與異教徒結合，同時強調多生育、不絕育、不離婚等觀念；相對而言，新教徒相信婚姻是俗世之事，所以不抗拒教徒與非教徒結合，亦不特別強調多生育、不絕育，夫婦對於生育問題，可按各自所需和實際情況自決，甚至接納在某些特殊情況下（如某一方犯姦淫、拒絕性交等）可以提出離婚（郭鴻標，2004 及 2017）。

　　天主教和新教對再婚的看法，亦存在巨大差異。由於天主教不認同離婚，

因此亦不接納再婚，不容許離婚或再婚者領聖體和參與其他聖事，甚至規定牧者不能以任何理由為再婚者主持婚禮。另一方面，天主教否定人工避孕，亦不容許墮胎，認為墮胎是邪惡之事。至於新教，由於視婚姻為世俗事務，接納夫婦自主離婚，亦不反對再婚，同時認為生育不是性交的唯一目的，所以同意避孕，並指聖經上其實沒有禁令避孕，生育兒女不是每段婚姻均須遵守的絕對命令（郭鴻標，2004 及 2017）。

從歷史上看，天主教強調婚姻不可解除——即不能離婚，這成為英國君主亨利八世（Henry VIII, 1491-1547）與羅馬天主教會（教廷）反目的原因之一。亨利八世為了避免血脈斷絕，鬧著要與婚後多年無法生育的王后離婚，卻不獲羅馬教廷接納。他最後堅持離婚，寧可與羅馬教廷反目，此舉不但轟動整個歐洲社會，亦從此改變了歐洲——尤其英國和荷蘭等國——與羅馬教廷的宗教和政治關係（Randell, 1993; Loades, 1994; Betteridge and Freeman, 2012）。

對於家庭分工與子女養育的問題，雖然天主教和新教都強調愛與信賴，但前者在家族結構上較注重父權中心，夫妻、子女之間的尊卑秩序較為明顯，較強調上下之別與服從；新教方面，雖然家庭結構同樣是父權中心，但夫妻、子女的尊卑關係沒那麼不可逾越，較尊重個人自由，沒濃烈的絕對服從意識。夫婦之間除了較強調分工，男主外女主內同樣重要，亦強調「智慧較少的要聽智慧較多的，無論男女」的原則（張生，2013：111），有了較多男女平等觀念，而非只重視傳統教條。

綜合以上情況，有論者因此指出，婚姻觀念和家庭倫理是新教對中世紀天主教教義的「最大揚棄」，並因這種變革，令女性地位有了歷史性的提升，妻子成為「上帝的祝福……夫妻間的不平等幾乎達到了歷史上的最小化」（張生，2013：109-110）。新教徒社會的夫婦、父母與子女關係，乃至於男女平等觀念，都呈現出與天主教社會不同的形態，兩者亦因此走上了不同的發展軌跡。

正因如此，信奉天主教的土生葡人與信奉新教的英國人，雖然他們均在香港這個殖民社會中生活，建立家庭、發展事業，但兩者卻有甚為不同的發展，原因正是他們擁有不同的追求與調適機制。

## 澳門與土生葡人家族

澳門，中華大地偏南一隅的城市，其三個主要部份即澳門半島、氹仔及路環的天然土地面積，在 1840 年之前其實不足 10 平方公里，之後因不斷填海造地，到 2018 年時已倍增至 33 平方公里左右。澳門雖只是彈丸之地，卻呈現出不少特殊性：由於缺乏天然資源，澳門長期依賴一些不容於傳統社會的行業——鴉片、苦力出口、黃金走私、娼妓、賭博等支撐經濟，卻能不斷發展；澳門的人口結構絕大多數是華人，洋人比例較少，土生葡人尤甚，然而後兩者卻主導城市的發展方向，扮演重要角色；還有一點是，土生葡人在澳門生活數百年，延續了多個世代等。難怪有學者會以「澳門模式」（Macau formula）來形容澳門的獨特發展進程（Fok, 1978）。

造成這些獨特形態的背景因素，與澳門在一個特殊歷史環境與時空下，發展成為溝通華洋中外的唯一管道有關。具體地說，澳門具有多重特殊性：小可牽動大、邊緣能左右核心、混雜影響了純正、不容於傳統的生意活動反而主導社會大局等等，令不少人對社會的發展常規有了截然不同的領會和看法（Dicks, 1984）。

從某個角度看，土生葡人可說是澳門這個特殊城市最具代表性的群體，甚至可說是澳門的代名詞，長期以來受中外社會關注。到底澳門土生葡人有何獨特之處？反映了哪些宗教信仰、種族文化與歷史特點？家族的結構、發展與延續，被視為最能說明這些問題的重要例子，因此吸引不少研究者的視野，希望透過對土生葡人家族的深入研究，更好地了解澳門在中國甚至世界發展歷史上

的微妙地位，以及土生葡人家族的變遷。

正如上述，社會最基礎的組織單位是家庭，細小的家庭壯大成為家族，而家族若能世代相傳，則能成為血脈綿長不絕，扎根社會的大家族。澳門的獨特之處，是葡萄牙人在十六世紀中葉獲得朱明朝廷應允，在澳門落腳扎根，經商貿易，甚至傳播福音，並因跨種族交往與華人信仰皈依，誕生了土生葡人的特殊群體，成為澳門中西薈萃、種族融和、文化多元中別樹一幟的重大標誌（Dicks, 1984）。

據李長森（2007：23-34）引述葡萄牙歷史學家若爾熱・福爾加斯（Jorge Forjaz）所著《澳門土生家族》（*Familias Macaenses*）一書（1996 年由東方基金會出版，全書分為三卷，共 3,332 頁，估計達數百萬字）的記述，在澳門這個彈丸之地，自開埠以還，有跡可尋、有文字記錄的土生葡人家族，竟然多達 440 個，他們涵蓋 288 個姓氏，不少家族已在澳門生活多個世代，根深葉茂，「歷代（自 1557 年以還累計）總人數已有 300 多萬人」，人丁之興盛，可見一斑。

福爾加斯之所以能在著作中巨細無遺地列出 440 個土生葡人家族的傳承與發展狀況，主要得力於葡萄牙政府自十六世紀中葉開始，建立了出生、死亡和婚姻的登記制度，規定教徒一生中必須在所屬教區登記上述三項資料，因而保存了重要記錄，成為不同家族前進歷程的寶貴印記。在細小的澳門能有那麼多土生葡人家族長存多代，帶出了兩個核心問題：到底是哪些因素造就了他們可以歷久不衰地綿延下來？土生葡人家族又有哪些精神面貌與發展特點？儘管福爾加斯沒有就此作出深入探討，只是一點一滴地記述他們的足跡，但後人仍可整理出當中的發展特點。

首先分析第一個問題：為何土生葡人家族可以在澳門傳承多個世代。綜合多方面資料，有兩大主要原因可以作為回應。其一是高生育率。不難發現，土生葡人家族如中國文化般，強調多子多孫，生育率奇高，通俗地說是「好生

養」。著名澳門歷史學者徐薩斯（Montalto de Jesus）曾指出，土生葡人生育特別多，認為他們「在海外沒節制地增加或擴大」（improvidently increasing and multiplying）家庭人丁的數目（Jesus, 1902: 424）。李長森引述福爾加斯的記述，亦特別提到這個特點，指出：「土生葡人家庭子女甚多，一個家庭有七八名子女司空見慣，甚至有夫婦會有十五六名子女，最多的有二十四名子女的記錄」（李長森，2007：115-116）。

必須指出的是，與中國文化的一夫多妻制（納妾）不同，由於澳門土生葡人信奉天主教，一般都是一夫一妻——個別情況如續弦或婚外情不論，否則一名女性生育七八名子女確實「司空見慣」，這相信與天主教強調多生育、不絕育的教義有關。這裡可引述 1911 年香港人口普查資料，當時香港有 2,558 名葡人，其中已婚男子比未婚的多，而葡人寡婦更比英國及歐洲人多兩倍。更為突出的是，在 235 個葡裔家庭中，平均生育 3.9 名孩童，每段婚姻的平均持續期是 13.56 年；而一般英人家庭只育有 1.89 名孩童，每段婚姻平均持續期為 9.25 年（Report on the Census for the Colony of Hong Kong, 1911: 103, Table XXV）。即是說，葡人生育孩子的數目倍多於英人，維持婚姻的時間亦較英人長。背後其中一個主要原因，相信便是天主教與新教的信仰差異。

其二是澳門長期維持穩定發展。很長一段時期，作為西方通往中國的唯一管道，或者說特殊「飛地」，自 1557 年以還，澳門獲得了與別不同的發展機會，逐步走向城市化，同時滲入西化元素，經濟亦保持動力，緩緩前進，令城市人口不斷攀升。據李長森引述澳門葡裔「已婚者」的統計數字看，[3] 在 1557 年時大約為 400 至 500 人，1563 年倍升至 900 人，之後回落至 1601 年的 600 人，接著 1621 年回升至 700 至 800 人，1644 年更升至 1,000 人，惟在 1662 年則大跌至只有 300 人（李長森，2007：121-122）。

這裡須特別注意的，是 1662 年的葡人人口。清初，鄭成功高呼反清復

明，成功收復台灣，一時氣勢如虹，給滿清防務帶來巨大壓力，清政府因此推出了「遷海政策」，強迫閩、粵等地的沿岸居民內遷，令人口急跌（鄭德華，1998），澳門亦因此受到一定影響，在 1662 年時，只有 300 名「已婚者」仍留在澳門生活。當時，澳門經濟雖然十分低迷，但既然有一定人口留下，反映生活應能繼續維持，相對於其他沿岸鄉村的一片頹垣敗瓦、杳無人煙，已好很多了。

李長森還引述另一時段的澳門人口數字，說明這城市繼續發展的情況。例如在 1745 年，澳門的非華人人口已達 5,212 人，之後輾轉回落至 1776 年的 3,000 人，然後在 1791 年逐步回升至 4,851 人，到 1793 年時達 6,000 人。1839 年，林則徐曾下令對澳門人口進行查點，得出「西洋夷人」數據是男女「五千六百一十二丁口」，另有「英吉利國儌居夷人五十七戶」（李長森，2007：124-125 及 133）。即是說，自 1745 至 1839 年近百年間，澳門的非華人人口大約維持在 3,000 至 6,000 人之間，這與城市發展環境穩定有緊密的關係。

由此帶出的關鍵問題是：每逢改朝易代，或是受戰亂、災難與重大政策衝擊，澳門雖受影響，但很大程度上都能置身事外，葡萄牙人在澳門的地位亦一直能夠保持。不少即使是中原的巨賈或官宦世家，甚至皇室貴族，都在戰亂、災難和改朝易代中沒落，流離失所、分崩離析；反觀彈丸大小的澳門，卻能在這些巨大的歷史起伏中力保穩定，經濟繼續發展，這樣的獨特環境，乃不少土生葡人家族能在澳門生活多個世代，延綿不絕數個世紀的核心原因。

接下來回答第二個問題：土生葡人家族具有哪些精神面貌與發展特點。首先，所謂土生葡人，過去總有一個揮之不去的印象，以為他們便是葡萄牙人與亞洲人所生的後代，即歐亞混血兒；另一方面，又往往只從血統角度入手，忽略其他多層面的互相吸納或混雜。然而，綜合資料顯示，澳門土生葡人的內涵或精神面貌並不單一，而是具有多重特徵。例如據李長森（2007：18-25）所

指，起碼便有文化、社會、信仰和語言的不同屬性，這些不同屬性既有重疊，亦有糾纏，互為表裡。

當中，血脈或文化混合乃最大且最為明顯的特徵，亦是前文提及葡萄牙人對跨種族通婚採取折衷開放態度所產生的自然結果。不同分析均指出，這種「男性嫁接」方式誕生的混血後代，特點是第一代混血兒的父親多屬葡人，母親則來自葡屬不同據點——果阿、達曼、科倫坡、馬六甲、加勒、古蘭、澳門等等，令其呈現複雜的血統。

另一現象是，由於「葡萄牙是歷史上第一個世界範疇的殖民帝國，其據點遍佈世界各大洲」（李長森，2007：47），年代跨度久遠，不同地方的混血兒之間進一步互相通婚，令其混血程度更為複雜。所以有分析指，澳門的葡籍人士其實極少是來自葡萄牙的純種葡人，而是已經融和後的混血葡人，他們之間後來又為了維護本身利益，採取類似「族內婚」的模式——大家族之間相互通婚，達至共榮共生的更緊密結合（阿馬羅，1994）。所以，在福爾加斯記述的440個土生葡人家族中，不難發現「族內婚」的例子俯拾皆是，甚至出現「愈是有名望的家族，相互通婚情況就愈嚴重」的獨特現象（李長森，2007：181）。

不過，相信更讓中國民眾意想不到的，是澳門的土生葡人其實不一定都是混血族群，而是包括了純種華人。即是說，他們可以沒有葡裔血統，只要是信仰基督，按教規舉行儀式皈依天主教，並改名易服者，李長森（2007：164-169）稱他們為澳門的另類「土生人」，為澳門土生葡人添加了另一種特殊色彩。

為了說明此點，李長森列舉了不少例子，例如雷梅吉爾斯（Remedios）家族。此家族始於十八世紀一位名叫安東尼·雷梅吉爾斯（Antonio dos Remedios）的人，他應是純種華人，入教後改了葡文姓名（中文姓名反而不詳），成為土生族群一員。據記錄，他於1770年在澳門出生，後來受洗入教，

娶了有葡人血統的澳門土生女子為妻，育有 16 名子女。「從此，這個以華人創建的家族迅速發展，在一百年時間裡繁衍了 604 人，成為澳門頗具影響力的土生家族」（李長森，2007：165-166）。自安東尼・雷梅吉爾斯入教成為土生葡人起，到福爾加斯成書時，此家族已獨木成林，繁衍了數百丁口，成為名副其實的大家族。

　　另一個例子是羅德里格斯（Rodrigues）家族。這個家族同樣源自純種華人，因為皈依天主教，改變了身份、姓名與發展軌跡。李長森指出，原為純種華人的保羅・羅德里格斯（Paulo Rodrigues），入教後同樣改了葡人姓名，成為土生葡人一員，惟他沒有與葡人或土生葡人結合，而是與同屬華裔的女教徒結婚，故夫婦所生的獨子亦是純種華人。這名兒子日後娶的妻子同樣是進教易名的華裔，家族的第三代，即他們所生的七名子女仍是純種華人，但姓名、服飾、生活等等已與葡人或土生葡人無異（李長森，2007：167-168）。之後，隨著時代推移，這些純種華人家族亦逐步融入葡人社會，後代開始與混血族群通婚，血脈才變得複雜起來。經歷多代之後，血統便趨向混合了。

　　除了以上兩個突出例子，其他諸如維埃拉（Vieira）家族、崔氏（Anok）家族等等，都是純種華人，入教後易服改姓，被吸納為土生葡人的一份子。他們當中有些就算到了第二、三代仍是純種華人，卻能如混血葡人般生活，反映了澳門土生葡人的多樣性與特殊性。即是說，無論是從文化、社會、信仰或語言的不同屬性看，澳門土生葡人均可謂同中有異，在某些地方呈現出自身的獨特性，折射了澳門近 500 年來的特殊發展軌跡，亦可視作澳門土生家族能夠綿延多個世代、數個世紀的重要註腳。

　　葡人在澳門不排除與本地人通婚，接納混血群體，並接納入教者的做法，與猶太教及瑣羅亞斯德教截然不同，與新教亦呈現一定差異。由此又帶出值得注意的重點：葡人或土生葡人與華人能夠和睦相處，不像英國人統治香港時採

取種族政策般，視自己為高不可攀的統治者，刻意與華人社會保持距離。李長森（2007：111）這樣介紹：「葡華兩族和睦相處，如同『中間有一堵矮牆的鄰居』，互相看得見但交往並非甚密。」這種在彈丸之地，彼此時有接觸但仍保持一定社交距離的「似近還遠」關係，在那個年代而言，實不難理解。

土生葡人與華人和睦相處，保持接觸交往，過程中各自學習對方的語言文化，增進對彼此生活習慣和價值觀的了解，其中又以掌握華洋多語一點最為關鍵。加上部份土生葡人其實乃純種華人，他們必然對多方社會與文化有更深入認識，亦必然具備華洋多語能力。由是之故，澳門土生葡人成為了溝通華洋社會的橋樑與中介，而在澳門生活的華人亦大多能扮演這樣的角色，難怪澳門不但成為中國近現代的貿易轉口港，亦是思想與信仰傳播、西學東輸的重要管道，更是文化與藝術交流激盪的場域，不少澳門華人或土生葡人成為「買辦」（compradores），在奔走華洋、溝通中西方面扮演十分吃重的角色。

## 港澳的競爭和互動

作為中國的兩個特別行政區，香港和澳門常被形容為兄弟城市，背後的原因，是兩地都曾經被歐洲國家統治過，地理上近在咫尺，曾建立起極為緊密的聯繫，社經發展上亦有不少可互補長短的地方。澳門幅員雖遠比香港細小，但於 1557 年已開埠，歷史比香港長得多；至於葡萄牙人及澳門土生葡人信奉天主教，在香港生活的英人英商則大多屬新教徒，信仰之異必然導致彼此對婚姻、家庭和人生等有不同追求，最終必會影響他們事業及家族的發展。最能說明此點者，莫如土生葡人自香港開埠後前來尋求機會，但他們與英人相比，卻展示出不同的家族組織形態與發展腳步。

香港開埠之前，澳門是華洋交往的唯一管道，葡萄牙人立足澳門，目標除了經濟貿易，開拓商品市場，還有傳教，開拓信仰市場。他們明白中國經濟自

給自足，亦認識到中國的祖先崇拜及儒家文化，於是無論在貿易與傳教上，均採取順其自然、緩緩發展、點滴積累的方法。以傳教為例，葡萄牙人先學習華文華語，又移裝易服，融入華人社會，爭取接納，再透過人與人之間的深入接觸開展傳教。這種方法雖然速度較慢，但點滴有功，曾吸引不少華人成為虔誠教徒，[4] 最後改名改姓，移居澳門，入籍葡萄牙（李長森，2007）。

經歷數百年發展，荷蘭和英國崛起成為世界霸主後，明顯採取了與葡萄牙人不同的策略。從歷史上看，荷英兩國均曾想與清政府建立現代意義上的外交關係，卻因清政府昧於世界形勢而被拒，於是想取代葡萄牙人，佔據澳門，又遭到葡人反擊而放棄，只能如其他歐洲人般在澳門落腳（李長森，2007：255-256）。正因如此，不論是倫敦傳教會的馬禮遜（Robert Morrison），或是英國取消東印度公司的對華貿易專利，改派商務總監律勞卑（William Napier）來華時，都只能居於澳門；其他諸如渣甸洋行（Jardine, Matheson & Co.）、顛地洋行（Dent & Co.）及旗昌洋行（Russell & Co.）等英美商人到華時，亦是落腳澳門，令此地盛極一時（J.P. Braga, 2013）。

然而，中國在乾隆末年已有超過三億人口，大英帝國作為當時的全球霸主，無論為了商業貿易或是傳播福音，中國都是令人垂涎欲滴的龐大市場，於是想方設法打破限制，而鴉片走私則成為最關鍵，亦最具威脅的突破點。以英國人為主體的商人向中國輸入鴉片，改變了過去中外貿易「入超」的局面，中國茶葉、絲綢和瓷器等的出口總貨值，開始低於鴉片輸華的進口總貨值。加上鴉片會令人上癮，即使價格上升，需求亦不會減少，令鴉片進口量只升不跌，中國白銀長期外流，窒礙經濟發展。更為致命的，是鴉片傷害吸食者的健康，影響家庭關係和財政，最後危及社會穩定和人民生產。

面對這一問題，儘管滿清政府曾三申五令禁止，但鴉片走私牽涉巨大利益，部份官員乘機利用禁令受賄貪污，縱容甚至助長走私活動，令問題愈演愈

烈，難以遏止，吏治亦日益敗壞。最後，滿清朝廷訴諸強硬手段，起用林則徐到廣東虎門銷煙，此舉衝擊英商利益，激起雙方進一步衝突，最後引發了鴉片戰爭。清兵在大英海軍面前不堪一擊，被迫簽訂不平等的《南京條約》，割地賠款、開放通商港口。香港在那樣的背景下被割讓為英國殖民地，打破了澳門過去 300 多年作為華洋唯一管道與中介的歷史地位（J.P. Braga, 2013）。

一方面，英國國勢如日方中，與江河日下的葡萄牙形成強烈對比，剛開埠的香港亦因此被看高一線；另一方面，香港島的土地面積較大，且有深水港，硬件遠比澳門優勝，給人發展前景更佳的印象。更重要的是，英國以軍事行動取得香港，在管治上擁有絕對權力，遠比葡萄牙人只是在中國政府默許下對澳門作有限度管治強。還有一點，英國政府在香港開埠後立即宣佈開闢為國際自由貿易港，先聲奪人，亦把一海之隔的澳門比了下去——哪怕澳門當時已有不少基礎建設，香港卻仍是「處女地」，只屬傳統漁村（J.M. Braga, 1960）。

由於香港開埠大有衝著澳門而來、取而代之的味道，葡人政府自然不無憂慮，但亦無可奈何，雖然後來在總督阿馬留（Joao M.F. do Amaral）任下有樣學樣，趁清政府弱勢之時，單方面改變澳門地位，宣稱將澳門納為葡國殖民地，但已失去了過去獨一無二的優勢。至於在澳門生活的不少土生葡人，卻有截然不同的看法與應變，理由很簡單，香港開埠帶來不少工作或營商機會，而土生葡人具備雙語（甚至三語）能力，可以溝通華洋中外，在這個背景下顯得炙手可熱。

歷史發展總是出人意表，萬里之外的葡萄牙人，在明朝年間獲准在澳門落腳，闖出地方生活，發展貿易、傳播福音，成為連結華洋中外獨一無二的管道，歷改朝換代而不廢，令不少人嘖嘖稱奇。而這個社會環境，又孕育出特殊的土生葡人群體，他們了解華洋文化，精通多種語言，成為溝通內外的橋樑與中介。

然而，英國在十八、九世紀崛起，垂涎中國巨大市場，在各種打開通商大門的企圖無果後，藉著發動鴉片戰爭進行侵略，把香港闢為「白種人盎格魯撒克遜新教的殖民地」（a White Anglo-Saxon Protestant colony）（J.P. Braga, 2013: 88），其發展方向、空間與格局，與葡人過去經營澳門時呈現巨大差別。在那個重大歷史轉變時刻，不少土生葡人乃由澳門轉到香港謀生，成為建設香港其中一股不容忽視的重要力量，本研究挑選其中具代表性的布力架家族作深入分析，追尋他們極富傳奇的發展與傳承軌跡。

## 研究方法與結構

一如筆者對其他家族的個案分析一樣，本研究同樣採取從檔案中尋找歷史，挖掘真相，從而描繪家族發展圖像的方法，主要從政府部門的商業登記檔案、殖民地部檔案、立法局記錄、政府重大發展計劃或事務檔案、土地交易檔案、遺囑、各地報章雜誌、不同書刊、企業年報、機構紀念特刊、人物專訪、傳記、回憶錄，以及公司官方網站等等，逐點逐滴耙梳家族走過的足跡，從而分析其不同層面的發展經歷與事業起落。

必須承認的是，由於各種資料分佈零散，分類存檔又非以本書所關注的家族及其相關企業為單位，不容易蒐集，研究起來艱難吃力，更遑論可以一蹴而就。儘管如此，由於布力架家族不同年代的成員在港澳均甚具影響力，各種資料不少，花大量時間和精力尋找後，有令人驚喜的發現，激發埋首探究的意欲，最終取得豐碩的研究成果。

當然，在研究跨越多個世代的家族時，與家族後人作深入訪談，很多時被視為更理想、能獲得更多內情的方法。然而，不可不察的現實問題是，這方法的效果有時未必令人滿意，甚至會帶來負面影響。其中一些原因，是那些家族久歷多代，後人對祖先的了解其實不多，就算有，往往亦只是口耳相傳，未

必準確；另一方面，那些家族一般人丁不少，各房子孫或各有表述，或立場不一，甚至可能彼此存在內部矛盾，令人難以適從；至於大小家族往往抱持「報喜不報憂」、「家醜不可外傳」的心態，乃至於「側重好一面，略去壞一面」等等，很難不給研究帶來壓力。更為重要的是，他們一般不願接受訪問，讓研究者吃閉門羹，欲問無從。

誠然，若能得到相關家族支持，提供資料，甚至與不同成員作系統深入的訪談，必能裨益研究，讓家族的經歷與發展更為全面地展示出來。惟這樣的條件，一般可遇而不可求，如沒有這樣的機會，便只能捨理想而就現實，多花精力於檔案之中耙梳。這種研究方法，雖有未能盡如人願之處，但較為切實可行，並可帶來預期以外的良好效果。舉例說，從白紙黑字的記錄中了解事情發展，可作較為客觀中立的分析與評論，有助對事物的認識。

這裡必須特別指出的，是布力架家族的後人史釗域‧布力架（Stuart Braga），曾以家族由葡國東來、在港澳發展的歷史為研究主題，寫了題為《印象塑造：1700 至 1950 年一個葡人家族在香港的適應》（*Making Impressions: The Adaptation of a Portuguese Family to Hong Kong, 1700-1950*）的博士論文，甚為詳細地講述了家族的發展經歷和親人關係（S. Braga, 2012），為本研究提供了很有價值的參考，部分照片亦來源於此，補充了無法與家族後人直接訪談的不足，筆者亦因此不需要跑到遙遠的澳洲，查閱另一位後人杰克‧布力架（Jack Braga）存放在澳洲國家圖書館的「杰克‧布力架館藏」（Jose Maria Braga Collection），有利本研究的順利展開和完成，在此特別鳴謝。

本書結構分為十章。首先，本章較理論和概念化地討論了信仰、文化、社會、家庭和婚姻等對家族發展的影響，以及土生葡人在澳門扎根生活的特點。在第二章中，研究焦點會集中到香港開埠後，由澳門移居香港的布力架家族，並以此作為在香港定居發展的家族第一代，討論其生意或事業的開端有何特

點，同時勾勒當中的人生際遇及發展進程，尤其是 1860 年香港由渾沌逐步走向發展的時期。

第三章的研究重點會集中到家族第二代身上，了解人丁眾多的這一代人，如何在 1860 年代選擇自己的事業和人生道路。因應自身的資本及特長，他們有些只能「打工」，有些選擇創業；有些「打工」後創業，亦有些創業失敗後再「打工」；至於他們不同的人生經歷，乃至於婚姻與家庭的選擇，又十分深刻地影響了整個家族的前進方向與形勢。

第四章聚焦於第三代在 1870 年代的出生和成長，他們成為家族日後揚名立萬、闖出名堂之所在。由於土生葡人並不被香港的英國統治者視為歐洲人，布力架家族如其他土生葡人般遭到不少歧視與不公平對待，影響他們的人生事業和發展。為了爭取成功，書寫傳奇，他們要花更大的努力與心血，衝破重重障礙，才能在香港取得一席之地。

第五章重點探討十九與二十世紀之交，第三代在打拚事業過程中碰到的種種挫折和困難，尤其會粗略談及他們「打工」與創業的不同挑戰，亦會分析家族生意的接班傳承問題、由此引伸出來的家族內部矛盾、整體社會的政經環境轉變，以及家族如何作出調適應對。

任何能夠闖出名堂、發光發熱的家族，都必然吃過苦頭和辛酸，布力架家族亦是如此。經歷一番困難挫折的第三代，到了 1920 年代，終於積累到充裕的政經及社會資本，揚名立萬，在政治、經濟及社會不同層面上指點江山，成為炙手可熱的人物，奠下家族在香港及澳門的重要地位。有關這方面的內容，在第六章中有不同層面的綜合分析。

第七章重點討論日軍侵略香港，以及香港淪陷後家族成員的不同遭遇和應變。由於家族本身來自澳門，而葡萄牙又在二戰期間宣佈了中立地位，令澳門得以維持和平，因此吸引不少布力架家族成員回到澳門，逃避戰時災難。儘管

如此，家族在不同層面遭遇的困難，仍然極為巨大，作為第三代領軍人的JP‧布力架更於 1944 年避居澳門時去世，標誌了家族從高峰回落，漸歸平淡。

第八章綜合分析第四代家族成員在二戰結束後如何應變與求變。他們對香港和澳門的發展前景有不同的評估和判斷，從而採取了不同策略，有人選擇移民至不同地方，亦有部份成員決定繼續留在香港生活。另一方面，第四代在婚姻、家庭與子女生育方面的不同追求，亦揭示了各自在信仰和人生終極目標上的差異。一個甚為突出的現象是：港澳已失去了昔日吸引布力架家族成員留下發展的力量。

第九章重點勾勒第五代（亦包括第六代）進一步淡出港澳的過程，同時概述他們的事業與家庭狀況。不難發現的是，由於第四代在二戰之後，幾乎把所有下一代都送到英美加澳等盎格魯撒克遜文化的國家求學，這些下一代畢業後又選擇留在當地，到第四代退休之時，亦移船就磡，轉到子女生活的地方，與他們團聚，令家族進一步淡出港澳。可以這樣說，過去布力架家族生活和發展的港澳，已不再吸引第五、六代垂青，家族因此呈現了與 400 年前由葡國到東方，或是大約 200 年前由澳門轉到香港的截然不同格局。

第十章綜合布力架家族由澳門轉來香港發展，然後在二戰之後先後離去的歷程，所揭示的多項重大問題——信仰、文化、婚姻與家庭等制度及觀念的轉變，並剖析當中的應變與調適，進而思考並粗略比較其與別的信仰和家族的異同，尤其揭示那些值得借鑑和汲取的地方。

毫無疑問，不少家族的發展與歷史，既屬私領域，亦牽涉公領域，曾經參與政治或擔任社會公職者，尤其會在公領域留下更多足跡，而無論私領域或公領域，家族的起落興替，必然會折射整體社會發展過程的是順是逆、時盛時衰。來自葡萄牙的布力架家族在澳門落腳長達數個世紀，轉到香港後的歷史亦近 200 年，加上他們的宗教信仰具有自身特質，以之作為深入研究個案，進行

多世代的深入檢視和考察，必然能讓我們對家族在不同宗教信仰、種族文化及歷史社會背景下的發展，有更深入具體的了解。在接著的篇章中，且讓我們一點一滴、一字一句地談談這個家族的發展歷史。

## 結語

澳門是中國最早開放容許洋人定居的沿海城市，無論是西風東漸還是東學西傳，都擔負著極為吃重的角色，並因此孕育了混合華洋的土生葡人，他們當中有些在澳門生活已歷經數個世紀，代代相傳延續多代。鴉片戰爭後的香港開埠，既標誌著大清帝國綜合國力急墜，亦激起一浪接一浪的華人出洋經商謀生，東西貿易及華洋交往從此有增無減、日趨頻繁，中西關係、華洋接觸交往，從此發生巨變。對澳門而言，過去近 300 年享有的獨一無二角色，從此有了巨大競爭者，之後更曾被香港遠遠拋離。雖則如此，港澳作為華洋中西無論是人、貨、資金、訊息、文化及價值觀念等進出交流兼收並蓄的兩個重要管道地位，則一直長盛不衰，並因此奠下了兩地在中國、亞洲，乃至世界近代歷史中的關鍵地位。

就在香港開埠，與澳門直接競爭之時，本來在澳門扎根生活，並在社會發展上扮演一定角色的土生葡人，由於察覺到香港開埠後產生了無數發展機會，他們擁有的一些技能，尤其能夠大派用場，因此由澳轉港，有些日後甚至轉到汕頭、上海、天津等其他中國沿岸「條約港口」（treaty ports），發展事業、追尋夢想，他們當中不少從此在香港或其他條約港口扎下根來，世代繁衍，同時又與澳門，甚至葡萄牙保持緊密關係，至於這些家族的經歷，既見證了中國近現代史的獨特發展、中西碰撞、文化互動，亦折射了宗教信仰、文化歷史、婚姻及家庭倫理等不同因素，如何牽動、制約家族發展。香港開埠前在澳門已生活多個世代的布力架家族，在香港開埠後覺得有更好發展機會，因此由澳轉

港，之後在港又生活多個世代的個案，則可讓我們更具體地看到上文提及諸多因素的糾纏互動，值得我們在以下各章中深入探討。

## 註釋

1    有關澳門何時開埠，又從何時容許葡人在此生活之事，坊間一直有不同說法，例如 1529、1535、1553 年等，而 1557 年則屬較流行的說法，那時葡人在中國政府默許下由浪白澳遷居澳門，葡人曾因此發出公告，提及此一轉變（湯開建，1999：82-103）。

2    由於本研究並非聚焦土生葡人群體，而是以個案分析的方法，集中探討單一家族的發展進程，因此不在定義上作深入討論。

3    所謂「已婚者」，類似一家之長。以「已婚者」作統計的方法，類似於中國的「戶」，若以人數計，則必須包括配偶及子女等人。

4    據瑞典學者龍斯泰（Andrew Ljungstedt）統計澳門、沙梨頭、望廈、拱北等地的教會資料，在 1833 年時，中國天主教徒的數目約達 7,000 人（龍斯泰，1997：188-189），成為天主教會在華其中一股不容低估的重要力量。

# 第二章

## 由澳轉港

### 家族發展的新起點

澳門開埠的歷史遠比香港悠久，孕育出不少在當地扎根多個世代的家族，例如卡斯特羅（d'Almada e Castro）家族、施利華（da Silva）家族、黎氏（Rangel）家族等等。與今時今日那些富甲一方、名揚中外的家族相比，當時那些澳門葡人家族儘管不是一時巨富，但卻同樣名揚中外，甚為顯赫，並因其土生葡人的特點自成一系，備受各方關注，吸引不少研究者目光。本研究聚焦的布力架家族正是其中一個，他們在澳門扎根多代，後來轉到香港發展，同樣幹出了一番成績。雖然布力架家族的成就與財富未及那些頂級的英國、猶太或巴斯商人，但作為土生葡人的代表，他們的際遇反映了這個族群在港生活的故事，同時充實了香港早年發展歷史的內涵，值得深入探討。

一個家族的發展能否幹出成績，實在需要多方因素配合：既要有人才、意志、努力和奮鬥等內在條件支持；亦要有時局、環境、運氣等有利的外部因素呼應，兩者缺一不可。布力架家族在香港開埠初期，將目光放在這個新開闢的自由港，認為她的幅員較澳門大、貿易政策更進取，有更佳發展前景，所以很快便由澳門轉到香港謀生。從他們日後的發展進程看來，這個具前瞻性的決定，成為家族闖出新天地的關鍵起點。

## 澳門土生家族移民香港的發展轉變

正如上一章粗略提及，英國佔據香港之後，[1]澳門連結中外的獨一無二地位首當其衝，據說不少土生葡人因而產生了「一種抵制心態」（李長森，2007：189），覺得英人此舉是衝著他們而來。事實上，當獲悉英人佔領香港之後，澳門葡人報紙《葡萄牙人在中國》（*O Portuguez na China*）曾提出警告，指澳門的發展必會受到巨大挑戰，但對此卻束手無策（J.M. Braga, 1960: 57）。儘管澳葡政府及普羅土生葡人內心擔憂，英人治下的香港會給澳門帶來直接競爭，威脅日後發展，但香港開埠後可能提供巨大發展空間，這對不少土生葡人而言仍甚具吸引力。

英國奪取香港時顯得野心勃勃，胸有成竹，似有滿腹大計，要將香港打造成重要的貿易中轉站，自然吸引不少目光長遠、具全球視野之人注視。但剛佔據時，由於香港的地位尚未確定和穩固，加上中英各易其帥，重啟戰事，前景不穩，不少洋商乃抱持觀望態度，沒有立即採取行動，就連英國政府的在華辦事處，亦沒隨即由澳門遷到香港。

雖然如此，英國對於佔領中國領土立意堅決，一邊與清廷戰爭，一邊開始經營香港，基礎建設及典章制度亦密鑼緊鼓地進行。1842 年，英國成功以武力迫使清政府簽訂《南京條約》，香港割讓已成定局。至此，包括澳門土生葡人在內的洋人洋商，才相信英人對香港的管治能力，以及開展貿易的決心，促使他們將香港及「五口通商」的條約港口納入未來發展的規劃之中。

過去 300 多年來，澳門在長時間的華洋雜處及相互交流下，孕育出不少精通華洋多語的人才，當中有不少是土生葡人，對多方社會、信仰及文化相當了解，過去一直擔當著中間人的協調角色，經驗豐富。《南京條約》之後，由於通商口岸由澳門一個突然增至七個，加上大量洋商湧入，趁機搶奪中國市場的頭湯，這群土生葡人成為香港及「五口通商」開放後最炙手可熱的人物，華洋

商人甚至政府都爭相聘用，令他們獲得了前所未見的重大發展舞台。

另一方面，澳門過去獨一無二的中介地位受到衝擊，加上人才資源外流，整體人口驟降，短時間內突然失去了發展活力，陷於困境。正如上一章粗略提及，阿馬留出任澳督期間曾想力挽狂瀾，作出前所未有的政策冒險，更因此賠上生命，此後，澳門的歷史地位雖有了轉變，但發展前景已難以逆轉，日後只能依靠那些被傳統主流社會視為「偏門」的生意或行業勉強支撐（黃啟臣，1999）。

香港開埠後，英國政府及大小洋行洋商，急需聘用能夠溝通華洋中西的人才，原本在澳門生活、具多語能力的土生葡人被高價「挖角」，一時間很受歡迎，不但殖民地政府向他們招手，大小洋行亦想納他們己用，協助開展業務。所謂「重賞之下必有勇夫」，雖然在香港開埠初期，葡人抵制心態甚濃，但他們後來發覺香港及其他條約港口湧現不少高薪厚職，有更好的事業發展機會，便抵擋不了誘惑和吸引力，樂意離開澳門，投身其中。這種趨勢更隨著時間推移，令香港及各主要條約港口的發展較澳門更佳更快。

本研究的焦點人物 JP・布力架（Jose Pedro Braga）在其著作中曾引述早期商業名錄的資料，指出土生葡人自香港開埠後不斷移居至此。他以 1849 年的《香港年曆與名錄》（*Hong Kong Almanack and Directory*）的登記資料為根據，按登記者姓名查找分類，發現當時香港有六家公司由土生葡人經營，另有 35 名土生葡人受聘於大小洋行及政府。他以同樣方法查找 1861 年的《中國名錄》（*China Directory*），發現當時香港已有 13 家公司由土生葡人經營，受僱人數則達 145 人，當中 32 人任職政府，113 人為大小洋行所聘用，例如在渣甸洋行，便「有許多澳門土生葡人為其工作」（李長森，2007：188）。在短短 12 年間，土生葡人經營的公司數目倍增，受聘於不同機構的人數更上升兩倍多，可見由澳門轉到香港發展者日多（J.P. Braga, 2013: 146-152）。

據余繩武、劉存寬（1994：354-355）引述英國外交部資料指出，1848 年時，香港的土生葡人已達 321 人，僅次於殖民地統治者的英國人，因為在 1845 及 1851 年，在港歐美人口只有 595 及 647 人。到 1897 年，在港的歐美人口總數為 5,532 人，其中英國人為 2,213 人，另外土生葡人則達 2,263 人。以上統計數字說明三個特點：一、土生葡人自香港開埠後不斷到來，二、其人口規模在洋人中較大，僅次於作為殖民地主的英國人，三、英國人在統計人口時，一直不把澳門土生葡人計算入歐美人口中，而是獨立一個類別，揭示在英國統治者眼中，土生葡人不屬於歐美白人，此點明顯影響了他們的發展。

李長森（2007：208）根據《澳門土生家族》所記錄的 440 個土生葡人家族，作出另一點統計，發現其中 255 個家族有部份成員已移居香港，比率高達 58%，可見自香港開埠後，多數澳門土生葡人家族已逐步把心力投放到香港，當中不少人更取得了突出發展，布力架家族便是其中重要例子。

香港和多個條約港口向外開放後，澳門土生葡人雖然在這些地方獲得了前所未見的發展機會，在政府或是大小洋行中任職，深得洋人大班及政府官員信賴，但他們的工作大多是文書或翻譯，甚少成為買辦，有別於同樣掌握華洋多語的華人，情況甚為特殊（Wordie, 1999）。

對於這種特殊現象，史劍域‧布力架（Stuart Braga）作出深入分析，指出在當時的非華人人口之中，土生葡人乃僅次於英國人的第二大族群，他們自澳門轉到香港，主要成為「打工仔」，有些受僱於政府，有些加入大小洋行，屬於「文員階層」（clerk class）（Braga, 2012: iii-v and 85-86），如下一段介紹，言簡意賅地點出了某層面的關鍵所在：

**葡人難以創立貿易行與那些很成功的英資或歐資金融及商業公司競爭，他們很容易便可在那些公司或政府部門中找到工作。隨著時間過**

去，尤其是當教育水平提升，他們展示出做事勤勞、全面和細緻的特質，因此，他們成為一個獨特族群，亦是一個清廉可靠的文書階級。（S. Braga, 2012: 106）

到底這是反映出他們相對缺乏經商意欲？抑或是他們未能與華人社會建立緊密的人脈關係網絡之故？第二個問題或者不難理解，而第一個問題則可從上文提及 1849 及 1861 年土生葡人公司的數目中，看到一點端倪。雖然在那 12 年間，土生葡人在香港設立的公司數目由 6 家倍升至 13 家，但始終為數甚少，似是反映土生葡人較少投身商業，惟有關這方面的直接研究與分析，至今並不多見。

毫無疑問，香港開埠後，澳門的歷史地位發生重大轉變，土生葡人對此在心理上有些「不太舒服」，覺得往昔的優勢不再，但畢竟香港近水樓台，提供了另一層面的發展機會。他們過去在澳門長期與華人及其他歐美人士相處，分別學習到華語和英語，加上自身的母語（葡語），令他們成為溝通華洋的一股重要力量。他們不被英國統治者視為歐洲白人，又沒有完全融入本地華人社會，促使他們走上另一條道路，尤其在九龍的尖沙咀、旺角、何文田及九龍塘等地聚居，成為開拓九龍半島的關鍵力量，豐富了香港社區的種族、商業與文化多元性。

## 家族姓氏由羅沙變成布力架的傳奇

深入討論布力架家族在不同時代的發展與經歷之前，先粗略介紹多項背景資料和核心定位：一是家族有多個世代的成員曾在香港生活，留下簡單資料；二是家族後代曾公開憶述家族的重大發展轉折；三是這個家族最顯赫的核心人物 JP・布力架，是家族由澳轉港的第三代。這些資料有助釐清家族的發展軌跡

與脈絡，當中又以家族第五代的史釗域‧布力架於 2012 年完成的博士論文最為重要，以家族中人的角度或位置，詳細梳理了家族先輩的發展進程和歷史背景，為本研究提供重要資料依據。

就如中國文化講求慎終追遠，會留下族譜，記錄祖輩事蹟，葡萄牙人亦十分重視祖宗的追根朔源與紀念，他們在所屬教區登記的資料，留下了人生與家族的重要印記。太遙遠的不說，單就李長森（2007）和史釗域‧布力架（S. Braga, 2012）引述福爾加斯在《澳門土生家族》書中有關布力架家族的一些概括資料，可以看到這個家族移居香港後的發展與際遇。扼要地說，在香港開埠前，布力架家族在澳門已生活了五至六代，其中的第五代成員，相信在香港開埠後踏足此地，但真正在香港開枝散葉，有另一番發展的，則是在澳門屬第六代的成員，他們被視為在香港另立分枝的第一代。

有了由澳移港的第一代，其他本來在澳門出生的成員逐步移居香港，成家立室、生兒育女，香港一脈的人丁乃日漸興盛起來。就以《澳門土生家族》一書所列資料，布力架家族在香港出生或生活的四代人中，已能確認的，共 29 名成員（後來的研究發現真正數目還要更多），若包括第四代以後的子孫在內，數目則更多，可見這個家族是如假包換的人多勢眾。

據家族居港第四代後人在晚年講述，布力架家族的故事，起源於扎根澳門多個世代的羅沙家族，他們到港後因為一些誤會，才有了布力架的姓氏。有關此點，下文有更詳細的解釋，這裡先看一則家族第四代傳人——東尼‧布力架（Tony Braga）晚年時有關家族港澳故事的回憶。他提到，家族與港澳的故事，始於一位名叫曼鈕‧羅沙（Manuel Vicente da Rosa）的葡萄牙人，[2] 他於十七世紀東來亞洲，最後落腳澳門，曾擔任法官，卻因故被取消資格，因此改行營商，後來成為一位雖然有錢但名聲不佳的人。由於曼鈕‧羅沙沒有子女，他晚年時把財產留給一名侄甥（nephew），要求這名侄甥及其子孫的家族姓氏加入

「羅沙」，變成複姓「羅沙－布力架」（Rosa-Braga）。他們於香港開埠不久由澳轉港，尋求更好發展，在此開枝散葉（*South China Morning Post*, 31 May 1987）。

東尼‧布力架在訪問中提到兩個重點：一、其曾祖父若昂‧布力架（Joao Vicente Braga）在香港開埠不久，便由澳門轉來謀生，開設了一家名叫「維多利亞藥房」（Victoria Dispensary）的公司，打下家族繁衍與扎根香港的基礎。其次，其祖父文森‧伊美里奧‧布力架（Vicente Emilio Braga，本書簡稱文森‧布力架）為了逃避「無愛的婚姻」（loveless marriage），於 1870 年代初離家，轉到日本工作和生活（*South China Morning Post*, 31 May 1987）。如按此推斷，在 1871 年才出生的 JP‧布力架，很大機會從來沒有見過離家出走的父親文森‧布力架，他日後亦極少提及其父，反而與外公和舅父等的關係較深厚。

文森‧布力架，約攝於 1876 至 1878 年。（圖片來源：National Library of Australia)

然而，不知是東尼‧布力架對家族歷史的認識不夠透徹，或是記者引述錯誤，他的說法有不少地方與現存史料有出入，有點像道聽塗說，經不起推敲，反而令外人更難辨識其家族發展的進程。故東尼‧布力架的侄兒史釗域‧布力架，便以其家族的發展歷史作研究對象，寫成了《印象塑造：1700 至 1950 年一個葡人家族在香港的適應》的博士論文，澄清了東尼‧布力架的一些說法，補充了家族發展進程的迷思，同時也讓我們了解到土生葡人在香港的經歷。

史釗域‧布力架考據，曼鈕‧羅沙（生卒年份約為 1680-1751 年）是家族由葡國東來的第一代人，他生於葡萄牙一個名叫坦高士（Tancos）的小鎮，於 1704 年來到澳門，憑經商致富，從事由泰國出口白米到華的生意，又是一名船

主，「乃整個地方最富有亦最受憎恨的人」（the richest and most hated man in the whole place）（Braga, 2012: 114）。或者是為了改善名聲、發財立品、提升社會地位，他於 1712 年接受了「孤兒法官」（Judge of Orphans）的任命，這是一個不受薪的名義公職。後來他因捲入政治鬥爭，公職名銜被褫奪，但因身家豐厚，仍能在澳門維持影響力。

曼鈕・羅沙沒有子女，於是決定把遺產傳給遠在歐洲的侄兒西門・羅沙（Simao Vicente Rosa，生年不詳，卒於 1775 年），並要求他東來繼承產業。西門・羅沙到了澳門，娶妻瑪莉亞・巴羅士（Maria de Araujo Barros），二人育有多名子女。其中一子 SA・羅沙（Simao d'Araujo Rosa，由於名字與父親相同，簡稱 SA・羅沙，1745-1821 年），長大後娶瑪莉・施利華（Maria Ana de Liger Lopes da Silva），同樣育有多名子女。其中一子小西門・羅沙（Simao d'Araujo Rosa，名字亦與父親一樣，惟他在社會上卻採用祖父名字，故這裡稱小西門・羅沙，1765-1835 年），長大後娶妻安娜・布力架（Ana Joaquina Braga），夫婦同樣誕下多名子女（S. Braga, 2012: 125）。至此，布力架與羅沙兩個姓氏「相遇」了。

為了追本溯源，這裡先補充一點布力架家族的資料。相對於羅沙家族，布力架家族東來的歷史略短，始自一位原名費力士・弗拿杜士（Felix Fernandes，1712-1779 年）的人，他青年時隻身到印度果亞（Goa）謀生，並於 1739 年以出生地布拉加（Braga）為姓氏（這裡將 Braga 譯為「布力架」）。他更改姓氏的目的，據說是希望更多人認識自己，用今天的說法是爭取「知名度」。費力士・布力架在當地娶了費力西亞・哥士特（Felicia Dias da Costa）為妻，育有多名子女，其中一子為安東尼奧・布力架（Antonio F. Braga，生年不詳，卒於 1785 年），他日後娶妻安娜・阿澤維多（Ana Rosa P. Azevedo），同樣誕下多名子女，其中一女便是安娜・布力架（Braga, 2012: 128-130）。

1790 年代，小西門‧羅沙某次因事前往印度果亞，結識了安娜‧布力架，二人於 1792 年在果亞結婚，羅沙與布力架兩家成了秦晉之好。夫婦育有多名子女，例如曼鈕‧布力架（Manuel Vicente Rosa Braga，生於 1798 年）、若昂‧布力架（Joao Vicente Rosa Braga，生於 1803 年）及瑪莉安娜‧布力架（Mariana J. Rosa Braga，生卒年份不詳）等，其中若昂‧布力架便是家族移居香港的第一代。

相信有不少人好奇，既然羅沙家族在澳門已有相當歷史，為何後人來港後會改用母系一方的姓氏？原來這是因為葡國人與英國人的姓名先後次序不同。按葡國傳統，父母為子女改名時，為紀念先輩，多會選用父親或祖父名字，姓氏則同時冠上父母雙方。一般而言，父姓會放在母姓之前，例如上文提及曼鈕‧布力架，全名為 Manuel Vicente Rosa Braga，其中 Manuel 是紀念第一代由葡國到澳門發跡的始祖曼鈕‧羅沙，Vicente 應是紀念繼承的第二代西門‧羅沙（Vicente 是其中間名），Rosa 是父親姓氏，Braga 是母親姓氏，這個姓氏有時會寫成 Rosa-Braga。[3]

然而，Manuel Vicente Rosa Braga 這個葡式命名，來到香港時，卻被港英政府強行按英國傳統處理，於是弄出笑話。登記人員將姓名的最後一字 Braga 視為姓氏（last name），Manuel 為首名（first name），Vicente Rosa 則變成中間名（middle name），全名有時簡寫成 Manuel Braga、Manuel V.R. Braga，甚至 M.V.R. Braga。結果，原本姓羅沙的葡人，被英國強行改為布力架，相信他們曾嘗試要求更正，但面對「不動如山」的官僚體系，自然是抗議無效。由於家族成員移居香港後不是在政府工作，就是在英美洋行任職，生活上常與盎格魯撒克遜文化打交道，所以最後只能「入鄉隨俗」，逆來順受，後來更乾脆將錯就錯，家族一律「改姓」布力架（S. Braga, 2012: 133-135）。

關於由羅沙改姓布力架一事，還有一個充滿詭秘色彩的傳聞在家族內流傳，指曼鈕‧羅沙被澳門一位主教詛咒，羅沙家族為了避禍，乃將姓氏改成布

力架（S. Braga, 2012: 143）。當中，小西門‧羅沙沒有改姓，原本富有的他在晚年陷入財困，1835 年 10 月去世後，房屋和三間店舖全被債主向法庭申請拍賣還債（Braga, 2012: 126）。由於小西門‧羅沙真的遭遇災劫，彷彿應驗了家族被詛咒的傳聞，在寧可信其有的心態下，自小西門‧羅沙之後，家族成員多採用布力架為姓氏。當然，這個說法就如都市傳說或奇譚述異，不過對家族中人而言，避禍之說比被無知官僚強行改姓多了一點趣味而已。

正如上述，小西門‧羅沙育有多名子女，其中長子為前文提及的曼鈕‧布力架（Manuel Vicente Rosa Braga，Manuel 有時拼寫作 Manoel），他於 1837 年 8 月結婚，妻子為安娜‧施利華（Anna Joaquina da Silva，1860 年 12 月去世，葬於澳門聖味基墳場第 13 號墳），子女數目不詳。另一女為瑪莉安娜‧布力架（Mariana J. Rosa Braga，生卒年份不詳），她於 1815 年嫁給曼鈕‧皮拉利亞（Manuel V. Pereira），子女數目同樣不詳。至於開創家族傳奇的，則是若昂‧布力架一房的子孫。若昂‧布力架（Joao Vicente Rosa Braga）生於 1803 年，1825 年娶妻普莉希拉‧羅郎也（Priscila da Trindade Noronha，1800-1883 年），夫婦育有多名子女。

綜合而言，布力架家族由澳門轉到香港發展，除了因香港成為英國殖民地，帶來更多發展機會外，亦有家族內部因素，如先祖被捲入政治鬥爭落敗，並面對無後問題，傳到第四代時又破產等，很可能促使後人在香港開埠之初前來，家族姓氏亦改為布力架。在香港安定下來後，他們有些成員從商，有些則「打工」，各有經歷。而最終令家族聲名鵲起，在香港和澳門無人不識的，則是移居香港後的第三代 JP‧布力架。不過，雖然他事業上做出了一番成績，但因父母感情欠佳，令他在出生與成長道路上遭遇不少挫折，婚姻亦有不少問題，就如傳統智慧所言，「家家有本難唸的經」。

## 在香港扎根的早期發展

要了解布力架家族香港一脈的發展歷程，須由若昂‧布力架說起。從福爾加斯和史釗域‧布力架相關研究的記載可見，若昂‧布力架於 1803 年 10 月 25 日在澳門出生，到 1825 年 8 月 15 日 22 歲時成家立室，妻子為普莉希拉‧羅郎也。夫婦日後育有多名子女，[4] 其中留下清晰記錄的有：若金‧布力架（Joao Joaquim Rosa Braga）、弗朗西斯加‧布力架（Francisca Paula da Rosa Braga）、卡洛斯‧布力架（Carlos Rosa Braga）、SR‧布力架（Simao Rosa Braga）、JFR‧布力架（J.F. Rosa Braga）、安姿卡‧布力架（Engiecca Maria Rosa Braga）、瑪莉安娜‧布力架（Mariana Joaquim Rosa Braga）、普查莉亞‧布力架（Pulcheria Maria Rosa Braga），以及前文提到 JP‧布力架的父親文森‧布力架，可謂子女成群。若昂‧布力架的父親小西門‧羅沙於 1835 年去世，名下家財被債權人拍賣（S. Braga, 2012: 126），顯示家族的財政狀況有嚴重問題，其遺孀和子孫的生活相信亦出現困難。

小西門‧羅沙去世數年後，英國對華發動鴉片戰爭，之後侵佔香港，並以《南京條約》攫取香港島作為殖民地。香港開埠後，終止了澳門過去連結華洋中外獨一無二的中介地位，澳門經濟急速惡化；反觀香港，由於被港英政府宣佈開放為自由港，加上新開埠帶來「機會處處」的想像，吸引不少移民湧入。但開埠初期的香港，其實處於近乎「無法無天」（lawlessness）的狀態，政局甚為不穩（S. Braga, 2012: 80），一度實行宵禁政策，華人夜間外出須提燈籠，並須持有歐洲僱主發出的證明（Endacott and She, 1949: 7-8）。哪怕當時香港治安不靖，但小西門‧羅沙的子孫們看來為了生計，很早便踏上了前來尋找機會的道路，首名出發的相信是小西門‧羅沙的長孫——生於 1828 年 1 月 10 日的若金‧布力架。

史釗域‧布力架在博士論文中指出，他找不到家族在 1846 年之前踏足香

港的確實證據。但其實在 1845 年出版的《英華年曆》（*Anglo Chinese Calendar*）的「洋人名單」（List of Foreign Residents）中，可以找到相信是若金·布力架來港的記錄，當時登記為：「Braga, J.J.R., por, h」（*Anglo-Chinese Calendar*, 1845: 17）。這裡的「por」，是 Portuguese 的簡寫，代表他的種族；「h」，即 Hong Kong，表示他的工作地點在香港。

由此推斷，早在 1844 至 1845 年間，若金·布力架已踏足香港，當時英人視其姓氏為布力架（Braga），並註明屬葡萄牙人，工作所在地為香港。不過，以他生於 1828 年推算，即他來港時只有 16 至 17 歲左右，相信仍處於求職、摸索前路的階段，或未能找到長期穩定的工作，因此無法在商號或政府部門中找到他的工作記錄。

到了 1846 年，《英華年曆》沒有「洋人名單」，找不到若金·布力架的資料，但「商號名單」中記載了《德臣西報》（*China Mail*，又名《中國郵報》）的員工欄目，從中找到相信是他伯父曼鈕·布力架（Manoel Braga）的登記。《德臣西報》乃香港開埠後第二份英文報紙，編輯、創辦人兼東主為蕭德銳（Andrew Shortrede），曼鈕·布力架能加入其中，反映他應具備相當的英文水平。

在同年的《香港年曆》（*Hongkong Almanack*）通訊錄中，再有兩項與布力

1849 年《香港年曆》的維多利亞藥房一欄，有關若金·布力架的資料。

架家族相關的資料：一、有一家名叫「維多利亞藥房」（Victoria Dispensary, H & M）的商號，5 東主為亨特（Thomas Hunter），僱員中有一位名為 Braga, Joao，應是若金·布力架（*Hongkong Almanack*, 1846: 43）。二、在同一頁中，有一家名

叫「Shortrede, A. newspaper proprietor and printer」（即《德臣西報》）的公司，僱員中不見了曼鈕・布力架的名字，卻有一位 Simao V. Rosa，很大可能指同一人，因為 Simao 是其父小西門之名，V 則為 Vicente 的簡寫，不過記錄姓氏時不知為何又採用葡人習慣而已。

以上人生記錄與足跡的一鱗半爪，相信令人對布力架家族的來港初期，增加了一點認識。首先，在 1844 至 1845 年間，家族中先到香港工作的是年輕的若金・布力架，而非其父若昂・布力架，相信是因為若昂・布力架子女眾多，部份年紀尚幼，需要他留在澳門照顧。翌年，若金・布力架在維多利亞藥房找到工作。這與東尼・布力架在訪問中所說的不符：先行者既不是若昂・布力架，維多利亞藥房也不是他開設的，相信是東尼・布力架憶述時有意無意間誇大了祖輩的能力。

若金・布力架來港一年後，相信因為確定了香港的發展環境，其伯父曼鈕・布力架亦踏足香港，加入了《德臣西報》。不過，當時姓名記錄的方式似乎沒有統一規格，有時按英國傳統，有時則按葡人習慣，不但造成姓名前後顛倒，拼寫時亦可能出現差異，例如 Rosa 一字的「s」有時寫成「z」，對研究造成混亂。但無論如何，布力架家族在 1846 年時已有至少兩名成員在香港找到了穩定職位，是家族踏足此地的開端。

接著的 1847 年，《英華年曆》的「洋人名單」中，有「Braga, Joao, h」及「Braga, Manuel, h」的登記，其中「Braga Joao」顯然是若金・布力架，仍然任職於維多利亞藥房。曼鈕・布加架亦仍在《德臣西報》任職，基本資料與《香港年曆》一致。1848 至 1850 年期間，「洋人名單」中同樣有兩人的名字，寫法改為「Braga, Joao Rosa, h」及「Braga, Manuel Rosa, h」，工作的機構沒有變化（*Anglo-Chinese Calendar*, 1848-1850）。

不過，根據 1849 年的《香港年曆》，若金・布力架在維多利亞藥房的職

位變成了「經理」（Manager），在 1851 年《英華年曆》的「洋人名單」中，他的登記亦改為「Braga, Dr. Joao J.」，相信是因為他在維多利亞藥房工作一段時間後，獲得了「醫生」的資歷（日後稱為配藥師，druggist），揭示他在工餘進修，學習了一定醫學或藥劑知識。

在 1851 年《英華年曆》的「洋人名單」中，還有一點值得留意，那就是除了若金及曼鈕‧布力架（Braga, Manuel Rosa）外，新增了一名布力架家族成員，登記名字為「Braga, S.V.」（*Anglo-Chinese Calendar*, 1851: 126）。由於有資料記錄，若昂‧布力架於 1853 年 10 月在香港去世，享年未屆 50 歲（S. Braga, 2012: 125, 134），這「Braga, S.V.」很可能便是若昂‧布力架本人（S 是其父小西門 Simao 之名簡寫，V 則為 Vicente 簡寫），因他來港日子甚短，在事業上未有何發展便英年早逝，故難以找到有關他的進一步資料。

若昂‧布力架去世後，其兄曼鈕‧布力架似乎亦從工作退下來。相對於若昂‧布力架早在 1825 年結婚，曼鈕‧布力架看來到 1837 年 8 月才結婚，妻子為安娜‧施利華，她於 1860 年 12 月去世，葬於澳門聖味基墳場（San Miguel Cemetery）第 13 號墳，夫妻有否子女不詳，惟從一些政府公佈的資料看，曼鈕如其父般，在晚年時遇到財政困難，名下財產於 1864 年被法庭勒令公開拍賣（*Boletim*, 16 February 1864），相信是掉進破產困局，而他亦在同年去世。

回頭看，若不是小西門‧羅沙在 1835 年去世前散盡家財、破產收場，家族或者不至於陷入財政困境；加上香港開埠後澳門經濟一沉不起，又給家族生活添加壓力，所以哪怕香港初期治安不靖，身為長子的若金‧布力架年紀尚輕，仍要前來尋求謀生之路，並在確定香港的發展空間較澳門更好後，通知伯父和父親先後來港。若金‧布力架更在工作上取得突破，為家族在香港進一步發展找到了重要位置，家族的前進軌跡自此有了重大轉變。

# 由打工走向創業

對於若金．布力架投身藥房工作一事，趙粵在《香港西藥業史》一書的介紹，既可作出一點補充說明，亦能看出他打工多年後的重大突破。趙粵指出，香港開埠後，開始出現西藥店，其中由亨特（Thomas Hunter）創立於澳門的「維多利亞大藥房」（Victoria Dispensary），早於 1846 年已在港島砵典乍街擴充業務，並聘用了包括若金．布力架在內的三名土生葡人（趙粵，2020：41），可見若金．布力架加入維多利亞藥房，與其澳門背景有一定關係。

趙粵接著提到，1853 年，德裔商人考夫曼（Harold Kauffman）創立蘊仁藥房（Medical Hall，又稱德國藥房），該藥房於 1857 年轉手出讓給若金．布力架，1857 年 8 月 24 日《士蔑西報》的報導指：「當布拉加（即若金．布力架）今天重開了蘊仁藥房，他便與維多利亞藥房分道揚鑣」（引自趙粵，2020：42）。[6] 即是說，由於承頂了蘊仁藥房之故，若金．布力架不但離開了維多利亞藥房，更從打工仔變成老闆，與原來的僱主成了競爭對手，身份有重大改變。

這裡牽引出一個重要問題是：若金．布力架到港工作不過 11 年，就算晉升為經理或藥劑師也不過八年，為何他有財力在 1857 年從考夫曼手中承接一間藥房？這較大可能與他的婚姻有關。他於 1856 年 28 歲時結婚，在澳門土生葡人社群中算是晚婚的，妻子為文森西亞．卡拉多（Vicencia de Paulo Calado）。據史釗域．布力架的分析，文森西亞．卡拉多來自富裕家族，給丈夫帶來豐厚嫁妝，相信她為了家庭更好的前景，同意出資讓丈夫承頂蘊仁藥房。

若金．布力架接手蘊仁藥房後，藥房英文名照舊不變，中文名則改為「罷剌架藥房」。一年後的 1858 年，文森西亞．卡拉多誕下一子，是為 JF．布力架（Joao Francisco Braga）。對年紀輕輕便孤身離家打拚的若金．布力架而言，此時正是三喜臨門，既娶得支持自己的妻子，又喜獲麟兒，工作上更當了老

闊，不用再聽命於人，可算是苦盡甘來。一家三口之後相信一直居於香港，因為在《香港名錄》上，他們的資料登記為「若金・布力架與家庭」（Braga, J.J., and family），居於皇后大道（*Hong Kong Directory*, 1859: 42）。

對於 1850 至 1860 年代期間若金・布力架的發展狀況，港英政府的「陪審員名單」（Jury List）亦可提供另一層面的佐證。細查早期的陪審員名單，可以發現他的名字最早出現於 1858 年 2 月，即是他承接了「罷刺架藥房」之後，地址是皇后大道，身份是「配藥師」，一直維持至 1862 年，之後他的名字改為全寫的 Braga Joao Joaquim，身份仍是「配藥師」，寶號為「罷刺架藥房」（Medical Hall）。到了 1864 年，若金・布力架的名字不見了，改為一位 Braga, V.E.，相信是其胞弟文森・布力架，身份是「文員」，地址在「奧士華台」（Oswald's Terrace），惟他陪審員只做了一年，之後各年再也沒找到布力架家族或兄弟的名字（*Hong Kong Government Gazette*, various years）。

能成為陪審員不但代表英語已達一定水平，同時亦具有一定社會地位，若金・布力架能夠躋身其中，反映名聲地位已有很大提高，才會自 1858 年起一直獲得任命。更引人注視的，則是其胞弟文森・布力架，他在 1864 年成為陪審員，雖有「弟代兄職」的色彩，但亦揭示他必然有其突出表現，並進一步說明若金・布力架年紀較幼的胞弟們，已先後踏足社會，開始為自己的事業打拚。不過，為何文森・布力架只擔任了一年陪審員便不再繼續，則不得而知，引人好奇。

概括而言，布力架家族從 1840 年代中踏足香港謀求發展，到 1860 年中大約 20 年間，經過一段時間摸索前進，有成員已從「打工」走向創業。自澳門轉到香港發展的第一代——曼鈕・布力架和若昂・布力架——先後去世，而香港第二代的若金・布加架，則站穩了腳跟，開始了不同生意與投資，大有開拓新局的圖謀，其弟妹們亦年紀漸長，踏足社會，相信能給家族發展注入新動

力。惟人生與時局難以預測，必然令他們有不同際遇，家族的前進軌跡因此亦有不同光景。

## <u>結語</u>

無論是羅沙家族的曼鈕‧羅沙，或是布力架家族的費力士‧弗拿杜士（後改姓布力架），他們當初離鄉別井，隻身離開葡萄牙東來，必然有尋求人生與事業更好發展的強烈意欲，兩家最後結成秦晉之好，在澳門和香港世世代代扎根下來，凝聚成一個獨特群體。羅沙家族的姓氏，日後更變成了布力架，轉折過程十分戲劇性，背後所反映的則是不同文化的誤解和碰撞。

細看澳門土生葡人這個群體，他們與華人一起生活的歷史以百年計，不同世代對華人文化耳濡目染，相互接觸，除了了解各自文化、生活習慣、價值觀念等，還學懂了對方語言，令他們成為既精通中西文化，又掌握華洋多語的人才，成為華洋中西溝通、互動、接觸的橋樑和中介，在香港開埠後特殊的歷史和社會背景中，扮演了重大角色。因此，他們無論在創業或「打工」時，相信均有一定優勢，若金‧布力架年紀輕輕到港謀生後，能摸清門路，取得不錯發展成績，便是其中一個例子。踏上創業之路後的若金‧布力架有何進一步發展？多名弟弟又有哪些不同際遇？有關這些問題，且留在下一章中回答。

# 註釋

1　1841 年 1 月 26 日，英國駐華全權代表義律（Charles Elliot）率領英軍在港島水坑口登陸，宣佈佔領香港，惟這一行動未獲雙方政府確認，沒有法理基礎。接著，雙方政府同時撤換主事人，重啟衝突。英軍由新任領軍人砵甸乍（Henry Pottinger）掛帥，率軍沿華南海岸北上，直逼南京，清兵連番敗北，只好於 1842 年與大英帝國簽訂城下之盟，是為第一條不平等條約——《南京條約》，香港因此正式割讓為英國殖民地。

2　Manuel 一字有時會用 Manoel，Rosa 一字有時會用 Roza，至於其他名字如 Vicente、Jose、Joao 等，有時亦會用 Vincent、Joseph 及 John 等。

3　此點就如殖民地舊習，一些女性公務員婚後會冠上夫姓，例如葉劉淑儀、林鄭月娥、范徐麗泰等。

4　由於早期紀錄存在錯漏，遇上子女早夭等情況，有時計算在內，有時沒有，令數目常有差別。

5　H 代表香港，M 代表澳門，即表示藥房在香港和澳門均有業務和店舖。

6　可惜，筆者無法找到該日子的《士蔑西報》原文，難以確實了解「他與維多利亞藥房分道揚鑣」是否有其他含意。

# 第三章

## 事業挫折

### 發展進程的先揚後抑

在創業路上，以家族或家庭為核心的父子兵、兄弟班或夫妻檔組織模式，由於具備互信強、決策快、效率高等重要特質，過去常被採用；若然運作得宜，發揮良好，極具競爭力，能在市場中乘風破浪、建基立業。從某角度看，自父親若昂・布力架去世後，長兄的若金・布力架既成為家族領軍人，又從打工與創業路上汲取了不少經驗，若他能將長大成人、進入社會的諸弟組織起來，形成兄弟班，上下一心，為改善家人生活、壯大家族共同努力，相信可在既有基礎上把生意推上另一台階，令家族名聲更響、地位更高。

初時，布力架兄弟或者亦從兄弟同心、其力斷金的方向思考，並付諸行動，組織成兄弟班，一起打拚事業，作了不少努力，但發展進程卻未能如願，不但新生意做不起來，原先的生意亦守不住，最後只能各走各路，令本來已有一番光景的生意如曇花一現般萎縮，令人惋惜。導致這一結局的原因，除了有社會及經營環境變化等外部因素，還與家族內部的矛盾與張力有關，而若金・布力架出現嚴重健康問題，亦不容忽略。本章透過考據早期香港商業名錄的資料，梳理若金・布力架諸兄弟原本籌劃在商界大展拳腳，卻失敗告終那先揚後抑的發展歷程。

# 兄弟班闖天下的時不我與

1850 年代末不但是若金・布力架婚後創業的重要人生轉捩點，亦是眾多弟妹長大成人，踏足社會的階段。一個較為清晰的圖像是，香港社會開埠後經近 20 年的發展，已逐步走出治安不靖、法制未立、市場波動等困局，經濟與商業發展漸入佳境（鄭宏泰、黃紹倫，2006）；若金・布力架在創業後亦因經營得法，開始積累財富，賺得第一桶金，既有實力擴張生意，亦有餘財作其他投資，同時為胞弟們提供協助，大有組成「兄弟班」的勢頭，希望帶動家族上下闖出一片天。

從資料看，在若金・布力架成家立室及創業期間，多名胞弟亦開始踏足社會，文森・布力架、卡洛斯・布力架和弗朗西斯科・布力架等人曾先後來港，時期或長或短地加入藥店工作。這些舉動既可視為若金・布力架給予胞弟們的扶助，亦可視作他們對兄長生意的支持。從創業的角度看，這份力量若能運用得宜，會帶來正面的發展，他們顯然亦朝這個方向前進和努力。

除藥店工作外，在早期商業名錄中更可發現，布力架兄弟中有兩人曾參與新興飲品梳打水（Soda water）的生意。如在 1859 年的《香港名錄》（*Hong Kong Directory*）中，不但找到若金・布力架化學師及配藥師（chemist and druggist）的登記，地址是皇后大道 405 號，還有文森・布力架和卡洛斯・布力架的記錄，[1] 二人的地址是同一街道上的對面位置，即皇后大道 404 號，生意為「梳打水生產商」（Soda water manufacturer）。由於他們都是初出茅廬之輩，能夠成為「製造商」，相信其兄長應提供了一些幫助。眾所周知，早年梳打水是在藥房出售的，且他們的公司地址亦與兄長的藥房相對，故很大可能是在兄長的技術、人脈及財力支援下，踏出創業的第一步。

商業名錄進一步揭示，1861 年時，在「梳打水生產商」一欄中，排在首位的便是卡洛斯・布力架和文森・布力架兄弟組成的公司，地址是上一段提及的

皇后大道 404 號，另有一名助理，可能是弗朗西斯科・布力架（*China Directory*, 1861），因為史釗域・布力架指弗朗西斯科・布力架曾在梳打水公司工作過一段短時間（S. Braga, 2012: 149）。

在 1860 年代初，布力架兄弟除藥房及大力開拓的梳打水生意外，應該還積極參與地產買賣，從施其樂（Carl Smith）有關早期香港土地買賣的檔案資料研究中，可以找到一些他們買賣地皮的記錄（Carl Smith Collection, no year）。其中，買賣較頻密的當然是資金較充裕的若金・布力架，早在 1853 年他仍是「打工仔」時，已和朋友合作投資物業地產（Memorial 736），相信亦有從中獲利，嚐到甜頭，所以到後來身家財富更豐時，更加熱衷其中。根據土地交易資料，我們可以找到如下多項與他相關的物業買賣：

- 1858 年，他以 525 元的價錢，購入港島內地段（Inland Lot）274 號地皮（Memorial 1446）；

- 1859 年，以 2,000 元的價錢，用按揭方式購入內地段 12A 及 12B 的地段（Memorial 1700）；

- 1861 年 3 月，出售內地段 274 號地皮，買方為何塞・卡斯特羅（Jose d'Almada e Castro），[2] 售價為 1,700 元（Memorial 2009）；

- 1863 年 2 月，以 5,300 元的價錢買入內地段 105 號 A 部份地皮（Memorial 2696）；

- 1863 年 3 月，以 10,000 元的價錢，從何塞・卡斯特羅手中買入內地段 400 號（Memorial 2710）；

- 1865 年 12 月，出售一幅他與其姐或妹夫杰紐里奧・卡華浩（Januario Antonio de Carvalho）[3] 聯名持有的地皮，售價為 4,000 元（Memorial 3710）；

- 1866 年 2 月，出售內地段 105 號 A 部份及剩餘部份地皮，售價分別為

2,990 元及 26,000 元（Memorial 3775 and 3776）。

雖然未知若金・布力架所有地皮的買入及買出價，難以計算他在地產投資方面的整體盈利，但他在 1858 年以 525 元購入的內地段 274 號，到 1861 年的買出價為 1,700 元，單從帳面看，三年間獲利高達 2.2 倍，斬獲不少，難怪他頻繁參與買賣，史釗域・布力架亦指他喜好物業地產投資（S. Braga, 2012: 143-144）。[4]

明顯地，在社會上嶄露頭角的若金・布力架，身家財富或者不算太雄厚，但已積極投入物業地產買賣，而且相信進帳不少。這樣的投資方向，自然對剛踏足社會、發展事業的其他兄弟帶來一定「示範」作用。惟大家實力不同，入市的時機有別，出現不同結果亦不難理解。

在施其樂收集的檔案資料中，同樣發現文森・布力架和卡洛斯・布力架兩兄弟買賣土地的記錄（Carl Smith Collection, no year）。與工作多年又有自己生意的若金・布力架不同，他們應是初出社會工作不久，按道理沒可能在短期內有大筆資金投資。假設他們的梳打水生意是得到兄長幫助，且創業本金所需不多，但買地牽涉金額甚大，到底資金從何而來？

從現有資料，只知道他們的祖父小西門・羅沙臨終前有財務困難，資產被債權人充公拍賣；其父生平缺乏資料，正值壯年去世；其伯父又在 1860 年代初破產並過世，但不能排除上述三人留有一些遺產，或在破產前將資產轉移予子姪孫兒，故文森・布力架兩兄弟才能在 1862 年前合夥購入土地。當然，亦有可能是兩兄弟在 1859 年創立梳打水生意後，短時間內賺到巨利，激發他們雄心壯志，隨即以不同方法集資，購入地皮設廠或再投資，力圖更上層樓，作更大發展。不過以上兩個推測都未能找到確實證據，有待日後進一步發掘。

雖然未能確定文森・布力架兩兄弟的資金來源，但根據現有記錄，可找到三宗與他們有關的土地買賣交易，只是全是出售物業的資料，看不到他們是何

時購入相關土地的。扼要地說，自 1862 年起，他們連續售出三幅地皮，包括：

- 1862 年 3 月 26 日，二人以 5,000 元的價錢，出售共同持有的內地段 279 號 A 部份地皮（Memorial 2326）；

- 1862 年 3 月 27 日，二人以 2,000 元的價錢，出售內地段 679 號（原文如此，可能是 279 之誤植）B 部份地皮（Memorial 2330）；

- 1863 年 9 月時，文森·布力架個人以 175 元的價錢，出售內地段 786 號地皮（Memorial 2957）。

文森·布力架兄弟不斷出售地皮的舉動，看來似是急於套現。若再結合他們當時的工作轉變，可以更清楚看到他們遇上的困境。在 1863 年的商業名錄上，文森·布力架和卡洛斯·布力架已不再是梳打水生產商，其名字出現在罷剌架藥房的欄目；反而若金·布力架除了仍是藥房老闆外，在「梳打水生產商」一欄亦看到他的名字，同樣為「東主」（proprietor）。顯然，文森·布力架二人原來的梳打水生產生意已被兄長接手，他們不再是老闆，而是兄長藥房的員工（*China Directory*, 1863）。由此可以推論，二人可能在 1862 年左右，不知什麼原因導致資金周轉不靈，結果不但要賣地套現，亦要將梳打水生產的生意交予兄長，或由兄長出錢承接。

順帶一提，原來協助兩位兄長打理梳打水生意的弗朗西斯科·布力架，在同年的《中國名錄》中，亦找到他的新去向。他並沒有在若金·布力架旗下的梳打水公司或藥房工作，而是在「鐵行輪船公司」（P. & O. Co.）擔任文員，工作地點註明為上海，相信是在文森·布力架兄弟放棄生意時，他亦離開了香港，往更遠的地方發展。

按以上情況推斷，在 1850 年代末至 1860 年代初，除若金·布力架已站穩腳跟外，三名弟弟仍在摸索自己的道路。他們原本可能打算在維持藥房生意的基礎上，集結眾兄弟之力，開拓新興的梳打水生產業務，可惜，兄弟班未能發

揮效果，生意失敗告終，最後由若金‧布力架獨力接手。他聘了一位名叫 G‧蘇沙（G. de Souza）的員工負責梳打水生產，但還是維持不了多久，數年後把生意轉售予蘇沙家族，之後由兩名叫 A‧蘇沙（A. de Souza）及 J‧蘇沙（J. de Souza）的土生葡人經營（*Chronicle and Directory for China…, various years*）。

文森‧布力架二人財困和生意失敗的原因，或許與當時香港的經濟及社會環境有關。由於英法兩國在 1856 年發動第二次鴉片戰爭，大量軍隊在香港集結，香港經濟曾經一片「欣欣向榮」，而受外籍軍人歡迎的梳打水，當時的生意相信亦十分火熱。可是，當戰爭結束，軍隊撤走後，各種需求急跌，令主要以外國人為客戶群的梳打水生意最受打擊。

從經濟數據看，自第二次鴉片戰爭結束後的三年裡（1860-1862），由於各種軍需品的需求銳減，內銷市場萎縮不振，香港的經濟也顯得軟弱無力（鄭宏泰、黃紹倫，2006）。由此推斷，布力架兄弟在 1859 年才創立梳打水生意，基本上是處於從最成熟至即將衰退的產品週期，一開始或許仍能獲利，但當軍隊全數離開後，生意迅即退卻，之前投資太急，很可能導致資金周轉不靈，迫不得已，要變賣資產套現還債，諸兄弟之後亦只能各奔東西，各自發展，兄弟班的嘗試與努力，因生不逢時，只能稍縱即逝。

1860 年代初對文森‧布力架而言，算得上是大起大落的時期，既遇到財困及生意失敗，但同時又傳出「小登科」的喜訊。這段婚姻，成為他個人及家族發展的重大轉捩點。1862 年 5 月，年屆 28 歲的文森‧布力架迎娶表妹嘉露蓮娜‧羅郎也（Carolina Maria Noronha，下文稱嘉露蓮娜），她來自當時香港葡人社群中甚有財力與名氣的羅郎也家族（S. Braga, 2012: 150-151），其父杜芬奴‧羅郎也（Delfino Noronha）是首批在香港開埠後前來發展的先行者，靠印刷生意起家，自 1849 年起取得政府刊物的印刷專利後，生意滔滔，財富名聲同步增長，是香港葡人社群其中一位領導人物。嘉露蓮娜是他的長女，一直

深受他的寵愛。

　　文森・布力架與嘉露蓮娜婚後沒有另組新居，而是搬入杜芬奴・羅郎也位於「奧士華台」的物業居住，由於男方搬進女家的做法並不常見，故被視為入贅羅郎也家族（S. Braga, 2012: 150）。在結婚前後，文森・布力架的事業發展亦出現重大變化，沒再經營梳打水生意，初期似是在兄長的藥房工作，故名字出現在 1863 年罷剌架藥房的商業名錄登記中；過了不久後，他應轉到外父的印刷公司擔任文員，所以他在 1864 年的陪審員名單中才會報稱自己為文員，居於奧士華台（見上一章）。

　　與無數家族的兄弟一樣，年輕時已出來謀生的若金・布力架，顯然亦曾希望與兄弟同心協力，組成兄弟班，共同在英人治下的香港闖出一片天。初期，他們看來亦曾有過一番景象，但後來卻因外部環境變化，令生意急跌，為保信譽名聲，只能變賣資產還債，結果虧損嚴重。雖然若金・布力架仍能力保不失，但弟弟們卻賠掉了本來積累的家財，四兄弟共同創業的夢想，在時不我與下失敗告終，大家只有各自找尋合適的方法「療傷」，恢復元氣。

## 兄弟各謀與各有際遇

　　一踏出創業嘗試便遭遇失敗，某些人可能會產生「一朝被蛇咬，十年怕草繩」的心理陰影，當然亦有人能積極面對，哪裡跌倒，就在哪裡站起來，屢敗屢戰，鍥而不捨地繼續努力，以竟成功。從某個層面上說，1850 年代末組成兄弟班的布力架兄弟，在 1860 年代初遭遇敗陣後，可能因性格有異，或各自有了家庭子女的緣故，兄弟有了不同考慮，因此日後亦有了不同的際遇和發展。由於弗朗西斯科・布力架離開香港後，再沒找到與他相關的記錄，這裡暫且撇開不談，只集中於留在香港和澳門的布力架三兄弟，探討他們在接著歲月的事業發展和遭遇。

從早期出版的不同商業名錄中，仍能找到不少與布力架三兄弟相關的資料。且先從若金·布力架說起。在 1864 年的《英華名錄》中，可以看到若金·布力架仍繼續經營罷剌架藥房，1860 年代初那場經濟低迷，相信對藥房生意沒有太大影響。另一方面，在物業地產投資上，他看來亦有一定實力，資金鏈沒有斷裂，挺過了地價下跌的壓力，不用因債主臨門而被迫在市場低迷時賤賣物業。因此，當物業地產的市場低潮一過，升市再呈時，他便能夠穩坐釣魚船，如前文提及在 1865 及 1866 年出售的物業地皮，相信已錄得盈利。即是說，自 1860 年代初，若金·布力架無論生意或是投資，均獲得相對更好的發展。

至於成為罷剌架藥房員工的卡洛斯·布力架，在 1864 年的登記職位是配藥師（*Chronicle and Directory for China…*, 1864）。顯然他在創業路上受挫後，雖然退回「打工仔」的位置，但沒有離開香港，且積極學習，晉升成配藥師，反映他仍有野心繼續尋找發展空間。而他投靠兄長門下的時間沒有太長，兩年後的 1866 年，他獲邀加入一家名叫「法國藥房」（French Dispensary）的公司，一直靜待機會的他欣然應允，成了「法國藥房」的合夥人（S. Braga, 2012: 162）。

這次轉工，在卡洛斯·布力架眼中無疑是大好機會，能由普通員工晉升回老闆階層。但在若金·布力架眼中，弟弟生意失敗後他願意收留，給予一份穩定工作，相信亦有教導弟弟藥品知識，對方才能在短短一兩年間晉升為配藥師，想不到卡洛斯·布力架才站穩腳步，卻隨即跳槽；而且同行如敵國，弟弟新加入的公司與他的生意有直接競爭，這種顯然會被視為「忘恩負義，吃裡扒外」的表現，難免影響兄弟關係。

至於文森·布力架方面，他在兄長的藥房短暫工作了一段時間，婚後不久即轉到外父的印刷公司，但可能因不太適應或覺得沒有前景，很快便遞上辭職信。或許是不想吃回頭草，故他在親友幫忙下，於 1865 年左右進入一家名叫東方銀行（Oriental Bank）的商業機構工作，如大多數土生葡人一樣成為「文

員階層」。從他日後事業發展的履歷看來，他那時應該負責會計帳目工作，並非基層閒職。相較以前「幫自己人打工」，雖然新崗位更繁重更辛勞，但他看來應付自如，表現不俗（S. Braga, 2012: 153）。

在 1860 年代中，面對香港社會及經濟環境的不斷轉變，三兄弟其實都因應自身問題——尤其他們已各自成家立室——作出了最切合自身需要的事業抉擇。他們在作出這些決定之前，或者曾私下商討過，但同時又反映了彼此間各有所謀，畢竟他們已各有家庭，當發現合作經商之路不成，就只好如「食盡鳥投林」般各奔前程了。

從商業通訊名錄的資料中，可看到 1866 至 1868 年這段時間，三兄弟的人生事業再次出現重大轉變。首先，在 1867 年的通訊名錄中，藥房的商號欄目共列出六家公司，排名最前的一家便是「法國藥房」，主持或東主只有卡洛斯·布力架一人的名字，說明他轉到法國藥房後成了領軍人。在他之下有兩名員工，分別是配藥師雷禮（T. Raleigh）以及助理沈齊士（I. Sanches）。

不過，卡洛斯·布力架雖然成功登上法國藥房的東主席位，主持藥房業務，但看來不久後便與合夥人出現了矛盾分歧，所以在 1868 年拆夥離場，他自行創立了一間名為「巴勒架」的公司（C. Braga & Co.），地址在皇后大道 118 號。此公司除了以他本人為東主，還有本來在罷刺架藥房負責管帳的必烈圖（J.L. Britto），至於公司的業務仍是西藥生意，因為在「洋人在華名單」中，對卡洛斯·布力架的職業介紹是一名「化學師與配藥師」（chemist and druggist）。

在 1867 年的通訊名錄中，罷刺架藥房仍繼續營業，英文名字仍是 Medical Hall，地址遷至皇后大道 37 號，藥房經理為米安士（R.L. Mearns），配藥師為羅士維雅（R. Roseveare），負責管帳的是資深員工必烈圖。最特別的改變，是公司名單中看不到若金·布力架的名字。而在同年的「洋人在華名單」中，

有記錄指他身在澳門。顯然，若金·布力架當時離開了香港，沒有親自打理藥房生意，只交由可信賴的部下負責，這情況維持至 1868 年。而在梳打水生產商的欄目之下有四個登記，排第三的便是 Medical Hall，地址同為皇后大道 37 號，但沒列出東主或員工名單（*China Directory, 1866-1867*），揭示這時藥房仍有經營梳打水，但生意或者並不太好。

到了 1868 年，《中國年曆及名錄》（*Chronicle and Directory for China…*）顯示，若金·布力架仍身在澳門，而原來的「罷剌架藥房」名字已改為「中環藥房」（英文仍是 Medical Hall），東主亦改為 H. Kauffman，相信即是 1857 年頂讓藥房的考夫曼（Harold Kauffman）（見上一章），即若金·布力架把藥房售回原主，該藥房的經理和配藥師仍是上文提及的米安士和羅士維雅。至於卡洛斯·布力架的身份則一如前述，乃巴勒架藥房的「化學師與藥劑師」。為何若金·布力架會在藥房生意不俗時將之出售？這相信與他的健康情況有關，下文將作詳細討論。

除了罷剌架藥房的生意，在 1867 年的《中華名錄》中，可以找到若金·布力架擔任「西洋公司」（Portuguese Club，即日後的「西洋會」，Club Lusitano）司庫的記錄，[5] 可見他自從經營藥房生意，個人財富日升後，無論在政府或葡人社群中均有了一定知名度，除從 1858 年開始成為陪審員，又能在葡人社群的組織中任司庫之職，反映他離港前應該活躍參與葡人社區及香港公共事務。

若金·布力架除了參與社會及葡人社群活動，亦慷慨捐款給澳門天主教會，有份出資重建教堂，又給教會捐建了一座巴洛克風格的雲石「仁慈耶穌像」，因此獲委任為澳門市政局議員，參與澳門社會事務。另一方面，他亦熱心服務香港天主教會（Catholic Mission in Hong Kong），作出了不少捐獻，在 1870 年 9 月獲得教宗頒贈「聖思維騎士徽章」（Order of Knight of St.

Sylvester），以示嘉許（*China Mail*, 3 September 1870）。以上各方面資料揭示，若金·布力架不只一心經商賺錢，同時亦有服務社會、熱心公益的一面。

　　至於文森·布力架方面，他大約在 1866 年獲杰紐里奧·卡華浩推薦，進入殖民地政府剛創立位於銅鑼灣的「鑄錢局」（The Mint）工作，月薪 120 元，在當時社會屬於高薪厚職，反映他之前的表現應相當優異，才能獲得賞識（S. Braga, 2012: 152）。在 1867 年的商業名錄中，文森·布力架出現在鑄錢局欄目之下，註明是「貴金屬部一級文員」（Chief Clerk, Bullion Office）（*China Directory*, 1867），從職位名稱可見，他是最高級別的文員，在新設立的鑄錢局中顯然是一個重要崗位。

　　在 1868 年的商業名錄中，文森·布力架出現在「洋人在華名單」，指他為鑄錢局一級文員，但在鑄錢局欄目下，卻只列出二級文員名字，沒有一級文員

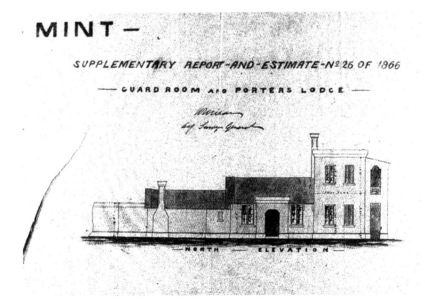

文森·布力架工作的鑄錢局建築圖一角

的文森‧布力架（*Chronicle and Directory for China…*, 1868），背後原因與鑄錢局的經營出現困難有關。原來，鑄錢局由羅便臣（Hercules G. Robinson）擔任港督時已提出設立，到繼任人麥當奴（Richard MacDonnell）在位時才落實，惟投產後，所鑄錢幣卻不受市場歡迎，生產亦未能達標，連年出現巨大虧損，令政府負擔沉重的財政壓力，最後決定壯士斷臂，止蝕離場，一方面出售鑄幣設備和物業，另方面亦要解僱員工（MacKeown, 2007; 鄭宏泰、陸觀豪，2017）。至於文森‧布力架雖然名義上仍留在鑄錢局，但為了減輕鑄錢局的財政負擔，他在 1867 年底已被轉到輔政司署（Colonial Secretary），出任臨時文員之職，到鑄錢局的關閉已成定局後，獲輔政司署聘為五級文員（S. Braga, 2012: 153）。

正如上一節談及，布力架兄弟們曾組成兄弟班闖蕩商場，但因時不我與而失敗告終，之後部份人選擇走上打工之路，有人則繼續留在商場，但兩條路同樣崎嶇，哪怕恢復元氣後試圖走出低谷，要東山再起，仍是挫折不少。當中以卡洛斯‧布力架的遭遇最為明顯，他無論在兄長的藥房工作，還是與人合夥、成為東主，到最後自立門戶，停駐的時間都不長，不足以凝聚力量，提升至更高層次。至於若金‧布力架更是命運弄人的另一例子，本來他深具實力，在藥房生意及地產投資中都積存了一定資本，被看高一線，可成為帶領家族發跡的關鍵，但他在約 40 歲時健康出現問題，被迫退下火線，出售生意專心養病，原有的發展勢頭戛然而止。

## 若金‧布力架的英年早逝

從某個角度看，若金‧布力架身為若昂‧布力架的長子，又最早出道，由澳門轉到香港謀生，無疑乃冉冉上升的明日之星、家族崛興的最大希望，他在事業和生意上作出不少努力，且取得了不錯的成績。可惜，在與諸弟組成兄弟班圖謀再闖高峰失敗不久，他健康出了問題，相信曾多方求醫，但無論由香港

轉回澳門，甚至再轉到倫敦，均未能扭轉狀況、根治頑疾；亦曾大力捐輸，祈求奇蹟，奇蹟亦沒出現，最終於 1876 年 5 月去世，給家族發展帶來巨大打擊。

若金·布力架的身體出現問題，可能始於 1866 年左右，因為他在這年便退居澳門，將生意交由部下負責。眾所周知，早年香港的醫療及公共衛生條件一直不及澳門，常有瘟疫爆發，令人困擾，不少殖民地官員或有錢富人，每當遇到頑疾，都會選擇由香港轉到澳門治療休養（J.M. Braga, 1960: 58-59），那時的若金·布力架亦是如此。

大約過了兩年，若金·布力架可能是病情進一步惡化，或是被醫生勸告要長期靜養，他在評估現況後，認為自己難以再兼顧生意，但兒子又年幼未能繼承，因此只好將藥房出讓。否則以他才 40 歲，正值盛年，加上生意一直穩定發展，沒可能無緣無故賣走這隻「會生金蛋的鵝」。自出售藥房後，他基本上留在澳門專心養病，但病情一直沒有好轉，在諮詢醫生意見及深入考慮之後，他在 1872 年決定舉家移居英國，接受進一步治療，因為當時英國的醫療條件無疑是全球最先進的。

但在史劍域·布力架的研究中，未有提及若金·布力架患病一事，並指他那時決定由澳門轉到英國，主要原因是兒子即將升讀中學，於是想將之送往英國，接受更好的教育，而他這樣做，是仿傚同屬土生葡人，且思想十分英化的富商佩雷拉（Eduardo Pereira），[6] 佩雷拉晚年時選擇轉到英國定居，生活相當愜意。所以在 1872 年時，若金·布力架便以陪兒子升學為理由，攜同妻子及當時約 14 歲的兒子 JF·布力架，來到了英國（S. Braga, 2012: 147）。

從當時的報章報導，可以大約追尋到若金·布力架一家離澳後的行蹤。據刊登澳門與帝汶（Timor）信息的報章報導，若金·布力架於 1872 年 11 月前已身處倫敦，並計劃在月底轉往里斯本，同行者還有太太和兒子（*Gazette of Macao and Timor,* 26 November 1872）。從這則消息可以推斷，若金·布力架一家

在 1872 年下旬已經到了英國，若要安排兒子在 9 月份入學，相信他們更是早於年初已離開澳門，讓兒子早點適應。當一切安頓妥當後，一家人再到葡萄牙里斯本旅行，帶有點「尋根」的味道。

不過，另一個顯示若金・布力架可能抱恙的證據，是他 1872 年在英國立下的遺囑。他把名下財產設立信託，由李美度士（Joao J. dos Remedios）及杰紐里奧・卡華浩為執行人，[7] 遺囑主要指示給母親、妻子提供生活照顧，更特別提及要給尚在求學的兒子最優質的教育，確保他日後能有更好的事業發展（Probate Jurisdiction — Will File No. 1019/76, 1876）。[8] 從字裡行間可看到，他應是感到自己時日無多，恐怕已到了藥石無靈的地步，甚至未必能堅持到兒子畢業，才會寫下遺言，囑託給予兒子最好教育。

若金・布力架在生意投資上有不錯表現，剛過不惑之年，卻發現個人健康亮起紅燈的，必然深受困擾，但他也作了兩手準備，一方面四出求醫尋求良藥，同時也作了最壞打算，預立遺囑安排好身後事；又趁身體狀況許可之時到葡萄牙尋根，緬懷或尋找靈魂與精神的歸宿，並順道送獨子到英國求學，享受一家人相處的時光。如非抱病，實在不能解釋為何他在盛年時突然放下形勢大好的事業，預立遺囑，再與家人到歐洲留學旅遊。而且自 1872 年那篇報導後，再沒找到若金・布力架的消息，可能是從此靜心接受醫治。到了 1876 年 5 月，據史釗域・布力架所述，若金・布力架在英國去世，享年只有 48 歲（S. Braga, 2012）。

若金・布力架英年早逝後，其獨子 JF・布力架留在英國求學，他沒有忘記父親的囑咐教誨，努力讀書，表現進取，最後不負父望，於 1881 年獲得醫生執業資格，成為一名專科醫生及藥劑師，明顯是回應了父親曾經營藥房的事業。不但如此，他還是倫敦「林奈學會」（Linnaean Society）、[9] 地質學會（Geological Society）、化學學會（Chemistry Society），以及皇家地理學會（Royal

若金・布力架的遺囑

Geographical Society）等重要學術組織的成員，反映他為人活躍，興趣相當廣泛。

　　JF・布力架長期定居英國，因父親留下的遺產，特別是在香港的物業地皮不斷升值，令他生活無憂。他亦熱心公益，多次慷慨捐輸，獲得不錯名聲。不幸的是，JF・布力架如其父般短壽，於 1905 年 1 月 7 日去世，享壽只有 46 歲，留下寡妻（Sophia Maria Theresa，娘家姓氏不詳）及四名年幼子女，名字不詳（S. Braga, 2012: 147-148）。[10] JF・布力架一直和家人留在英格蘭米德瑟克斯（Middlesex）的肯辛頓（Kensington）生活，並應該改信新教，與港澳和葡國的布力架家族聯繫不多，有關他們的人生事蹟和事業發展亦缺乏紀錄。

　　對布力架家族而言，若金・布力架一脈本來氣勢如虹，一度成為家族發展的希望所在。惟深入一點看，他雖然積累了較多的財富，但一來人丁較少，二來父子均英年早逝，因此未能推動家族發展更上層樓，誠為可惜。至於文森・布力架與卡洛斯・布力架，一人選擇「打工」，一人繼續在創業路上跌跌碰碰，顯然都沒有找到突破點。不過，文森・布力架本人雖無重大建樹，卻誕下眾多子女，其中一子日後出類拔萃，成為家族名聲鵲起的重心所在。

## 文森・布力架的日本新生活

　　在深入說明文森・布力架之子如何闖出名堂之前，要先交代文森・布力架和卡洛斯・布力架兩兄弟在 1860 年代末以後的事業遭遇。相對於若金・布力架的英年早逝，兩位胞弟無疑享壽較長。可是，從各種資料看，他們的際遇並不順利，沒有為家族帶來突破性進展。正因如此，家族可謂處於載浮載沉的格局，未至於在社會上銷聲匿跡，但亦不見得如何風光。這裡先談談文森・布力架。

　　正如前述，文森・布力架在 1866 年加入東方銀行成為文員，後轉到鑄錢

局，但他應該沒想到這個殖民地政府花費巨資和心力創建的鑄錢局，竟然如此短命，因虧損過巨而關閉。那時，不少員工被解僱，文森・布力架則相信在杰紐里奧・卡華浩推薦下，轉到輔政司署工作，不過，可能當時沒有空缺，他由一級文員降為臨時文員，薪金待遇大減，但形勢迫人，他只能無奈接受。這連鎖反應，自然影響到一家大小的生活，特別是那時他已育有不少子女，雖未至於三餐不繼，但一家人只靠他一份薪水，肯定生活拮据，捉襟見肘。

資料顯示，文森・布力架與嘉露蓮娜結婚後，翌年 1 月 21 日長子出生，是為澤維爾・布力架（Francisco Xavier Braga），同年 12 月 19 日又生一女，是為杜麗莎・布力架（Maria Theresa Braga）。到了 1867 年 4 月 27 日，妻子再誕下一子，是為何塞・布力架（Jose Vicente Braga），然後是 1868 年 3 月 12 日再生一女，是為安貝蓮娜・布力架（Umbellina Marie Braga）。即是說，當文森・布力架獲悉鑄幣局要關閉時，夫婦已育有四名子女，都很年幼，嗷嗷待哺。

後來，文森・布力架在輔政司署出「臨時工」轉為五級文員，雖未回復以前職級，但至少算是穩定下來。擺脫隨時失業的擔憂後，嘉露蓮娜又再懷孕，並於 1869 年 2 月 3 日誕下包拉斯・布力架（Blasius M. Braga），接著的 1870年 6 月 5 日，再誕下一對孖生子：AM・布力架（Antonio Manuel Braga）和MA・布力架（Manuel Antonio Braga），[11] 子女數目在短時間內迅速增加至七名，生活開支沉重可想而知。所謂「貧賤夫妻百事哀」，子女眾多、開支巨大，工作發展卻不遂意，面對崗位和待遇降級的打擊，文森・布力架心有鬱結，個性可能變得暴躁或挑剔；而嘉露蓮娜來自富貴家庭，受父親疼愛，亦難免會對生活嘮叨抱怨。長久積下的不滿或怨懟，演變成無日無之的爭吵或冷戰，自然影響了夫妻的感情。

就在那段人生低谷之時，文森・布力架的事業終於出現轉機。在 1870 年8 月，有一份新工作向他招手（S. Braga, 2012: 153），那就是位於大阪的日本

71

帝國鑄幣局（Imperial Mint）聘請他出任「會計與管帳」（Accountant and Book-keeper），任期三年，月薪 200 元，且由僱主一方提供住宿，及每年一次來回日本與香港的船票。這樣的薪酬條件，是日本方面將他視為歐洲洋人，給予同等級別的優厚待遇（Hanashiro, 1999: 213）。

這份新工作自然令文森·布力架大為心動。單論月薪，已較他當年在鑄錢局的 120 元高出甚多，再加上享有住宿、船票等福利，條件相當吸引，又能解決家庭財政困境。不過對他而言更重要的，相信是這份工作能讓他發揮所長，不用再屈就低級職位，被人呼來喚去。土生葡人在香港殖民管治下，其實長期受到歧視，地位遠不如歐洲人，只略較華人高一點（S. Braga, 2012; J.P. Braga, 2013）。而日本鑄幣局卻以等同歐洲人的條件聘請他，代表他在當地不會再低人一等。

為何這份工作會突然「從天而降」呢？原來，自「明治維新」後，日本為了改革金融與貨幣體制，籌劃自行鑄幣，故日本大阪造幣廠以 6 萬元的價錢，購入了香港鑄錢局清盤拍賣的鑄錢機器及設備。[12] 由於日方缺乏鑄幣經驗，故有意聘請原鑄錢局具有經驗及能力的員工。他們應先接觸了原先的負責人金達（Thomas W. Kinder）等，相信在金達的推薦下向文森·布力架招手，令他有了「重生」的機會。

文森·布力架很快便決定接受這份工作，經一輪安排後，於 12 月 13 日動身赴日（*North China Herald,* 13 December 1970），並在 12 月 19 日簽了聘用條約，正式在異地開展新事業和新生活（*The Japan Gazette Hong List and Directory,* 1874）。不過，據東尼·布力架的說法，文森·布力架隻身前往日本，除了由於工作吸引外，還有為了逃避「無愛婚姻」的原因（*South China Morning Post,* 31 May 1987），即是說，到了 1870 年年底，他與太太的感情已到了難以維持的地步，日本這份工作猶如「及時雨」，讓他重新發展事業之餘，又能擺脫婚姻

與家庭的束縛，過起逍遙的單身生活。

史釗域‧布力架的研究反駁東尼‧布力架這說法，並指對方是一名「厭惡女性者」（misogynist），看法有偏見（S. Braga, 2012: 197）。不過，從文森‧布力架日後的行為看，逃避「無愛婚姻」這說法顯然更有說服力。因為文森‧布力架自 1870 年離開香港後，便一去不復返，按僱傭合約，其實他每年可獲得一張免費來回日本和香港的船票，交通費根本不需分毫。若他們一家感情如常，按道理不可能多年不回港探望妻兒。

文森‧布力架剛離港後，太太再傳出懷孕的消息，並在 1871 年 8 月 3 日（另一說為 2 月 26 日）誕下一子，即日後令家族聲名鵲起的 JP‧布力架（Jose Pedro Braga）。但資料顯示，文森‧布力架從沒回來看望新生的兒子，以後亦近乎不聞不問。更悖理違情的，是其母普莉希拉‧羅郎也及其子 MA‧布力架去世時，他亦沒有回港奔喪或打點（S. Braga, 2012: 153-162），由於他並非迫不得已才無法回來，而是有意為之，表現可算絕情冷漠，甚至有點違背人性。因此，最有可能的是離港前文森‧布力架夫婦已到了水火不容的地步，但礙於宗教原因不能離婚，他便以分居或一走了之的方式處理二人關係，而且為免再見妻子，他選擇對新生兒子視若無睹，連喪母、喪子時亦不親臨，避開所有見面的場合。

最能描述文森‧布力架離去後，嘉露蓮娜‧羅郎也獨力養大眾多子女的情景，或許是附錄於史釗域‧布力架博士論文內的一幅舊照片（S. Braga, 2012: 151，亦感謝澳洲國家圖書館 Braga Collection 提供所有圖片）。照片中，母親與兩名長女坐在前排，五名兒子圍繞站著，大家目光一致望向鏡頭，卻沒有半點笑容，一臉冷漠，不期然令人聯想到這是一個被拋棄的家，照片中各人的表情，猶如控訴著父親的無情，以及作為被丟棄者最後的堅持與倔強。

當然，正所謂「家家有本難唸的經」，每個家族均有一些外人難以了解的

矛盾或苦衷。雖然文森・布力架一去不還，但相信他在子女年幼時仍有定期滙款回港，負起一定撫養責任，因此，其子女基本上仍維持著尚可的生活水平，亦能接受一定程度的教育。

至於拋下家累的文森・布力架，在日本幹出了一些成績。他在日本政府鑄幣局（Japan Government Mint）轄下的「局長所」（Commissioner's Department）工作，負責會計與管帳。為了提升工作效率，他向上司推薦了當時西方社會新興的「複式記帳」（double-entry）法，大大改善了傳統記帳方式的弊端，如西方其他先進制度或技術一樣，令日本人大為驚艷，紛紛學習採用，文森・布力架深感知遇之恩，亦願意傾囊相授。正因他率先向日本引入西方會計制度，被視為「日本現代會計之父」（father of modern book-keeping in Japan），可見他在此方面的貢獻（S. Braga, 2012: 158）。

當首份合約在 1873 年底完結後，文森・布力架順利獲得續約，[13] 直到

JP・布力架與母親及兄姐等，攝於 1878 年。（圖片來源：National Library of Australia）

1875 年。之後，他轉到財務省（Finance Ministry）擔任「會計導師」（Instructor of Book Keeping）之職，月薪跳升至每月 400 日元（據說當時日元與港元大致同值），同樣有住宿等優厚福利，可見他的會計技術仍深受日本政府器重（S. Braga, 2012: 159）（*Report of Committee of the Senate of the United State for the Second Session of the 44th Congress, 1876-77,* 1877; Hanashiro, 1999）。

文森‧布力架在日本財務省的工作一直維持到 1878 年 7 月，[14] 合約結束後，他轉投當地英資的康斯公司（Cornes & Co.），獲聘原因相信與他在日本政府擁有一定人脈及社會關係有關。但就如前文所述，就算他經歷多份合約、變更僱主，其間相信有不少停頓和長假，他仍從沒回港，見見分別多年的妻兒。大約到了 1880 年代，已經長大成人的長子澤維爾‧布力架由香港轉到日本，與父親相見，並相信在父親推薦下進入康斯公司工作，派駐神戶。[15] 他後來在神戶結婚，妻子及後代的資料不詳（S. Braga, 2012: 160）。

進一步的資料顯示，在 1887 至 1895 年間，文森‧布力架曾擔任葡國駐神戶副領事（S. Braga, 2012: 160），雖然相信那只是名義頭銜而已，但他在日本具有一定名聲，仍可謂不容置疑。可能因為有了名聲及資本，又有廣闊的人脈，年過半百的他決定放手一搏，為自己的創業夢作最後一擊，大約在 1887 年成立了一家以自己姓名為寶號的公司——V.E. Braga & Co.，中文名則是帶有好意頭的「滙通」（Way Tong），[16] 業務範疇主要是貿易及金融中介（*Directory & Chronicle of China…,* 1888）。

初期，文森‧布力架主要在神戶經營業務，但他顯然明白中介生意最具潛力的市場是中華大地，尤其是經歷甲午戰爭之後，中國和日本的貿易往來有增無減，日商的勢力在中國更是急速擴張，於是他在世紀之交時離開神戶，轉到上海發展。在 1904 年的商業名錄中，可找到滙通公司的資料，登記地址在上海四川路 19 號，其下只列出文森‧布力架一人的名字，相信是一家單頭公

司（*Desk Hong List and Shanghae Directory,* 1904）。為了業務需要，他經常在漢口、寧波等主要商埠往來，從不同時期的輪船乘客名單中，均可見到其奔波的記錄（*North China Herald,* 15 February 1895; 27 December 1899）。

據史釗域・布力架的記述，文森・布力架在上海營商期間，應與子女有過接觸。由於其女兒安貝蓮娜・布力架出嫁後與丈夫安東尼・雷米迪奧（Antonio H. dos Remedios）移居上海生活，可能因此而互有往來，文森・布力架更成為外孫女 Maria 的「教父」（godfather）（S. Braga, 2012: 161）。從澤維爾・布力架與安貝蓮娜・布力架仍願意與父親接觸看來，文森・布力架多年來應與子女保持著聯絡，也負擔了一些金錢上的責任，但儘管如此，大家的往來相信十分有限。

1911 年 3 月 21 日，文森・布力架在上海普通醫院（Shanghai General Hospital）去世（*North China Herald,* 24 March 1911），享年 77 歲。對於這一消息，香港報紙的報導較為詳細，尤其引述《日本編年志》（*Japan Chronicle*）的資料，指文森・布力架乃「日本著名外國人」，自香港鑄幣局結束後於 1870 年代轉到日本，協助日本管理「日本帝國鑄幣局」，後加入金融部門，協助完善簿記（book-keeping）制度，並在 1887 至 1895 年間擔任葡萄牙駐神戶副領事（*Hong Kong Daily Press,* 23 March 1911），資料與前文所述大略相同。當然，報導隻字沒有提及其家庭，遑論交代他拋妻棄子到日本發展個人事業，與香港再沒聯繫等情況。

對於文森・布力架的死訊，身處香港的家人看來波瀾不驚，反應十分平靜。由於獨力撫養眾子女的嘉露蓮娜・羅郎也早已於 1906 年 1 月去世，享年 63 歲，夫妻間即使再多恩怨，亦已煙消雲散，故文森・布力架晚年時，應與子女多了一些接觸。但始終他離家已超過 40 年，大家就算有聯絡，可能亦只是簡略交待一些必要事務，關係或許只較陌路人好一點。至於「從沒與父親見過

面」的 JP·布力架（S. Braga, 2012: 197），可能曾因父親不負責任的行為吃過一些苦，故他的反應看來更冷淡，甚至予人視若無睹之感。

文森·布力架去世後，遺體據說被運回日本，下葬於一個名叫 Shogahara Cemetery 的墳場（S. Braga, 2012: 161），此墳場可能是今日神戶修法原池（Shiogahara Pond）附近的神戶市立外國人墓地。這個安排，或許是他在日本享有名氣與地位，故選擇此地為歸宿，但亦不排除他其實在日本早已另有家庭，不過由於他已婚的身份，未能公開關係。此外，其長子澤維爾·布力架在父親去世後不久的 1911 年 7 月，曾由日本轉到上海，據說是為了在上海設立分公司，可能亦順道處理父親去世後留在當地的雜事，惟他不幸因此染上霍亂，並於 1912 年 9 月 17 日去世，享年只有 49 歲（*South China Morning Post*, 23 September 1912）。

1870 年，文森·布力架單身移居日本時只有 36 歲，正值壯年，他在日本被視為歐洲白種人，地位高人一等，加上事業順風順水，自然引來不少鶯鶯燕燕，而他長期獨身，與妻兒斷絕來往，亦很大機會另覓對象，排解寂寞。而且他打工多年一直高薪厚職，理應儲下不少積蓄，但他年過 50 歲仍要跨洋過海，奔波勞碌，不能安享退休生活，若不是年輕時揮霍不知節省，那就可能是他仍有妻兒幼子要照顧，家庭負擔沉重。至於他死後埋骨日本，相信亦是為方便日本的後代親人拜祭。不過由於他與嘉露蓮娜一直沒有離婚，加上不想進一步刺激自己及羅郎也家族，所以他另立新家時亦要遮遮掩掩，不能公開。

無論文森·布力架與嘉露蓮娜為何夫妻決裂，在二人死後已不重要，但令人遺憾的是，他們——或至少文森·布力架一方，很大程度上是採用了鴕鳥政策，把所有照顧子女的重責留給了嘉露蓮娜，逃之夭夭。這種做法無疑極不負責任，對家人子女帶來極大的傷害，特別是最年幼的 JP·布力架。相信文森·布力架亦因此受到家人或族群的譴責，令他多年來不願或不敢回港，也失去了

土生葡人間的關係網絡，做起生意來恐怕亦事倍功半，最後甚至只能埋骨異鄉。而且，若他有另組家庭，誕下的子女不能公開，淪為私生子女，人生亦難免多了障礙。可見夫妻感情一旦生變，若雙方不能理性溝通，好好處理，就算天主教規定不能離婚，但名存實亡的婚姻只會成為束縛，沒法減輕怨懟、憤恨或傷害，令大家付出更大的代價。

## 卡洛斯‧布力架的隨兄腳步

身為孻弟的卡洛斯‧布力架，看來一直視長兄若金‧布力架為榜樣，對創業營商表現出較濃烈的興趣，因此才如前文提及，一踏足社會便開展梳打水生意。在創業失敗後，他顯然並未死心，所以沒轉投其他公司打工，或是離開香港，而是留在罷刺架藥房工作，追隨其兄，大有伺機再起之意。後來，他真的自立門戶，經營自己的藥房生意，但發展還是不順利，生意載浮載沉，未能得到想要的成果。

1868 年，在長兄因健康問題出售業務，返回澳門休養後，卡洛斯‧布力架脫離法國藥房，成立自己的「巴勒架」公司，同樣經營藥房生意，但看來沒有甚麼發展。到 1869 年，他吸納了在罷刺架藥房管帳多年的必烈圖為合夥人（*Hong Kong Daily Press*, 29 September 1869），看來是為了集結更多資本或力量，甚至增加員工積極性，背後公司反映的問題，很可能是經營吃力，生意未能取得成績，因此想藉增加合夥人與資本，力挽狂瀾。

從日後的發展進程看來，必烈圖成為合夥人後，巴勒架公司的藥房生意同樣沒有起色，相信令卡洛斯‧布力架對經商感到心灰意冷。而由於他與文森‧布力架一直保持聯絡，知悉兄長在日本的工作有不錯發展，薪酬待遇更與歐洲白人一視同仁，令他想到退出商海，安安份份走回打工之路。其後，不知是他主動尋求兄長引薦，還是文森‧布力架知悉胞弟生意不順，因此遊說弟弟轉為

打工，總之，他最後成功進入日本政府鑄幣局工作。

1872 年，卡洛斯·布力架放棄藥房生意轉到日本，加入日本政府鑄幣局的「局長所」，出任管帳（Bookkeeper）職位，相信是隸屬兄長之下，惟不知他赴日工作時是帶同妻兒，或是單身一人前往。據史釗域·布力架所述，卡洛斯·布力架曾因職級待遇不如預期，多次與日本政府討價還價，但最後都未能如願，失望而回（S. Braga, 2012: 162）。

對於卡洛斯·布力架在日本鑄幣局的工作情況，1874 年的日本商業名錄或者可以作為一點說明。在日本政府鑄幣局的欄目下，有文森·布力架和卡洛斯·布力架的記錄，前者為會計師，後者為管帳（*Japan Gazette Hong List and Directory*, 1874）。兩兄弟職位一高一低，顯示弟弟的專業能力應沒兄長強，加上他可能只是因為文森·布力架大力推薦，日本政府才「賣人情」聘用，待遇自然不及一開始人才短缺時優厚。但他沒想到自己沒有任何議價條件，仍不斷爭取，在上司眼中，只會被視為麻煩的製造者。

卡洛斯·布力架在日本政府鑄幣局只工作了三年時間，到 1875 年合約屆滿時便離開，沒有獲得續約（Hanashiro, 1999）。這個結果，反映日本政府對其表現應不算滿意，加上兄長文森·布力架已轉到財務省工作，他失去了依傍，只能黯然離開。再次失業的卡洛斯·布力架當時只有 30 出頭，仍屬青壯年，加上有妻兒子女，按道理無論是另覓職位還是再度經商，應該都會繼續工作，但他卻如突然消失一樣，名字沒有再出現在各地的商業名錄之中，令人不解。

無論是經營梳打水或是藥房生意，甚至到日本鑄幣局打工，卡洛斯·布力架的人生事業看來都不很順利。受資料所限，我們很難了解當中原因所在，但他在人生大小事情上的表現或抉擇，似乎反映他性格上有若干缺失。如在弱冠之年結婚生子；為長兄打工時突然跳槽，成為另一所藥房的合夥人，與有恩於

他的長兄打對台；或是獲推薦赴日進入政府鑄幣局時，卻為了待遇職級而與政府討價還價、斤斤計較……如此種種，或許是過於衝動魯莽行事，或許是不懂人情世故拿捏分寸，甚至沒有從別人角度思考，只顧一己之利，這樣的做人處事作風，必然失道寡助，人生事業載浮載沉，不難理解。

　　儘管自 1875 年後沒再找到卡洛斯・布力架的資料，惟香港歷史檔案館的「施其樂館藏」（Carl Smith Collection, no year）有提到，卡洛斯・布力架於 1906 年 6 月 28 日去世，享壽 69 歲，居所則是在（澳門）水手街 8 號（8 Rua Albardas），同時亦提及其妻子弗露美娜・布力架在 1916 年 3 月 23 日去世，享年 78 歲。[17] 按以上資料看，卡洛斯・布力架晚年應與妻子一同返回澳門安老，而非留在香港、日本或其他地方。

　　卡洛斯・布力架雖然育有多名子女，包括 Henrique Carlos、Aleysius Brune、Maria Francisca 等，但起碼有一子一女早夭（Carl Smith Collection, no year）。當中，除了 JC・布力架（Jose Carlos Braga，相信與本章註 1 提及的 Jose Braga 是同一人，即是其長子）有一些簡略資料外，其他人並沒任何記錄，揭示他的子孫後代——若果有的話——並不活躍於公共場合。

　　有關 JC・布力架的資料，首次見於 1889 年，是有關其妻子的訃聞，上面記錄他居於上海蘇州北路 9 號，任職於中國海關，妻子賈斯汀娜・布力架（Justina Maria Braga）於 1889 年 10 月 10 日去世（*North China Herald*, 11 October 1889）。由於此訃聞沒有提及其他親屬，相信二人未有子女。若按卡洛斯・布力架的長子於 1859 年出生推斷，JC・布力架那時大約只有 30 歲。當時的商業名錄亦指 JC・布力架的職位為「視察員」（watcher），任職於上海海關（*Chronicle and Directory for China...*, 1889）。

　　到了 1934 年，傳出 JC・布力架在上海去世的消息，指他乃澳門本地人（Macao native），享年 79 歲，[18] 遺體葬於「外國墳山」（八仙橋墳場，

Pahsienjao Cemetery），他生前曾服務中國海關多年，遺孀為艾美莉亞·布力架（Emelia Maria Braga），相信是續絃之妻。他有一子為 CM·布力架（C.M. Braga），一女已出嫁，稱 LC·蘇沙夫人（Mrs L.C. Souza），一女尚未出閣，名為 TM·布力架（T.M. Braga），由於他首任妻子應該無所出，故三子女應都是艾美莉亞·布力架所生。負責喪禮的為「湯瑪士麥當努公司」（Thomas MacDonald & Co.），喪禮甚為隆重，參加者有不少，報紙報導的版面亦很大（*China Press,* 9 July 1934）。不過自此之後，再沒找到 JC·布力架遺孀及子女們的資料，揭示他們沒有太突出的成就，默默在人海中湮沒了。

從某個角度看，作為蘊弟的卡洛斯·布力架，事業道路似一直跟隨兄長腳步，初時是跟著長兄若金·布力架，以創業營商為目標，可是無論梳打水或藥房生意，似乎都步履蹣跚，並不順利。到後來，他改為跟隨另一兄長文森·布力架，轉到日本打工，但亦只是工作了三年，便因不獲續聘而需另謀高就。兩位兄長在生意或打工上都曾做出一番成績，但跟著兄長走的他卻始終浮浮沉沉，當中除運氣或時機等因素外，他個人的問題相信亦要負上一大部份責任。

## 結語

對於移居香港的第二代布力架家族成員而言，在開埠之初的二、三十年間，香港無論政治、經濟及社會發展環境均風高浪急，波濤滔天，他們想闖出天地，拚出成績，著實不易。哪怕他們曾組成兄弟班，結合力量，但都未能成功，只能改為各謀出路。當中憑個人之力幹出一些成績的若金·布力架，卻在壯年之時患上頑疾，需要急流湧退，到處求醫，最後亦無力回天，英年早逝，給家族發展帶來巨大衝擊。

由於布力架兄弟一如其他土生葡人般，掌握華洋中外的文化和語言，乃政府或商業組織炙手可熱的「文員階層」人選，在職場上可謂優勢明顯，待遇亦

遠較其他族群好——當然，他們不能與屬於管理或領導階級的歐美白人比，土生葡人的位置大約是中間層，介乎歐美白人與被統治的華人之間。雖然他們不滿自己被排除在歐洲人之外，卻又清楚了解其薪酬待遇已較一般華人優勝。正因如此，每當他們創業碰到挫折時，便會打退堂鼓，寧可回到打工路上，背後的其中一個核心原因，相信是經濟學所說的機會成本較高之故。

# 註釋

1 　據史釗域・布力架所說，1841 年出生的卡洛斯・布力架，雖是年紀最幼的孻弟，卻十分年輕就結了婚，妻子為弗露美娜・布力架（Filomena Maria Braga），二人應該同一姓氏。到 1859 年（即卡洛斯・布力架只有 18 歲）時已育有一子（Jose Braga），日後再有多名子女，其中一子一女應該早夭。在開拓梳打水生意之前，他應曾在兄長的藥房工作（S. Braga. 2012: 162; Carl Smith Collection, no year）。

2 　這點揭示何塞・卡斯特羅那時亦積極投入到物業買賣之中。

3 　杰紐里奧・卡華浩亦是早期由澳門來港發展的土生葡人，在葡人社群中有很高知名度，有關他的進一步介紹，可參考第四章討論。

4 　事實上，創業成功的若金・布力架，看來不斷將從生意中獲得的盈利，投入到物業地皮方面，成為他家財豐厚的基礎所在（S. Braga. 2012: 144）。

5 　該會於 1865 年創立，主要捐款人為杜芬奴・羅郎也（Delfino Noronha）和 JA・包力圖（J.A. Barreto），若金・布力架能進入西洋會，相信與舅父杜芬奴・羅郎也有關。由於西洋會屬聯誼組織，若金・布力架在 1867 年雖不在香港，但其司庫職位沒受影響。

6 　佩雷拉乃顛地洋行（Dent & Co.）的合夥人，作風英化，與若金・布力架年齡相近，且有姻親關係（是其父伯太太的家族），交往十分緊密（S. Braga. 2012: 146-147）。

7 　卡華浩家族和布力架家族關係深厚，例如若金・布力架的兩名姐妹——瑪莉安娜・布力架和普查莉亞・布力架，都嫁給卡華浩家族成員。而杰紐里奧・卡華浩應與他關係尤佳，如上文提及二人曾一起進行地產投資。

8 　若金・布力架的母親普莉希拉・羅郎也於 1883 年 3 月 18 日去世，享年 83 歲（*Macao Tribune*. 29 March 1883），至於其妻子文森西亞・卡拉多的去向，由於資料缺乏，沒法知悉，相信與其獨子一起，一直留在英國。

9 　林奈學會是一所致力研究生物歷史、分類和進化的學會，由瑞典博物學家林奈（Carl Linnaeus）牽頭創立，乃相關學術領域的國際性權威組織。

10 　史釗域・布力架在博士論文的序言中，曾感謝居於英國的若金・布力架後代 John 及 Paul（S. Braga. 2012: i），名字雖與其他布力架家族成員相同，但相信與史釗域・布力架一樣，是家族第五代。

11 　MA・布力架不久後夭折（S. Braga. 2012: 189）。

12 　鑄錢局的廠房連地皮，則以 6.5 萬元的價錢，出售予由渣甸洋行買辦黃華熙牽頭成立的中華糖廠（China Sugar Refinery），日後成為製糖工廠。

13 　就在那個時期，生意發展未見理想的卡洛斯・布力架，相信亦在文森・布力架的推薦下到了日本打工，參考本文另一節討論。

14 　按此推算，文森・布力架在日本政府工作的時間達七年左右，後因日本政府推行公務員本地化政策，才不再獲續約。

15 　文森・布力架當時亦應在神戶工作。日後，澤維爾・布力架曾先後在帝拉金普公司（Delacamp & Co.）及亨特公司（Hunt & Co）等任職文員（*Directory & Chronicle of China....* 1888 and 1906），揭示他在職場上的崗位，本質上未能擺脫土生葡人「文員階層」的特點。

16 　若這個中文名字不是請人代取，那便反映他的中文亦有一定水平。

17 　早期有關一個人去世時享壽多長的計算，一般存在差異，未可盡信。

18 　若以 JC・布力架於 1859 年出生推斷，那時應只有大約 75 歲。

# 第四章

## 三代登場
### 成長求學與踏足社會的摸索

對於在香港開埠不久便到來謀生發展的布力架家族而言，經兩代人的摸索，應該打下一定基礎，可以為下一代壯大提供更好條件。不過，正如上一章提及，第二代的創業過程並不順利，取得一定成績的若金‧布力架英年早逝，生意賣盤告終，其獨子選擇走醫生專業、長居英國，與香港及澳門關係疏離。而兩名弟弟哪怕曾一起創業，但生意失敗後各奔西東，一人到了日本工作，營商也是在上海或其他沿岸城市；一人更在短暫打工後不見影蹤。惟令人意料之外的是，由於第二代中有成員把妻兒子女留在香港生活，這些子女日後異軍突起，成為家族在港澳揚名立萬的核心人物。

布力架家族第三代能夠在香港挤出成績，坦白說得力於他們自身的努力，並非父祖輩有給他們留下甚麼豐厚家產。他們的成長環境與接受教育的進程，與當時一般人家的孩子沒有太大分別，較為突出的，或者只是進入天主教會興辦的西式學校，並能完成中學學業而已，但到投入社會、打挤事業時，基本上還是只能「雄關漫道真如鐵，而今邁步從頭越」，必須自食其力，靠雙手從低做起。

# JP・布力架的成長與求學

在香港生活的第三代布力架家族成員中，文森・布力架的幼子 JP・布力架無疑最為輝煌，令家族聲名鵲起，帶來巨大榮耀。然而，由於父親在 1870 年拋妻棄子，隻身前往日本「打工」，對香港的妻兒子女很可能只是提供生活費，沒有給予其他照顧，令 JP・布力架在父親缺席下成長，雖然因此磨練出堅毅不拔的意志，但亦吃了不少苦頭。

正如上一章提及，文森・布力架於 1870 年啟航赴日時，其妻應剛懷孕，那名孩子便是 1871 年 8 月 3 日出生的 JP・布力架，所以從某角度看，他乃父母分離、關係陷於低谷的佐證人。儘管他一生應該從沒見過父親，但日常生活、成長、受教育，甚至工作時，相信都沒法擺脫父親在某些層面的力場和牽引，亦必然從母親口中聽過各種對父親的不滿和怨憤，以及她希望兒子發奮成材，出人頭地，為自己爭一口氣。尤其在他多名哥哥不幸早逝後，母親對他的寄望必然更殷切。

受資料所限，有關 JP・布力架的童年經歷，家族後人看來亦所知不多，只知道他約在 1883 年 12 歲時進入香港聖約瑟書院唸書。那一年，據說聖約瑟書院因收生不足，一度面臨停辦，學校因此對課程及管理等作出連串變革，改變古板呆滯的授課方式，提升教學質素，學校才得以延續，並在接著的歲月中有更好發展。JP・布力架無疑是變革的受惠者，並因表現突出而留下不少記錄，如他曾在 1884 年站上演講台公開演講、1885 年獲得被視為「除女皇獎之外最高且最令人垂涎」的「庇理羅士獎學金」（Belilios Scholarship）（*Hong Kong Daily Press*, 10 January 1885）。在 1886 年中學（初中）畢業時，他獲選為畢業生代表，在嘉賓及全校師生面前致結業詞，盡出風頭（S. Braga, 2012: 202）。這些記錄，反映他在學校品學兼優，受老師喜愛，而多次上台侃侃而談的經驗，不但鍛煉其口才及演講技巧，更令他不怕面對群眾，有助他日後走向政壇取得成功。

這裡補充一點 JP·布力架眾兄長的情況。在他進入聖約瑟書院求學時，長兄澤維爾·布力架已去了日本工作，其餘三位兄長何塞·布力架、包拉斯·布力架和 AM·布力架則仍在該校就讀。但除何塞·布力架曾在 1884 年底的學校周年頒獎禮上負責鋼琴演奏，揭示他曾學習鋼琴及有相當水準外，未見其餘關於他們的記錄，反映他們在學校的表現應不如 JP·布力架突出。之後，他們陸續畢業，亦沒有關於他們升學或就業的資料，但按推斷他們應該都投身社會，很可能是加入外公的印刷公司工作。

事實上，沒有父親照料的孩子大多會早早進入職場，幫手賺錢養家，JP·布力架四名兄長亦是如此。不過，JP·布力架卻成為例外的幸運兒，在中學畢業後獲得外公杜芬奴·羅郎也及姑丈杰紐里奧·卡華浩的幫助和財政支持，能夠到印度加爾各答繼續升學。可能為了方便出行，在動身遠赴印度前，外公及姑丈更助他取得英國國籍。國籍的轉變，成為 JP·布力架在香港這個英國殖民地發展事業的重要助力，可說為他掃除了仕途上不少障礙。

1887 年 1 月，JP·布力架離開香港到加爾各答，並於同月 13 日進入聖澤維爾書院（St. Xavier's College）求學。這所書院由耶穌會教士創立於 1860 年，附屬加爾各答大學，課程設計以英國哈羅公學（Harrow School）為楷模，以英語授課，是一所高質素的地區性高等教育名校（St. Xavier's College, no year）。經過一段適應期後，JP·布力架很快便有突出表現，每次考試測驗均高居第一，被視為「精英中的精英」（crème de la crème），反映他聰慧的天資（S. Braga, 2012: 207）。

可是，JP·布力架在聖澤維爾書院求學的時間只有一年，第二年（1888年 1 月）便在外公及母親的安排下，轉學到加爾各答一所以紀律嚴格、重視體育而著名的學校——羅拔士書院（Roberts College），背後原因很可能是為了強化體格。資料顯示，羅拔士書院是為了紀念著名軍人羅拔士勳爵（Lord

Roberts）而設立，該校不只注重學生成績，亦又十分強調體格、團體精神及軍隊訓練，但不如聖澤維爾書院般重視屬靈教育或宗教信仰——當然，這對已是虔誠天主教徒的 JP・布力架而言，應該沒有太大影響。

在羅拔士書院，JP・布力架的學業成績一如既往般突出，在體育與團隊生活上亦毫不遜色，沒有只懂讀書的「書呆子」習氣。到 1888 年底學期完結時，JP・布力架以全級最優異的成績畢業，並取得了金獎，吸引全校目光，那時他才 17 歲。他考取亮麗成績的消息更為香港葡文報紙所報導，可見連葡人社群亦以他為榮，認為他為葡人增光。羅拔士書院畢業後，他本來應留在加爾各答，準備應考加爾各答大學的入學試，但外公和母親在此時要求他回港，於是他只好放棄升讀大學的計劃，踏上歸途（S. Braga, 2012: 209）。

明明 JP・布力架成績優異，有相當把握考入大學，成為家族中第一位大學生，為何家人卻在此時將他召回香港呢？最大可能是因為當時香港爆發瘟疫，JP・布力架的三位兄長包拉斯・布力架、AM・布力架和何塞・布力架先後在 1887 至 1888 年間感染天花去世，只有他和身處日本的澤維爾・布力架避過此難。而其外公和母親在 1888 年初要求 JP・布力架轉到重視運動的羅拔士書院，很可能亦是想他的體魄更健壯。

文森・布力架與嘉露蓮娜原本育有五名兒子，但一人早夭，到 1888 年時，更只剩下澤維爾・布力架和 JP・布力架，從一個側面反映當時死亡率之高企，令人咋舌。兄長們早逝，除了給家人帶來巨大傷痛外，亦令家族失去了三名賺錢的支柱，財政失去預算，甚至可能出現經濟問題，因此影響到 JP・布力架升讀大學的計劃，令他要提早回港，盡快投入職場。

對自出娘胎以來從沒獲得父親照顧的 JP・布力架而言，最接近的男性楷模，相信是對他照顧有加、提供財政扶持，甚至為他安排好前路的外公和姑丈。但為何在眾多兄弟中，外公和姑丈特別偏愛他，給他更好的栽培呢？原因

難以肯定，可能是他們憐憫他從來沒有享受過父愛，甚至一眼也未見過親生父親。不過，更可能是他特別聰慧，學業成績等各方面遠勝眾兄長，被視為可造之才，是家族的希望所在，故樂意施以援手、給予栽培。JP‧布力架亦沒有令家人失望，除了學習表現出色外，日後踏足社會時，雖經歷了不少波折，但最後也能脫穎而出，令家族名留香港。

## 外公和姑丈的扶持

JP‧布力架的外公及姑丈都是居港澳門土生葡人社群中的精英賢達，在營商、事業與服務社會上均有突出表現，他們的一舉一動、一言一語，深深影響了JP‧布力架的性格塑造、人生目標與待人接物；而他們的人脈網絡和社會關係，亦或明或暗地左右著JP‧布力架的事業道路。正因如此，在深入討論JP‧布力架踏足社會、發展事業之前，先簡單勾勒其外公和姑丈的人生事業，以及他們對JP‧布力架的影響。

外公杜芬奴‧羅郎也，被JP‧布力架形容為「土生葡人在香港創業第一人」（J.P. Braga, 2013），他於 1824 年 6 月 30 日在澳門出生，在香港開埠之初到來，開始個人事業，時間上與若金‧布力架相若。而他不但事業有成、財力豐厚，亦享有很高的名聲和社會地位，故日後有能力為JP‧布力架提供物質和社會網絡上的支援，其行事及社會服務等的原則與作風，更塑造了JP‧布力架的性格，影響到他的人生與事業發展。

深入點看，杜芬奴‧羅郎也其實算不上白手興家創業的類別，因為據福爾加斯在《澳門土生家族》一書的介紹，羅郎也是葡國著名大家族，先輩移居澳門的歷史亦甚為久遠。他們先從葡萄牙移居至印度果亞，在當地生活一段時間後，十八世紀初葉由果亞轉到澳門發展，到 1830 年代鴉片戰爭爆發前，這個家族已在澳門生活長達一個世紀了（S. Braga, 2012: 166）。

杜芬奴‧羅郎也的父親為曼鈕‧羅郎也（Manuel Jose dos Remedios de Noronha），他有過兩段婚姻，第二段婚姻的妻子生下了杜芬奴‧羅郎也。在 1837 年，杜芬奴‧羅郎也 13 歲時，父親不幸去世，慶幸當時家境不錯，所以仍能繼續學業。他就讀於耶穌會士在澳門創立的聖約瑟書院（St. Joseph's College），該校除了以現代化方式辦學，傳授宗教及科學等知識外，亦有教導「技能教育」（technical education）。史釗域‧布力架因此推斷，杜芬奴‧羅郎也應是在澳門聖約瑟書院求學期間，學懂了印刷技術和知識，日後在香港創業時大派用場，成為港澳印刷業巨子。大約在 1840 年，只有 16 歲左右的他成婚，妻子是比他年長兩歲的安貝蓮娜‧巴士圖（Umbelina Maria Basto），她對內操持家務，對外曾協助丈夫打理印刷生意，相當精明能幹（S. Braga, 2012: 172-173）。

關於杜芬奴‧羅郎也何時踏足香港，史釗域‧布力架指為 1844 年（S. Braga, 2012: 166），但從不同時期的商業名錄看，相信實際上應略後一點，較大可能是其兄弟先到來香港「打工」，故在 1845 年出版的《英華年曆》「洋人名單」中，可以找到相信是杜芬奴‧羅郎也兄長——何塞‧羅郎也（Jose Manuel Noronha）的記錄，當時的登記是「Noronha, J.M., por, h」，揭示澳門土生葡人羅郎也家族與香港關係的早期足跡（Anglo-Chinese Calendar, 1845: 21）。

到 1846 年，何塞‧羅郎也的名字出現在東方銀行的欄目之下，代表他找到正式工作，成為一名銀行職員。接著的 1847 年，《香港年曆》出現了 F‧羅郎也（F. Noronha）的名字，相信同樣來自羅郎也家族，但他一年後失去蹤影，相隔多年後才再出現。到 1848 年，再有一位姓羅郎也的人來港，是為 D. Noronha，相信便是杜芬奴‧羅郎也（Chinese Repository, various years）。

在 1848 年的《香港年曆》，可看到有關杜芬奴‧羅郎也更多的記錄。資料指他為「印刷商」（Printer），營業地點在威靈頓街，可見他來港後並不像兄

長一樣成為「文員階層」，而是選擇創業，且生意已有不錯發展。據同年的記錄，何塞‧羅郎也仍在東方銀行，擔任文員之職。到 1850 年時，杜芬奴‧羅郎也的經營地點有變，轉到奧士華台；翌年（1851 年），何塞‧羅郎也和杜芬奴‧羅郎也的記錄下均出現了「與家庭」（and family）的字眼，反映他們的妻子亦來到香港一起生活（*Chinese Repository*, various years）。據悉，在 1851 年底，杜芬奴‧羅郎也夫婦已育有十名子女，之後數年間再生了三名，即一生共育有 13 名子女，人數眾多（S. Braga, 2012: 173）。

到底杜芬奴‧羅郎也是何時創業的？據 1871 年《中國名錄》上的資料，他本人報稱公司成立於 1841 年（Established 1841），按此說法，即他早在 17 歲時已創業，差不多一踏出校門便成立公司，相信 JP‧布力架亦是根據此說，指他乃「土生葡人在香港創業第一人」。不過，在 1848 年前的各商業名錄上，都沒有發現杜芬奴‧羅郎也的記錄，故此說法存疑，可能與其早期創業地點不在香港有關。至於史釗域‧布力架則推斷，他是在 1844 年才到港創業，原因相信與他首三名子女均在 1845 年前於澳門出生有關，故推斷他在 1844 年前應身處澳門。但羅郎也印刷公司早在 1846 年已承印了「1847 年香港年曆」，此點又成為他在 1846 年前必然已在香港活動與營業的證據。

杜芬奴‧羅郎也的公司名稱為 Noronha Printing Office，初時沒有中文名稱，後來才定為「羅郎也印字館」。到 1867 年，公司英文名稱改為 Noronha & Sons，主要是由於吸納了兒子成為合夥人，組成父子兵之故。到 1874 年，公司名字再改為 Noronha & Co.，可能與

館字印也郎羅 *Lo-long-ya yan-tsz-koon.*
Noronha & Co., Government and general printers and stationers, 5, 7, and 9, Zetland Street; "Government Gazette," published every Saturday.
　D. Noronha
　　L. Noronha, manager
　　B. P. Campos, foreman
　　F. J. Pereira Silva
　　F. F. Pinna
　　S. Xavier
　　Luiz Xavier
　　F. Almario
　　S. Silva
　　J. Gabriel
　　D. Ribeiro
　　A. Pinna
Noronha, S. A., printer, stationer, and bookbinder, 7, Zetland St.
　　S. A. Noronha
　　O. Franco
　　F. Vital
　　J. de Agabeg
Nowrojee & Co., merchants and commission agents, 2, Lyndhurst Terrace
　　Cooverjee Bomanjee Guzder (Ceutta)
　　Dinshaw Dadabhoy Guzder

於 1889 年 *Chronicle and Directory for China* 上羅郎也印字館的資料

兒子自立門戶，轉到其他地方發展有關。該名稱一直沿用至 1941 年，惟中文名稱則始終如一，沒有改變。

杜芬奴・羅郎也創業時，香港的印刷業競爭激烈，競爭對手都是大有來頭，且具很大政治影響力的英國文化人，他們不少更有報章為後盾。其中三名競爭對手最為突出，第一位是上一章提及的蕭德銳，他擁有《德臣西報》（*China Mail*）；[1] 第二位是卡爾（John Carr），他擁有《華友西報》（*Friend of China*），此報後來為泰倫（William Tarrant）收購；第三位為京士（John Cairns），他擁有《香港紀錄報》（*Hong Kong Register*），此報乃《廣州紀錄報》的延續。[2] 不過，出人意料的是，杜芬奴・羅郎也在眾敵環繞的市場環境下成功突圍，更在 1859年底擊敗對手，獲得承印《政府公報》（*Government Gazette*）及其他政府刊物的專營權（*North China Herald*, 14 January 1860）。

羅郎也印字館之所以能夠擊敗眾多實力雄厚的對手，相信是公司專注印刷業務、產品有質素之故；而其三大對手聚焦於辦報紙，爭取傳媒影響力，印刷業務只是服務報紙的工具，沒有花太大心思提升印刷質素或產品設計。由於發展方向及目標不同，令一心專注印刷業的杜芬奴・羅郎也有了突圍空間（Agreement between H.E. the Governor and Delfino Noronha, 1862）。自羅郎也印字館獲得印刷政府公報及刊物的專營合約後，建立起口碑和品牌，生意滔滔不絕，愈做愈好，身家財富亦逐步積聚（S. Braga, 2012: 186-189）。

自 1860 年代起，杜芬奴・羅郎也的年長子女開始加入印刷生意，例如亨利・羅郎也（Henrique Noronha）及李安納度・羅郎也（Leonardo Noronha）等，到 1870 年代末至 1880 年代初，兒子們獨當一面後，杜芬奴・羅郎也開始擴張業務，在廣州、上海、馬尼拉和新加坡等設立據點，部份原因相信是為了配合兒子想自立門戶的要求，部份則與他發現新商機有關。其中較受注目的，是上海的生意。據史釗域・布力架所指，在 1880 年，杜芬奴・羅郎也購入安

東尼奧．卡華浩（Antonio H. Carvalho）創立的「天朝印刷」（Celestial Empire Press）公司，[3] 開展了在上海的業務，此公司英文名日後易為 Noronha & Sons，中文名則為「望益紙館」，其中「開卷有益」的寓意甚深，反映其對中文或中國文化的掌握，公司位於廣東路（Canton Road）12 號（*Directory & Chronicle for China…, 1888*）。

由此可見，在 1880 年代，杜芬奴．羅郎也無疑財力甚厚，故能負擔 JP．布力架到加爾各答留學的開支。而且那時公司人手或者沒那麼緊張，因為 JP．布力架的多名兄長踏出校門後，相信都加入了外公的公司。但是，到了 1887 至 1888 年時，JP．布力架三名兄長先後染天花去世，或令杜芬奴．羅郎也失去了可靠的助手，故迫切希望高中畢業的 JP．布力架早日回港，進入印刷公司幫手。JP．布力架從此在外公身邊工作，學習印刷技術與生意經營，對他而言，這個轉變是人生的重要經歷，影響到他日後發展。

另一位對 JP．布力架人生具重大影響力的，便是姑丈杰紐里奧．卡華浩。綜合多方資料顯示，杰紐里奧．卡華浩生於 1830 年，與布力架家族和羅郎也家族均有姻親關係。他於 1856 年 1 月在澳門結婚，妻子為瑪安娜．布力架（Mariana J. Braga），即若昂．布力架和文森．布力架的姐妹；而他的兄弟杰拉杜．卡華浩（Geraldo Carvalho）娶了杜芬奴

*Afong Photo*　　　*Hong Kong*

JP．布力架的姑丈杰紐里奧．卡華浩，約攝於 1886 年。（圖片：National Library of Australia）

的女兒莉莉・羅郎也（Lily Noronha），故他又可算是文森・布力架的連襟（S. Braga, 2012: 152 and 198），可見三個家族之間的關係互相纏繞，十分密切。

撇除姻親關係，杰紐里奧・卡華浩與若金・布力架兄弟看來亦私交甚篤。例如上一章提及，他曾與若金・布力架聯名購入物業地皮，又是對方遺產的執行人，顯然深受對方信賴。另一方面，他曾於 1866 年介紹文森・布力架進入剛創立的鑄錢局，當鑄錢局關閉後，他又引薦文森・布力架進入布政司署，且協助他從臨時工轉為固定職位。由此可見，在香港開埠初期，或者說他們由澳門轉到香港發展初期，杰紐里奧・卡華浩與布力架昆仲一直互相扶持，並在對方需要時提供幫助。

從早期商業名錄中看，杰紐里奧・卡華浩與杜芬奴・羅郎也一樣，亦是在香港開埠初期即由澳門前來發展，如在 1845 年《英華年曆》上，可找到一位名為J.A. Carvalho 的人，相信即是杰紐里奧・卡華浩，當時是魯碧克公司（Lubeck & Co.）的員工（*Anglo-Chinese Calendar*, 1845: 121）。在其他通訊名錄中，則可找到卡華浩家族的其他成員，包括前文提及的安東尼奧・卡華浩，應該在1845 年前來到。至 1846 年時，記錄指他任職於剛從廣州遷至香港的《香港紀錄報》，且家人亦在香港，顯示他當時的工作已相當穩定，才會安排家人同來。

卡華浩家族有不少成員在香港及內地工作。如在 1846 年，再有一位家族成員到港，名字為JH・卡華浩（J.H. Carvalho）。之後，卡華浩家族的名字漸漸出現得更多，例如有 L・卡華浩（L. Carvalho）及何塞・卡華浩（Jose H. Carvalho）等（*Hong Kong Almanack*, Various years; *China Repository*, various years）。到了 1863 年，《中國名錄》上列出了八名卡華浩家族的成員，其中四人在香港，兩人在上海，另外在澳門和馬尼拉各有一人，揭示家族成員分佈的「區域化」或「國際化」，不只是集中一地，甚為特別。

在香港工作的四人中，有一人為港英政府庫務局的出納（Cashier），此人

便是杰紐里奧‧卡華浩，反映他已由魯碧克公司轉投政府；另有一人名 L. F. Carvalho，任職工程部，相信亦是政府部門；另外兩人（M. A. de Carvalho 及 P.M. Carvalho）任職私人公司，分別是端納公司（Turner & Co.）及有利銀行（Mercantile Bank）。在上海的兩人中，一人為印刷商，相信便是安東尼奧‧卡華浩；一人（N. Carvalho）任職私人公司（Blum B & Co.）。在澳門的那位，名為 L. Carvalho，報稱商人。在馬尼拉的那位，名為 J. Carvalho，指他為葡國駐馬尼拉署任大使（act consul for Portugal, Manila）（*China Directory*, 1863: 66）。

據史釧域‧布力架進一步介紹，杰紐里奧‧卡華浩在港英政府中的職位持續提升，到了 1870 年，已擢升為庫務局的總出納（Chief Cashier），職位相當高（S. Braga, 2012: 198）。此點反映他應該深得港英殖民地政府信任，同時亦握有一定實質權力或影響力，所以能在 1866 年時成功推薦文森‧布力架進入剛創立的香港鑄錢局。

史釧域‧布力架還特別提到，在軒尼詩（John P. Hennessy）出任港督期間（1877-1882 年），由於他較有同理心、人文關懷與包容精神，曾想委任杰紐里奧‧卡華浩進入定例局（日後稱立法局，即今日的立法會），作為葡人社群的代表，卻遭英國政府的保守派激烈反對，指身為葡萄牙人的杰紐里奧‧卡華浩是「異族」（alien），難以指望他對英國效忠，建議最後胎死腹中（S. Braga, 2012: 198）。

雖然無緣成為首位進入定例局的土生葡人議員，但杰紐里奧‧卡華浩仍受政府重用，亦一直擔任政府要職。直至 1880 年代中期，他的財力隨職位上升而變得更寬裕，加上杜芬奴‧羅郎也在 1880 年購入上海的「天朝印刷」業務，印刷生意不斷擴張，二人看法達成一致，有意栽培有潛質的布力架家族後人，而他們選中的便是 JP‧布力架。至於負責落實執行的，相信應是杰紐里奧‧卡華浩。他看來亦乘自己在政府內部工作、有深厚人脈關係之便，為 JP‧布力架

在 1887 年取得了英國國籍。

　　據說，在 JP・布力架動身前往加爾各答留學時，杰紐里奧・卡華浩送了兩張他的半身照片給 JP・布力架留念，而在那個年代，贈送個人照片是相當親密的行為，是交情親厚的重要象徵。[4] 其中一幅照片的背後，以葡文寫著「A meu caro Jose. J.A. Carvalho, Hong Kong 2 de Dez, de 1886」，意思是「給我親愛的何塞（JP・布力架的名字 Jose），杰紐里奧・卡華浩，1886 年 12 月 2 日」（S. Braga, 2012: 203）。或許由於杰紐里奧・卡華浩對 JP・布力架份外關照，故在葡人社群中曾傳出二人是父子關係的流言蜚語（paternity lingered），雖然沒有任何實證，但相信已對 JP・布力架造成一定傷害。

　　在加爾各答求學期間，相信 JP・布力架除了與母親等家人通信，亦與出錢出力支持他留學的外公和姑丈有不少聯絡，惟家族似乎沒有保留這些信函或資料，史釗域・布力架亦沒深入探討，因此很難清楚他們之間的互動。JP・布力架返港後加入外公的印刷公司，雙方關係明顯十分緊密；惟他與姑丈卻因沒有實質的工作接觸，來往沒那麼頻密，亦不正式，因此較鮮為人知。

　　華人社會常有「貴人」之說，意思是指那些對個人發展給予扶持幫助的人。對 JP・布力架而言，雖然他與父親緣份薄、關係淺，一生未曾見面，身心成長無可避免受到影響，但幸而得到外公和姑丈兩位「貴人」的扶持，為他遮風擋雨，讓他獲得較優質的教育，成為日後事業發展的重要基礎。否則，以他先後失去父親與兄長的遭遇，哪怕再聰慧過人，長大後很可能也只會成為一位優秀「文員」，無法突破環境的限制。


## 踏足社會初期的磨練和遭遇

　　1889 年初由加爾各答回到香港時，JP・布力架將屆 18 歲，可謂風華正茂，對人生事業有一番期許，意氣風發，自不待言。然而，進入社會後，他很

快便發現現實世界的殘酷，無論公司、家族乃至社會，均有不同的矛盾與競爭，不公平隨處可見。更令他深感不滿的，是英國殖民地統治者對非我族類的歧視，令他忍不住發出不平之鳴，試圖引起社會關注並作出改善，可惜結果沒有如願，反而為他帶來不少麻煩，焦頭爛額。

JP・布力架於 1889 年初加入外公的羅郎也印字館，職位是初級排版員（junior compositor）。以他的學歷及成績，這安排明顯是「錯配」，不但職位低，工作亦相當刻板，未能善用這位名校的尖子畢業生。JP・布力架回港時，可能以為自己會受外公重用，能夠發揮所長，想不到只獲安排這樣的崗位，與預期有極大落差，故極為失望，據史釛域・布力架所言，他甚至一度打算離開，轉到律師行工作，預備將來投考律師。外公得悉他想法後，曾找來葡人著名律師華蘭添・羅撒里奧（Valentim Rozario）寫信給他，述說律師其實亦是苦差，在獲得專業資格前，要經歷漫長沉悶的學徒階段與培訓（S. Braga, 2012: 211-212），顯然是想透過當事人之口，打消他「跳槽」的念頭。

聰明過人的 JP・布力架顯然明白華蘭添・羅撒里奧的暗示，加上外公的勸勉安撫，令他明白建立大事業者，都要經歷點滴累積，從基層起步；可能外公甚至明示過寄望日後由他接班印刷生意，因此他便留了下來，在崗位上繼續努力。由於羅郎也印字館生意多、工作繁重，作為基層排版員，每天從早忙到晚，實在沒有太多時間讓 JP・布力架再東想西想。

羅郎也印字館承印的《政府公報》，由於極為重視準確性，隻字不能錯，亦十分強調出版時間，一刻不能遲，印刷工作壓力之大，可想而知。在管理這盤生意時，杜芬奴・羅郎也將 JP・布力架視作一般員工，要求十分嚴格，沒因他是自己的外孫而留情，令他初時不太習慣。但隨著工序日漸上手，他明白外公作為管理者的責任，也逐步投入其中，做好每個細節，不再出錯而予人話柄。

事實上，那時的羅郎也印字館，除承印政府的《政府公報》外，還有不

少刊物的印刷工作，訂單不絕，印刷機每天不停運轉，他們印製的其中一些書籍，至今還留下了足跡。據史釗域・布力架所述，在羅郎也印字館工作期間，JP・布力架協助出版了多部重要著作，例如於 1891 至 1892 年間印刷了利滋（A.J. Leach）著述的《香港殖民地立法局法例：1844 至 1890》（*The Ordinances of the Legislative Council of the Colony of Hong Kong from 1844-1890*）；1892 年，印刷了嚴寶特－賀雅（C. Imbault-Huart）著述的《中文實用手冊》（*Manuel Pratique de la Langue Chinoise*）；1895 年，印刷了駱克（J.H.S. Lockhart）著述的《由遠古至 1895 年的遠東貨幣》（*The Currency of the Farthest East from the Earliest Times up to 1895*）；1898 年，印刷了駱頓－祈思（J.W. Norton-Kyshe）著述的《香港法庭和法律歷史》（*The History of the Laws and Courts of Hong Kong*）等。

由於羅郎也印字館校對嚴格，注重細節，各類書刊的出版質素很高，少見錯漏，令客戶大感滿意。史釗域・布力架提及，時任港英政府第二把交椅的輔政司（Colonial Secretary）駱克，曾在其著作中特別鳴謝負責印刷的查利・羅郎也（Carlos Henrique Noronha，小名 Charlie，本書稱為查利・羅郎也）和JP・布力架，指他們在安排插圖方面技藝高超，給予很高評價（S. Braga, 2012: 216）。由此可見，雖然初時 JP・布力架不太滿意排版員的崗位，覺得與自己的學歷或期望有落差，但在外公勸導下，他接納了此安排，全力以赴，做好工作，並獲得客人的肯定，相信亦讓他與客人之間有了一定聯繫。雖然他當時就像龍困淺灘，但仍能以正面積極態度應對，沒有因此意志消沉，怠慢工作，抱持這種心態的人，才有機會突破困境，取得成功。

工作與事業發展不順利，若然是出於自身原因，如不夠努力、才能過低等，自然只能接受，無法抱怨，但若然差異是由社會制度不公所造成，如將特定人種或群體列為低等，公然歧視與排擠，則必然會令被排擠者感到不滿，JP・布力架的情況便是如此。年少氣盛且一直表現過人的他，投入社會不久便

碰上港英政府的種族主義政策轉趨嚴重，令他大感憤慨，並曾以筆桿子發表個人不滿，要求殖民地政府改弦易轍，不論種族膚色，都給予平等看待。但港英政府統治多年，為何在當時突然收緊種族政策呢？

正如上一節提及，在 1880 年代中，香港曾出現一波曠日持久的瘟疫，JP·布力架的三名兄長便因此英年早逝。對於疫情蔓延的原因，港英政府判斷是源於被統治階級的下等人，他們居住的地方污穢密集，助長了疫病傳播。為了保障統治者——上等白人的健康，不被傳染，港英政府於 1888 年頒佈了《歐洲人區域保留條例》（*The European District Reservation Ordinance, 1888*），將香港島山巒地帶（初期並不指山頂，而是堅道以南的半山地區），闢作歐洲人獨享的居住區域，限制華人入住該區，亦禁止他們在該區興建中式樓宇（俗稱唐樓），以免影響歐洲人生活（Legislative Council, 27 March 1888）。至於土生葡人，由於他們不被視為歐洲人，亦同被拒諸門外，難以在歐洲人的居住區落戶。

由於這條法例赤裸裸地展示了種族主義和歧視，被社會指乃「階級立法」（class legislation，其實是種族立法），但殖民地統治者一如既往地漠視反對，通過法案。到 JP·布力架回港工作後，隨即深刻感受到殖民地政府種族主義政策下的嚴重不公，因為他作為土生葡人，原將自己視為歐洲白人的一員，加上外公富商的身份，令他沒想過自己亦會被統治者列為「異族」，遭歧視排擠，就如上文提及杰紐里奧·卡華浩因種族原因，無法成為定例局議員一樣。為此，JP·布力架甚為憤慨和不滿，質疑政府為甚麼要把他及土生葡人列為低一等的臣民。

到 1894 年，已經沉靜了一陣子的瘟疫再次爆發，這次更來勢洶洶，令白人階層更為擔心，生怕受到感染，殖民地統治者因此進一步收緊種族政策，令雙方矛盾加劇。資料顯示，在 1894 年 5 月，華人集中的太平山地區發現首宗

因感染瘟疫而死亡的個案，初時居民仍不以為然，但疫情迅即蔓延，死亡人數旋即增加。據估計，疫症肆虐期間，單計醫院，每天便有 60 至 80 人死亡，最高峰那一天，死者更有 109 人，全年則錄得 2,550 人因感染疫症而死。受到疫症的影響，市民的生活、商業貿易及工作求學等近乎停頓，不少華人更收拾細軟，帶同子女回鄉「避疫」，人數估計多達 8 萬人。若以當年香港總人口只有約 24.6 萬計算，則每 100 人中便有一人死於瘟疫，更有多達三成市民離開了香港（Lau, 2002: 59）。

無論何時，一旦發生大規模災難，都會助長恐懼、徬徨、仇恨、自私等負面情緒滋生，特別是在互信度低的社會。殖民地政府缺乏認受性，無法團結民眾齊心抗疫，加上通訊及醫療設施落後，面對瘟疫蔓延，自然束手無策。當疫情在被統治的平民地區爆發後，政府只著眼保障白人的安危，任由其他族群自生自滅，因此沒有想辦法改善華人社區人煙密集的情況，或為市民提供更多預防及治療，反而指責對方的生活習慣造成疫情擴散。[5] 時年只有 24 歲的 JP・布力架對此大感不滿，提筆寫下了《香港外族的權利》（*The Rights of the Aliens in Hong Kong*）一文，並以小冊子的形式出版，以銳利文筆痛批殖民地統治者歧視非我族類的政策。[6] 此舉雖令他贏得受歧視民眾的掌聲，但亦引起港英政府的注意，為他剛起步的事業帶來阻礙。

此本小冊子主要收錄了不同讀者向《孖剌西報》（*Hong Kong Daily Press*）、《德臣西報》（*China Mail*）及《士蔑西報》（*Hong Kong Telegraph*）的投稿，內容有關因種族問題而遭到歧視或不公平對待的評論與投訴，JP・布力架本人則作出分析與點評，核心論點均指出殖民地政府在管治上言行不一，包括沒有按已公開宣佈的「競爭性考試制度」（a system of competitive examination），或是「績效結果升遷」（promotion is the result of merit）原則辦事，遑論「公正公平」（justice and fairplay）。反映在他心目中，土生葡人明明是港督軒尼詩所指「忠

誠、準時和有禮的群體」，卻沒獲得真正公平公正的對待（J.P. Braga, 1895: xvii-xxxii）。

JP·布力架在文章序言最後一段隱晦委婉的話語，可作為其立場和觀點的重要註腳。他這樣寫：

**如果要避免潛在敵人不公允的攻擊，那只能做出我們真心相信的公平公義行為，那乃英國殖民地管治真正取得勝利的制度。（J.P. Braga, 1895: xiii）**

雖然JP·布力架等人對種族政策憤憤不平，不斷發聲，但強勢的殖民地政府置若罔聞，堅決規定港島山頂及九龍尖沙咀至九龍城一帶只准歐洲人居住；而那些被排除在外，但又有一定能力及財力的土生葡人、巴斯人與猶太人等，則只能自尋出路，他們有很多人為避開瘟疫及惡劣的居住環境，在九龍半島貼近白人居住區的四周落戶，成為開闢九龍半島的主力軍。如打笠治、麼地、艾利·嘉道理，以及杜芬奴·羅郎也等，都是最先在九龍半島購入地皮，進行開拓與發展的一群。他們的選擇，除了有看準九龍半島的發展潛力，及港島地價難以負擔等因素外，為了尋找一方樂土避疫，亦是不容低估的深層次原因。JP·布力架日後亦跟隨外公及其他巴斯人、猶太人的開拓方向，將投資集中在九龍半島，甚至界限街以北的新界地方。

瘟疫在其後一段時間仍揮之不去。以染疫及因此去世的人數為例，在1895年，據說就有1,204人證實染疫，當中1,078人因搶救無效而死亡；1896年，港府為抑止病菌傳播，曾封閉太平山附近所有不衛生的房屋、水井及某些公共設施進行清潔，情況似有好轉，所以在1897年時只有21人染疫死亡；到1898年情況又惡化，有1,240人染疫，死亡人數達1,111人；之後的1899

年，又有 1,486 人染疫，當中 1,428 人被奪去生命（Lau, 2002：60-62）。

進入新世紀的 1900 年，疫情略見緩和，但社會氣氛仍然凝重；1901 年疫情捲土重來，全年共 1,651 人染疫，1,562 人因此去世。之後的 1903 年，又有 1,415 人染疫，1,251 人死亡（Lau, 2002：60-63）。那年，針對公共衛生日差、傳染病驅之不散的問題，港英政府推出《公共衛生及建築條例》（*Public Health and Buildings Ordinance, 1903*），嚴格要求市民做好個人及公共衛生，惟其中最令社會大眾不滿，深感歧視的，是條例進一步列出了「歐洲人保留區」（European Reservation）的具體界線，由薄扶林道 1 號橋作起點，沿薄扶林道由西至東，伸延到高街、般咸道而達堅道，接著轉到些利街，再至贊善里而入亞畢諾道，再沿雲咸街至下亞厘畢道及雪廠街，再之後轉到皇后大道中，東延至皇后大道東，包括戰爭部的土地，一直到灣仔峽道及堅尼地道與皇后大道東的交界處終止，把沿此界向山上的地帶劃為歐洲人居住區（*Hong Kong Government Gazette, 1903*）

為了明確歐洲人保留區的界線，港英政府採取迂迴方法，通過了定義更為清晰的「An ordinance to define the boundaries of the City of Victoria」法案，還在相關界線的主要交接街道豎立界石——即俗稱的「維城界石」（*Hong Kong Government Gazette, 1903*），讓普羅市民知悉「界外」（向山部份）之地，非歐洲人不能隨便進入。

港府又在 1904 年修改原來的《歐洲人區域保留條例》，更嚴格地限制非歐洲人搬到山頂居住，而該條例即是《山頂地區保留條例》（*Peak District Reservation Ordinance, 1904*）。條例指出，所謂山頂區，簡單而言是香港島山巒等高線 788 呎（約海拔 239 米）以上，由西而東直至灣仔峽的範圍，包括了金馬倫山、歌賦山、奇列山及維多利亞城山頂（*Hong Kong Government Gazette, 1904*）。而對這政策十分不滿，且曾作出突破的，是被殖民地政府視為「雜種」的歐亞混血兒代

表何東，[7] 他與 JP・布力架有不少相似的地方，如成長期時父親的缺席與不滿殖民地政府的種族主義政策。或者因為這種「同病相憐」的背景，二人日後有一些交往，JP・布力架亦曾一度獲他提拔（見俟後各章討論）。

與葡人管治澳門較為包容不同，英人統治香港——如統治其他殖民地一樣——高舉種族主義旗幟，採取種族隔離政策，將統治者與被統治者分隔，分開彼此、突顯高低，所以政府高職一律由英人或歐洲人出任，重要或關鍵資源都由英商或歐商壟斷，就連環境最好的山頂地區亦只有英人或歐洲人可以享用，非歐洲人難以逾越。

受這一政策的影響，葡人只能居於歐洲白人與華人之間。他們因信仰關係，要居於教堂鐘聲四周，而早期堅道東端設有天主教堂，他們便集中聚居該地。對於英人這種按人種分區而居的種族政策，自認是歐洲人的土生葡人覺得遭到排擠，甚至被列作下等人，「居於一個極為低下的地位」，十分難受（S. Braga, 2012: 87-90; 102）。而瘟疫肆虐，揮之不去，又刺激了種族矛盾，尤其讓思想活躍、對社會公平正義有個人看法的 JP・布力架十分不滿，發出不平之鳴。雖然《香港外族的權利》一文沒有令 JP・布力架一鳴驚人，但已揭示他關心社會、志在千里的目光與胸懷，哪怕要衝破種族主義藩籬的道路一點也不容易。

## 成家立室的人生新階段

對 JP・布力架而言，1895 年無疑別具意義，影響了他的人生事業與家庭發展。那年，瘟疫仍然肆虐，社會氣氛緊張，種族主義有增無減，令人深感壓抑，他因此發表了《香港外族的權利》一文。與此同時，他成家立室，結束單身生活。到底誰家女子能令意氣風發的 JP・布力架拜倒其石榴裙下？這段婚姻如何影響了他的人生、事業和家庭發展？這一節且集中談談前一個問題，第二

個問題則留在其他章節討論。

綜合各方資料顯示，JP·布力架娶為終身伴侶的那個女子，名叫奧莉芙·蒲拉德（Olive Paulina Pollard），生於 1870 年，較 JP·布力架年長一歲。她來自澳洲著名的世界巡迴舞台表演家族「蒲拉德小童表演團」（The Pollard Liliputians），或稱為蒲拉德歌劇團（Pollard Opera）。這個表演組織，據說由一位名叫占士·蒲拉德（James J. Pollard）的英國人成立，他本為調琴師，於

# Pollard Opera Company

**A summary of the talk given by Peter Downes at the IAML Conference, Wellington, 21 November 2002**

In the entire history of musical performances in New Zealand there can be little argument that the most unusual, the most adventurous, in many ways the most successful, and certainly the most forgotten, were those given by the Pollard Opera Companies.

Which begs the question: who were they?

The Pollard family was a dominant force in New Zealand and Australian entertainment in the years between 1880 and 1910. The productions staged under its banner in city theatres and country halls brought pleasure to many thousands, some of whom, living in the smaller and more remote centres of population, would have been given few, if any, other opportunities to experience the joys of musical theatre. This fact alone guarantees the Pollards their distinguished place in our performing arts history.

Their repertoire did not comprise 'opera' as we would define it nowadays. 'Comic opera' was their forte, much of it being translated versions of popular continental works by such composers as Offenbach, Johann Strauss, Planquette, Lecoq, von Suppé and Audran. Alongside these were the English works of Gilbert and Sullivan In the latter part of the Pollard company's existence they added some of the more successful British and American musical comedies, very soon after the genre had

*James Joseph Pollard - held in the Mitchell Library, State Library of New South Wales. (ML ref Pic Acc 2282/no. 52)*

been developed in the 1890s. They also played a small number of stage works by New Zealand composers.

What set the Pollards apart from most other opera companies of their day was that the stage performers were, for a good deal of the time, children ranging in age from about six through to 18.

Nowadays this fact is difficult to accept but, in the context of their time, the Pollards were by no means unique. Professional companies of performing children were widely, if not universally, accepted as a normal part of the entertainment industry. Their employment did not yet contravene any child employment or education laws and, as long as the children were more or less looked after and more or less educated, few people seemed to worry. Least worried were the huge audiences that were attracted by the novelty and what we might call 'cuteness' of young children singing, dancing and acting on the stage — not acting their own age but impersonating adults in roles written for adults.

In 1890 George Bernard Shaw had some rather strong words to say against the practice of exploiting children on the stage — to little effect at the time. But ten years earlier, when the Pollard company was formed in Launceston, Tasmania, the inspiration for the troupe had been a children's company formed in London by those apparent bastions of the Victorian establishment, Gilbert and Sullivan. At the height of the first run of their *HMS Pinafore* Gilbert and Sullivan produced a special

*6* crescendo • no 64

有關蒲拉德小童表演團的歷史介紹

1854 年移民至澳洲塔斯馬尼亞（Tasmania）。由於占士·蒲拉德育有十多名子女，於是以他們為主力，再招聘一些小童訓練，組成兒童表演團，到不同地方進行歌藝、特技及歌劇等表演。在那個缺乏娛樂節目的年代，由於表演團別具特色，故聲名鵲起，成為十九至二十世紀馳名世界的表演團之一，但其以小孩為賣點的表演，亦曾引來不少批評（Downes, 2003; S. Braga, 2012）。

占士·蒲拉德其中一名女兒歌蘭娜·蒲拉德（Corunna Louisa Pollard）在1880 年代嫁給 JP·布力架的小舅父查利·羅郎也，[8] 因此 JP·布力架與蒲拉德家族有了姻親關係，為他與奧莉芙·蒲拉德的邂逅創造了條件。在 1888 年左右，當奧莉芙·蒲拉德跟隨家族到加爾各答作巡迴表演時，在當地求學的 JP·布力架可能在親友的聯誼聚會上與她結織。她是占士·蒲拉德的蘊女，在表演團中負責演奏小提琴，無論樣貌和表演技藝均讓 JP·布力架印象深刻（S. Braga, 2012: 208-215）。

那次邂逅之後，二人雖各分西東，各有生活和追尋，但已對彼此留下印象。到了 1891 年，杜芬奴·羅郎也慶祝 67 歲大壽，同時是羅郎也印字館創業 50 週年，[9] 蒲拉德歌劇團應邀來港演出，奧莉芙·蒲拉德亦隨團到港，並與JP·布力架再次聚首，有了更多互動和交往。至 1895 年 5 月 5 日，二人在聖約翰大教堂舉行婚禮，在天主、神職人員及親屬好友面前結為夫婦，承諾一生甘苦與共（*Hong Kong Daily Press*, 6 May 1895）。這段姻緣，亦令羅郎也家族和蒲拉德家族親上加親，JP·布力架與舅母的關係多了一重「大姨」（妻姐）的身份。[10]

在那個種族主義高唱入雲的年代，JP·布力架與奧莉芙·蒲拉德走進教堂，結為夫婦，對 JP·布力架而言除了情愛因素外，起碼還具有兩個重大意義：一、比他年長一歲的奧莉芙·蒲拉德，由於是祖輩來自英國的白人，對高呼《香港外族的權利》的 JP·布力架而言，無疑是一種心理突破，即他取得與

白種人平等、甚至更高的地位；二、她乃蒲拉德劇團的明星，美麗動人，又有一定知名度，就像今天社會迎娶「藝人明星」為妻，帶有爭取公眾注視的色彩。

結婚之後，奧莉芙‧蒲拉德不再參與家族歌劇團的巡迴表演，而是留在香港與丈夫一起生活，並在十多二十年間先後誕下 13 名子女，分別為：

- 珍‧布力架（Jean Pauline Braga，1896 年 6 月 23 日生）；

- 何塞‧布力架（Jose Maria Braga，1897 年 5 月 22 日出生，暱稱 Jack，本書統稱為杰克‧布力架）；

- 慕德‧布力架（Maude Caroline Braga，1898 年 12 月 8 日出生）；

- 杜芬奴‧布力架（Delfino Braga，1900 年 2 月 13 日出生，暱稱 Chappie，本書統稱為查比‧布力架）；

- 克萊門‧布力架（Clement Albert Braga，1902 年 9 月 23 日出生）；

- 諾埃爾‧布力架（Noel Braga，1903 年 12 月 6 日出生）；

- 曉‧布力架（Hugh Braga，1905 年 2 月 15 日）；

- 占士‧布力架（James Braga，1906 年 4 月 27 日出生）；

- 安東尼‧布力架（Antonio Manuell Braga，1907 年 8 月 28 日出生，暱稱 Tony，本書統稱為東尼‧布力架）；

- 約翰‧布力架（John Vincent Braga，1908 年 9 月 25 日出生）；

- 保羅‧布力架（Paul Braga，1910 年 6 月 15 日出生）；

- 嘉露蓮‧布力架（Caroline Mary Braga，1911 年 12 月 19 日出生）；以及

- 瑪莉‧布力架（Mary Braga，1914 年 3 月 4 日出生）。

由於子女眾多，據說當時家中聘有一名家傭，負責清潔打掃等家務，奧莉芙‧蒲拉德很多時則親自下廚，關顧子女的營養健康。此外，由於奧莉芙‧蒲拉德乃小提琴手，在音樂藝術和表演方面甚有才能，故特別著重培養子女的音

樂興趣，年幼時便讓他們接受音樂的薰陶及訓練，令子女日後在音樂與文化方面都有突出的表現（Howells, 1987）。

就如不少青年夫妻一樣，隨著子女數目不斷增加，家庭開支有增無減，單靠JP・布力架一份薪金收入，自然捉襟見肘，常為家中的開支使用起爭端；另一方面由於成長背景不同，二人對子女管教的方式是鬆是緊，難以達成一致看法，更加劇雙方矛盾，令原來以為可以相濡以沫的夫妻感情，出現不少變數。由於家庭生活欠和諧，婚後JP・布力架反而有了後顧之憂，難以全心投入打拚事業。

毫無疑問，在人生不同階段，總有不同問題與挑戰，甚至出現心理學所說，有不同人生階段的危機。JP・布力架的人生經歷，亦粗略見證了這種過程。他在特殊環境下成長，常常聽到各種閒言閒語；他遭遇的各種問題，又令他變得敏感、高度醒覺或在意，相信因此才會寫下《香港外族的權利》一文，對非歐洲人遭到的歧視和不公平對待提出控訴。此舉相信引起不少非歐洲人共鳴，其中一人便是歐亞混血巨富何東，相信二人因此建立起關係。

## 結語

JP・布力架的人生起起伏伏，有不少獨特之處。他自出娘胎就沒有父親照顧，甚至沒有一面之緣；到長大後，或因才華耀目、成績突出，幸運地被長輩選中，能出洋留學，獲得較諸兄長更好的教育背景，積累更深厚的人力資本，成為日後事業的重大助力。但在學業上即將更上一層樓時，卻因三名兄長在1887至1888年間因瘟疫不幸去世，長兄又選擇遠赴日本工作，令JP・布力架只能中斷學業回港，成為母親「子為母張」的唯一寄託和希望，肩負起家族發展的重任。

雖然JP・布力架天生聰敏，學歷背景亦較兄長及同輩突出，但他投身社會

後的遭遇，卻又不能不讓他思考人生前進的路途。應該協助外公的企業，由低做起，還是另闢蹊徑，考取專業資格？如何看待港英政府的種族主義政策，是要作出反抗，還是逆來順受？娶得有助他提升社會地位的妻子，生下大群子女後，夫婦關係卻不如理想，二人可以如何走下去？種種問題，顯然為這位高材生造成不少困擾，亦令他明白就算頭腦再好、學業表現遠勝別人，面對現實時仍不足以令他出人頭地，事事領先。相信這段時期的 JP · 布力架，對自己的人生、工作、婚姻及社會局勢等曾作出了不少思考，而接下來的發展，則反映了他思考後對問題的回應。

# 註釋

1   蕭德鋭於 1858 年去世，其公司及報紙出售予德臣（Andrew Dixon），所以 *China Mail* 的中文名稱日後改為《德臣西報》。

2   《廣州紀錄報》於 1827 年由亞歷山大・馬地臣（Alexander Matheson）創立於廣州，後納入渣甸洋行旗下，且遷移到香港，改為《香港紀錄報》，並於 1849 年售予施賴德（John Slade），後來再轉售堅士。

3   安東尼奧・卡華浩據說在香港開埠後不久前來，乃家族第一位踏足香港的人物（*Hong Kong Almanack*. 1844），後來轉到上海，曾獲委任為葡國駐上海領使（相信只是名譽職銜）。他於 1880 年去世後，相信家人沒興趣接手生意，公司由杜芬奴・羅郎也接手（S. Braga. 2012: 188）。值得注意的是，當時上海有一《華洋通聞》的週刊，由英人包爾福（F. H. Balfour）於 1874 年創立，由於英文名稱同為 *Celestial Empire*，容易混淆。

4   在早年攝影技術剛興起的年代，由於「拍照」代表著現代化與社會地位，贈送個人照片作為紀念、以表親熱，是十分流行之事。

5   當然，那時的華人亦不信任港英政府及西醫西藥，加上因為貧窮，不少患者無力延醫，死後屍體被人隨街拋棄，更加速疫情傳播。華人認為政府提出的隔離等防疫方法是包藏禍心，後來政府通過緊急條例，收回太平山街一帶，強制居民遷出，更令華人強烈不滿，甚至出現要襲擊洋人報復的消息。可見官民間互信極弱，自然無法有效應對疫情。

6   由於此小冊子並非報紙投稿，而是由羅郎也印字館出版，相信外公杜芬奴・羅郎也已在出版前審閱，且沒有反對出版，折射杜芬奴・羅郎也應該亦不滿港英政府將土生葡人視為「外族」。

7   何東生父為何仕文（C. H. M. Bosman），母親施氏為華人，何東出生後何仕文離他們而去，何東只能與母親相依為命，因此一直以華人身份自居。他進入中央書院（即今日的皇仁書院）求學，之後因掌握中英雙語及文化，成為渣甸洋行（Jardine Matheson & Co.）買辦，積累家財，成為巨富，在社會中闖出名堂（鄭宏泰、黃紹倫，2007）。

8   在那個年代，受英國種族主義的影響，土生葡人能娶英國白人女子為妻，可謂甚為罕見。

9   按前文提及，杜芬奴・羅郎也於 1871 年的《中國名錄》中報稱公司創業於 1841 年計算，此年份相信亦被確定為公司創立元年。

10   奧莉芙・蒲拉德和姐姐雖都嫁給土生葡人的丈夫，惟二人不懂葡語，日後亦只是略懂而已，恐怕她們與丈夫家人相處時，會出現不少困難。

# 第五章

## 歷盡考驗

### 從多重挫折中走出事業大路

所謂「羅馬並非一朝一夕建成」，個人要揚名立萬，登上事業高峰，光宗耀祖，亦不可能一蹴而就。哪怕JP・布力架自小聰敏過人、才華卓著，因此獲得外公和姑丈的栽培，在1887年負笈加爾各答留學，增進學歷和見識，但到他投身社會、打拼事業時，還是在不同層面上碰到無數個人意志難以左右的困難，相信令他有了深刻體會，最後只能接受現實，從中尋找出路。

毋庸置疑，危機與困難乃判別任何人能否拼出成績、取得成功的最重要標準，不少人正是因為無法克服危機與困難而被歷史大潮吞噬，難以指點江山。JP・布力架在摸索人生道路的過程中，逐步領略到各種現實問題與挑戰，最後由理想走向現實，在指定舞台上作出努力，因此憑個人才華拼出成績，寫下在香港歷史上的重要篇章。

## 踏上家族生意接班之路

在 JP·布力架成家立室，子女先後出生，小家庭逐漸建成時，其外公則日漸老去，進入垂暮之年，開始要為一生事業作傳承接班的安排，過去一直展現出卓越才華的 JP·布力架，自然成為外公栽培交託的重要對象。雖然，若細看 JP·布力架在 1895 年發表的《香港外族的權利》一文，不難感受到他對社會問題的關心和敏銳觀察，反映他對參與政治的興趣可能更大，但在那個年代，政治參與的渠道閉塞，土生葡人如華人一樣，被排除在議政論政及政府管治的圈子之外，相信因此促使他只能埋首工作，全心全意協助外公搞好印刷業務。

從發展進程看來，由於從事印刷工作，加上成功出版《香港外族的權利》小冊子，令 JP·布力架可能對文化和出版產生了興趣，開始籌劃創辦一份名為《日常瑣事》（*Odds and Ends*）的雙月刊雜誌，藉講述社會與歷史的日常點滴探討社會與人生問題。或者是為了切割與羅郎也印字館的關係，該雜誌不是以羅郎也印字館名義，而只以 JP·布力架本人名義出版，但其實登記地址（泄蘭街 9 號）及大小印刷工作均與羅郎也印字館有關，揭示外公在這項生意上應該仍然扮演一定角色，給予不少支持，也許 JP·布力架並非單一股東與話事人。該雜誌第一期於 1896 年 11 月面世，圖文並茂，附有不少照片與插圖，在當時香港出版業無疑算是開風氣之先，具突破性，引起社會及文化界的興趣（*Hong Kong Daily Press*, 17 November 1896）。

作為出版與文化界年輕新星，JP·布力架與不同文化人有不同層面的交往，其中一人便是人生經歷及性格都與他甚為相似的黎剎（Jose Rizal）。黎剎被後世譽為「菲律賓國父」，1861 年生於西班牙殖民地菲律賓，是擁有華人血統的混血兒，高祖輩由福建移民至菲律賓，在當地生活多個世代，乃皈依天主教的「進教者」。黎剎是一名資優天才，14 歲已考入大學，能講多種語言，後成為一位眼科醫生。他不滿西班牙殖民統治，覺得深受歧視，曾發

表不同反殖言論，並投身革命運動，成
為領軍人物，提倡推翻西班牙殖民統治
（Szczepanski, 2020）。

與 JP · 布力架有交往的菲律賓國父
黎剎

1891 年 11 月 20 日，黎剎疑因推動
菲律賓獨立運動而受針對，被迫流亡，
或許是為了尋求政治聯結，他選擇來到
香港（*Hong Kong Daily Press*, 20 November
1891），於港島德己笠街 5 號行醫執業，
並居於診所附近的半山列拿士地台，為
期大約半年，直至 1892 年 6 月（陳成
漢，2017）。居港期間，黎剎曾在《士蔑
西報》發表文章，年輕的 JP · 布力架則
在外公介紹下與他有了交往（S. Braga, 2012: 223-226）。

1892 年 6 月，黎剎離港返回菲律賓，不久被西班牙殖民地政府拘捕，後
被流放到一個名叫民答那峨（Mindanao）的島嶼。他在那裡繼續以不同方式推
動革命，爭取菲律賓獨立，並與一位歐亞混血女子約瑟芬 · 布萊康（Josephine
Bracken）結識，後成為夫婦。[1] 1896 年，黎剎獲釋，若他這時轉到英國或美國
等地生活，或者可以逃過西班牙政府的迫害，惟他仍一心推動菲律賓獨立革
命，結果一次在途經西班牙時再次被捕，這時西班牙政府已對他動了殺機，黎
剎本人相信亦有預感大劫難逃。

被囚期間，黎剎拿起筆桿，寫下了遺文「我的最後告別」（Mi Ultimo
Pensamiento，後來改為 Mi Ultimo Adios，英文為 My Last Farewell），文章由
家人偷運出獄，再輾轉送到香港，交到 JP · 布力架手中，[2] 由他安排在《日常
瑣事》中刊登（Roads, 1987; S. Braga, 2012）。稿件出版後感召了無數菲律賓

人，當然亦包括 JP・布力架在內，無數在殖民統治下遭到歧視與不公平對待的人。1896 年 12 月 30 日，黎刹於菲律賓被處決，享年只有 35 歲（Szczepanski, 2020）。

黎刹被殺一事不但轟動菲律賓，亦深深地影響了 JP・布力架，對他精神帶來很大衝擊。在《日常瑣事》中，JP・布力架以「已故黎刹醫生」（The late Dr Jose Rizal）為題目，簡單講述了黎刹被殺害一事，最後刊登了黎刹的詩作，並附有他經典的半身照片，給讀者帶來巨大震撼（Odds and Ends, 1897）。

雖然《日常瑣事》刊登過如此具份量的內容，但亦無法挽回銷量不佳的現實，在出版 1897 年 8 月號之後，便被迫停刊結業，JP・布力架首次創業的嘗試以失敗告終（J.P. Braga, 2013: 129）。1898 年，他在羅郎也印字館工作已進入第十個年頭，並獲外公吸納或擢升為羅郎也公司（Noronha & Co）的合夥人，代表 JP・布力架正式成為「候任」繼承人之一，亦代表了外公對他的信任，相信他應感到十分高興（S. Braga, 2012: 227-228）。成為了合夥人後，他在公司的職位亦有所提升，與舅父李安納度・羅郎也雙雙成為「聯合經理」（Joint Manager），由二人管理公司實務及領導工作。惟 JP・布力架的輩份低一級，又是外姓孫，相信舅父才是擁有更多實權的「話事人」。

由於羅郎也公司畢竟是家族企業，主要股東除了杜芬奴・羅郎也，還有其多名兒子，JP・布力架以布力架家族第三代成員加上外姓人的身份，躍升為合夥人，相信激化了不少內部矛盾。換個角度說，儘管外公或者有意把生意進一步付託給 JP・布力架，卻引起了舅父們的擔憂，背後除了有公司股權與財產分配等問題，還因為 JP・布力架被指過於支持黎刹的菲律賓獨立運動。自黎刹被殺後，菲律賓的獨立運動更趨熾烈，為防反殖風氣及思想波及香港，英國政府指示時任港督羅便臣（William Robinson）及早加以控制，防止相關思想散播，並嚴防政治異見分子，以免星火燎原，危及英國殖民管治。因此，羅郎也家族

自然擔心 JP‧布力架的政治取向會影響到生意（S. Braga, 2012: 227）。

由於羅郎也印字館乃印製政府刊物的專營公司，JP‧布力架的舅父及其子女們難免對 JP‧布力架的政治取態感到擔憂和不滿。港英政府收緊異見人士的言論及活動空間，或許曾因此接觸 JP‧布力架的舅父，指明利害，令他們對政府刊物印刷專營權的延續存在憂慮，與 JP‧布力架之間的矛盾難免激化（S. Braga, 2012: 227-228）。

杜芬奴‧羅郎也仍在生時，哪怕年壽已高，不再打理公司事務，但仍有穩定大局的重要影響力，加上他本人同樣是黎剎的好友和支持者，自然對 JP‧布力架的政治取態沒有意見。但當杜芬奴‧羅郎也進一步年邁，不再插手公司生意時，JP‧布力架便變得孤掌難鳴，加上殖民地政府收緊香港政治空間，他的政治取態令舅父們愈加憂慮，甚至被視為家族生意的阻礙。故當杜芬奴‧羅郎也一去世，種種矛盾便爆發出來。

在年少氣盛的 JP‧布力架心目中，土生葡人在香港開埠後旋即由澳門而來，為本地發展作出了巨大貢獻，英國殖民地政府卻口惠而實不至，表面上強調「競爭性考試制度」，憑「績效結果升遷」，實際上卻採取種族主義政策，視他們為「外族」，不能與歐洲白人平起平坐，成為社會下層階級（underclass），令他深深不忿（S. Braga, 2012: xxxiii）。正因如此，他對黎剎的人生和遭遇產生共鳴，支持黎剎的菲律賓反殖獨立運動，甚至在不同層面上作出呼應，惟這樣的政治態度與舉動，卻成為他與舅父等親人們之間的障礙，更被羅郎也家族視為「黑羊」，要將他驅除，相信讓他十分難受。


## 外公去世後家族生意變局

正如上一章談到，在個人成長、學習與工作的路途上，外公杜芬奴‧羅郎也無疑是 JP‧布力架最大的依靠和榜樣。杜芬奴‧羅郎也在香港闖出名堂，

成功創立出版印刷生意，在業界奠下重要地位；同時長袖善舞，透過捐獻與組織葡人社會團體，團結在港土生葡人，豎立了個人在族群中的領導地位。種種突出的成就，令 JP・布力架仰慕不已，並說出「他是我理想中的完美紳士」等讚美之詞（S. Braga, 2012: 189）。另一方面，對杜芬奴・羅郎也而言，JP・布力架天生聰敏，表現突出，相信亦是他心目中理想的接班人選，所以在晚年時作出破格安排，吸納他成為羅郎也公司合夥人，可見祖孫之間互相欣賞，情誼深厚。

可惜，杜芬奴・羅郎也在吸納 JP・布力架成為家族公司合夥人後只有一年多，便走到了人生盡頭，於 1900 年 2 月 6 日在家安詳去世，享年 75 歲（*North China Herald*, 21 February 1900）。史釗域・布力架如下一段敍述，一方面說明杜芬奴・羅郎也在子孫陪伴下去世，同時如實反映土生葡人多子多孫的常見現象，且視之為幸運之事。

杜芬奴・羅郎也之墓（圖片來源：Stuart Braga 博士論文）

杜芬奴・羅郎也是一位真正的家長。幸運地，他一生育有十多名子女、59 名孫、35 名曾孫，[3] 實在子孫成群。臨終前，有八名子女、48 名孫與 27 名曾孫在身旁陪伴。（S. Braga, 2012: 195）

杜芬奴・羅郎也的喪禮剛辦完，JP・布力架與舅父

們的關係隨即生變。如上一節提及，相信因為 JP・布力架過去經常批評港英政府，但羅郎也印字館卻是印製政府公報及政府刊物的專營公司，他的政治取態讓家族的立場十分尷尬，亦有可能是政府曾經施壓，令舅父們擔心會失去專營權，所以要求 JP・布力架離開（S. Braga, 2012: 227-228）。

一開始時，相信 JP・布力架仍據理力爭，一方面因他已被外公吸納為合夥人，代表外公認可他繼續參與公司業務，具有重要的傳承意義；同時，外公在遺囑中把名下財產分為九份，分給各在生子女，JP・布力架的母親亦獲得一份，與每名舅父所得相同，那他作為母親權益的代表，就與舅父們享有同等話語權。而且，外公更把他列為四名遺囑執行人之一（Probate Jurisdiction ─ Will File No. 19/00, 1900），反映外公對他的信任及囑託，因此舅父們沒有權力把他排除在外。

就在雙方各執一詞，爭拗不斷之際，坊間再次傳出過去炒作過的「身世疑寶」（suspect parentage）。在上一章曾提及，由於杰紐里奧・卡華浩與 JP・布力架感情甚好，又資助他留學，香港葡人社群中一直有流言指二人關係特殊，甚至可能是父子（S. Braga, 2012: 229）。本來這些流言早已被人遺忘丟淡，但在爭產時又舊聞重傳，甚囂塵上，似是有人刻意製造輿論，有迫使 JP・布力架知難而退的意味。

這傳言除了對 JP・布力架造成損害，同樣會敗壞另一位當事人杰紐里奧・卡華浩的名聲。若杰紐里奧・卡華浩仍然位高權重，造謠者或會有所顧忌，不敢明目張膽，不過，他早在 1893 年已因一件不光彩的事件，離開了政府高職，故造謠者再無後顧之慮。導致杰紐里奧・卡華浩下台的事件，與庫務局一宗盜用公款案有關，一位名叫艾末士（A.F. Alves）的庫務局職員，瞞上欺下、盜用公款多年（1882-1889 年），一直未被發現，政府累計損失高達 63,000 元。政府遂成立調查委員會，尋找當中原因或漏洞所在，並打算追究責任。

在 1893 年，委員會公佈了驚人的調查結果，直指庫務局內的多名領導——包括司庫、署理司庫、核數師及總出納等均「嚴重失職」（serious neglect of duty），多年來管理沒有效率、缺乏監督。不過，由於沒有證據指各高層涉及刑事責任，故除艾末士被檢控外，其餘人等都逃過了被提告的命運（*North China Herald*, 2 June and 22 September 1893）。

身為總出納的杰紐里奧・卡華浩，在庫務局任職約 30 年，那時已 63 歲，雖過了退休年齡，但相信仍然在職，因在 1871 至 1892 年的政府《藍皮書》（*Blue Book*）中，都有他的名字。但從委員會公佈調查報告後的 1893 年起，他的名字就再不在其中，反映他因事件丟了工作，但相信只是被要求退休，而沒有被革職，因為政府的「長俸名單」（pensioners' list）中仍有他的名字，直至 1899 年（Carl Smith Collection, no year），顯示政府認為他雖有失職，但「罪不致死」，故對這名資深公務員網開一面。

庫務局爆出盜用公款的醜聞，身處其中的杰紐里奧・卡華浩必然極不好受，擔憂自己輕則革職，重則受到檢控。至調查完畢，他雖避過刑責，但仍背上「嚴重失職」的罪名，一生名聲信譽都蒙上污點。至 1900 年，他與 JP・布力架的關係又無端重新被人談論，同樣是對他人格的污衊。連串事件對他帶來甚麼影響，他晚年與 JP・布力架交往是否頻密，又或二人有否就事件商討對策等，受資料所限，已無法還原當時的情況。只知道，在醜聞爆出的同年年底，即 1900 年 12 月 11 日，他因心臟病在香港去世，享年 70 歲（*North China Herald*, 19 December 1900）。

同一年內，兩位對 JP・布力架的成長影響深切，一直被他視為楷模及道標的人物先後去世；而看著他長大、長時間一起工作的舅父們，卻在外公死後便要將他掃地出門，甚至可能動用了骯髒手段，攻擊他及至親的人品信譽，種種變故，自然對他帶來巨大的心理與思想衝擊。幾經思考後，他最終決定放下一

切，不再與舅父等人糾纏，以個人「健康」出現問題為理由離開公司，返回澳門，過低調的生活，而史釗域·布力架在研究中則直指是「他們把他踢出局」（they kicked him out）。

JP·布力架於 1900 年底黯然離開了香港，相信其太太和子女們隨後亦一同轉到澳門。在澳門安頓下來後，JP·布力架在聖拉撒勒教堂（St. Lazarus）商科學院找到一個教席，主要教授英語，薪金相信不高。他曾經留學加爾各答，當過出版、辦過雜誌，具學歷背景與知名度，是資歷突出的教員，商科學院當然覺得深慶得人。

執起教鞭春風化雨，雖然別具意義，工作較為輕鬆，生活也漸漸穩定下來，但畢竟教書不是 JP·布力架人生事業的真正目標，亦與他熱衷議政論政、月旦時事的性格並不一致。具體地說，他視澳門的教書生活，為人生一段低潮與不如意時期，只能「潛居抱道、以待其時」，即是在面對逆境時不放棄，不退縮，以低頭默默工作應對變局。

在澳門生活一年多後，到了 1902 年 5 月初，JP·布力架收到一封從香港寄來的信函，寄信人為何東，內容指何東已把 JP·布力架的名字交給《士蔑西報》的董事局，認為 JP·布力架適合出任該報經理一職，敦促他申請該職位。[4]在那個人生事業低潮期，能獲香港巨富何東的賞識和推薦，JP·布力架自然感到榮幸，乃致函應徵，然後在同月中獲何東告知《士蔑西報》董事局通過了對他的任命，新職位月薪 350 元，另有 5% 花紅，雖最高只能達 600 元，但在那時已是不錯的待遇了。他隨後離開澳門，返回香港履新，並在港島羅便臣道租下一所較大的房子，改善家人的生活環境（S. Braga, 2012: 236-238）。至此，JP·布力架的人生事業出現了新轉變。

家族內部矛盾可以是茶杯裡的風波，但若處理不好，很容易傷害親人感情、影響內部團結，甚至惡化為骨肉相殘，或是對簿公堂、家醜外揚，絕對不

容小覷。在羅郎也家族與 JP‧布力架的角力中，最後 JP‧布力架選擇忍讓，退場離去，在矛盾尚未惡化時將之平息，免去一場惡鬥，令大家不致反目成仇，算是較好處理的結局。失去工作的 JP‧布力架，雖無奈和家人回到澳門，找一份不太符合自己志向的工作餬口，但幸好他多年的表現有目共睹，並已建立起一定人脈，故再次獲得賞識，重回有發展空間的崗位。

## 任職《士蔑西報》的事業新局

1902 年，JP‧布力架回到闊別近兩年的香港，出任《士蔑西報》經理一職時，或會有「恍如隔世」之感。因為不過兩年多前，他仍是羅郎也家族一員，乃外公寵兒、羅郎也公司的合夥人；但重踏香港土地時，他已換了身份，與羅郎也公司再沒關係，與家族成員也心存芥蒂。不過，能在素以敢言見稱的《士蔑西報》任職，對他而言應是喜出望外，因為新工作既符合他的性格取向，亦讓他有一個可以抒發胸懷的巨大平台。

無論如何，獲得何東賞識的 JP‧布力架一定下了決心，要在新崗位上幹出成績，回報老闆的期望與要求。回港後他首要做的事，肯定是在履新前先拜會何東，感謝其知遇之恩，並聽取對方的指示——儘管未能找到有關會面的資料，但他作為一位吃過苦頭的聰明人，又在職場打滾多年，不再是初出道的毛頭小子，不會再恃才放曠，自以為有理走天下，不考量人情世故了。

事實上，何東當過渣甸洋行總買辦，是極精明的商人，所謂「鳳凰不落無寶之地」，他在收購《士蔑西報》之前，必然已做好各方面的檢討與評估，尤其思考這份報章可為他帶來什麼利益——無論是金錢收穫還是無形的輿論影響力等。JP‧布力架則必須看懂何東的想法，將之視為報章的主要方針，並努力落實，這樣大家成為了「利益共同體」，賓主關係才能更穩固地走下去。

從 JP‧布力架上任後的變革重點上看，何東當年的重要指示，應是扭轉

《士蔑西報》向來比較「惹火」的辦報風格,以免「樹敵」太多。原來,報章在創辦人羅拔‧費沙－史密（Robert Fraser-Smith）主理時期,由於他的性格作風十分大膽,採取了進取但容易招惹是非的辦報方針,有時消息尚未完全證實,但為了爭取盡快見報,會選擇寧枉勿縱、爭快不究,因此產生不少問題,既削弱報紙的公信力,又引來不少誹謗官非,他曾多次被告上法庭並負上刑責,要不道歉賠款,不肯賠款則以牢獄監禁代之,令經營添加不少壓力和風險。

為此,JP‧布力架上任後撥亂反正,要求記者報導新聞時必須小心求證,指示編輯在評論時應以事實為本,不能急功近利、惹事生非或譁眾取寵,為求一時口舌之快或曝光率而自招麻煩。顯然,JP‧布力架著力提升報紙的質量及名聲,希望改變社會對它的看法,重建公信力,在努力革新下,報章重新獲得社會信任。史劍域‧布力架引述 1908 年一個遠東商業研究有關香港三份報紙——即《士蔑西報》、《孖剌西報》和《德臣西報》——的評論,指「現時已在同一樣原則規範之中,並已全面走出過去那種不值信賴的惡名昭彰局面」,揭示在 JP‧布力架領導下,報紙的誠信有了重大改善（S. Braga, 2012: 238）。

就在 JP‧布力架大力改革《士蔑西報》,帶領團隊爭取市場佔有率之時,又有一份新的英文報章加入競爭,那就是在 1903 年創立的《南華早報》（South China Morning Post）。香港英文報紙的市場本來就不算大,因為當時香港的英文讀者人數不多,如 1911 年的非華人人口只有 12,075 人（其中 3,761 人為英國人,2,558 人為葡國人）（Report on the Census for the Colony of Hong Kong, 1911: 103, Table XXV）,現在再增添一位對手,競爭自然更激烈,JP‧布力架需施展渾身解數,報章才能免於被吞噬淘汰（李谷城,2000）。

報紙是與時間競賽的行業,從業員每天都要追趕「死線」,工作量重、壓力大,作為報館實務領軍人的 JP‧布力架,為了爭取表現,與其他三份英文報紙比拚,自然時刻不能放鬆,每天長時間伏案工作。正因這種辛勤努力,《士

蔑西報》乃能保持市場優勢和社會影響力，JP‧布力架在業界的名聲和地位亦逐漸建立起來。

當JP‧布力架盡心盡力管理《士蔑西報》，漸見成績，名氣日大之時，曾經與他有過爭拗的舅父亨利‧羅郎也，因為支氣管病，1905 年 4 月在九龍加連威老道寓所去世，享年 63 歲。有不少居港葡人出席了他的葬禮，但 JP‧布力架的名字並沒出現在新聞報導的出席名單之中，應該是沒有現身（*South China Morning Post,* 12-13 April 1905）。顯然，經歷過 1900 年的家族內部爭拗後，大家仍心存芥蒂，甚至不願送對方最後一程。

到了 1906 年，JP‧布力架的母親嘉露蓮娜去世。她年輕時被丈夫拋下、中年連喪三子、晚年看著兒子與自己兄弟失和，一生遭遇坎坷不幸，對 JP‧布力架而言，無法在母親生前出人頭地，為她爭一口氣，相信除了傷心難過，還倍感自責內疚，但亦只好收拾心情，繼續發奮，以慰亡母在天之靈。同年，JP‧布力架獲路透社（The Reuters）委任為香港區的通訊記者（correspondent reporter），為該報供應港澳及內地的消息。路透社為國際傳媒機構，在新聞業界享負盛名，亦在全球擁有獨一無二、無人能及的地位與影響力，此次委任，可視作JP‧布力架在新聞業中漸見成績的證明。

翌年即 1907 年，他與《士蔑西報》的首份五年合約到期（S. Braga, 2012: 238）。按道理，他既是大股東何東延聘的人選，又剛獲馳名世界的報刊看中，續約自是不成問題。但在談判時，老闆雖同意續約，惟新合約的任期只有三年，較上一個任期短。這種做法，不知是報章行政上的新常規，還是反映老闆對他表現的評價：即基本上滿意報紙的發展，但仍未達致當初預期的目標，故多給他三年時間改善，令人不禁猜測賓主關係是否生變，不如往日穩固。

縮短任期一事，雖然可能反映何東等股東對 JP‧布力架的表現並不完全滿意，但他在業界的知名度肯定不斷提升。其中一個指標，是他被英國著名研

究者 A. Wright 及 H.A. Cartwright 收錄到 1908 年出版的《二十世紀印象：香港、上海及中國其他條約港》(*Twentieth Century Impressions of Hong Kong, Shanghai and Other Treaty Ports of China*) 的「名人錄」中，此書介紹了中華地區政商界的顯赫人物，JP·布力架才 30 歲出頭，就能與多位有響亮名聲的報業翹楚並舉，反映他當時已被視為業界重要的成員了 (Wright and Cartwright, 1908)。

作為受人錢財的「打工仔」，工作須聽命於老闆，受其指揮，哪怕本人不認同其發展目標或前進方向，也不能按自己意志或喜好辦事。而且表現是好是壞，只能以老闆的尺度為準則，員工甚難置喙。但 JP·布力架向來立場鮮明，性格硬朗，即使受僱多年，顯然仍不太習慣失去自主性，也不想永遠只按老闆的指示及標準行事；與此同時，何東等人可能亦對不願俯首聽命的 JP·布力架失去耐性，故在 1910 年完成第二期合約後，JP·布力架便離開了工作八年的《士蔑西報》(*South China Morning Post*, 1 November 1910)。

綜合不同資料看，JP·布力架離職時，董事局既沒作任何挽留，亦沒以董事局名義為他舉辦歡送會，只有一班員工自行籌備了惜別會，並合資打製紀念牌，送給 JP·布力架 (*Hong Kong Telegraph*, 9 November 1910)，惜別會上未見任何老闆或董事局代表現身，揭示賓主關係應有一定嫌隙。JP·布力架離開《士蔑西報》後，沒有另謀高就或加入別的報館，而是出人意料地突然轉換跑道，成立獨資經營的貿易公司，下海從商。

然而，JP·布力架其實在經商上吃過不少苦頭，無論自己創辦雜誌失敗，或協助外公經營印刷生意時被其他股東（舅父）排除。明明沒有成功經驗，又不是受到具實力的商人邀請，經商對他而言應不是最理想的前途選項，起碼沒有時間上的迫切性，沒有非在那時創業不可的理由。若從整體經濟的角度看，在 1910 及 1911 年，香港進出口貿易均錄得連續下滑（鄭宏泰、黃紹倫，2006），揭示那時香港的商業環境並不太好，顯然不是最合適的創業時機。因

此，較大可能是 JP·布力架與何東產生意見分歧，不再或不獲續約，由於一時未能找到同等高職，又或受夠了聽命於人的惡氣，最後決定動用積蓄自立門戶，經營貿易。

JP·布力架雖然離開了《士蔑西報》，但與報界仍然藕斷絲連，因為他繼續「兼職」路透社的記者，後來還成為其港澳區「代理」（Agency），負責收集區內各種資料和訊息，撰寫文章；同時，若有人想向路透社提供資料、發表觀點、刊登廣告等，都要與他聯絡，當時他的通訊地址為畢打山（Peder's Hill）8 號（*South China Morning Post*, 3 November 1916）。他擔任這一工作長達 25 年，就算在他事業成功後，要兼顧自己的生意、出任公司董事與社會公職，分身不暇之時，仍沒有放下。期間，他為路透社提供了不少香港社會發展的資料，寫了不少文章，所以在 1931 年 8 月 31 日離任時，獲得路透社總編輯鍾斯（Roderick Jones）親函致謝，高度讚賞（*South China Morning Post*, 18 January 1921; 4 September 1931）。

JP·布力架對路透社工作的高度重視，顯然不止視作一般「兼職」，而是用了不少時間和精神收集資訊，撰寫文章。他在這方面如此賣力，一方面因為傳媒工作是他興趣所在，故多年來樂此不疲；與此同時，他肯定明白傳播媒介的重要性，所以一直用心經營，透過文章議論或傳媒工作者的身份，提升自己的影響力。事實上，他日後的事業能有所發展，很大程度上與他多年來不斷發表議論，月旦時事有關。


## 下海經商的不忘社會參與

對於下海經商，JP·布力架絕對不陌生，無論是自己的外公、叔伯甚至是從未見過面的父親，都在不同時期經營過生意。他踏出校門後，進入外公的印刷公司，由於外公有意讓他接班，相信亦會教導他經商的技巧知識，而他創立

的《日常瑣事》雜誌亦屬於一盤生意。到 JP・布力架擔任《士蔑西報》經理之時，更是上下事務一手抓，承擔了半個老闆的職責。或者正因為對生意營商並不陌生，當他覺得無法再在《士蔑西報》留下，但又沒有其他更好的道路時，投入商海、自立門戶便成為相對可行的選擇。

傳媒被視為第四權力，可以影響政府與社會，JP・布力架在出任《士蔑西報》經理一職後，社會知名度和影響力均增加不少，而他早已建立的人脈與社會關係，相信亦大大提升了他人力資本的力量，這些都是有助他「行走江湖」的要素。在那個年代，曾出任一份英文報紙的經理，實在是很有份量的履歷，他因此以自己的名字成立公司——JP・布力架公司（J.P. Braga & Co.），經營雜貨貿易生意。

據史釗域・布力架所述，JP・布力架公司落腳於中環德輔道 16 號，是香港的商業中心地帶。為了推動其貿易生意，公司的「出口部門」（Export Department）更印刷了一本《華南出口貨品》（*The Exportable Products of South China*）的目錄名冊，按英文字母順序列出公司代理的貨品，包括竹掃、竹製家具、水牛角號角、葵扇、炮竹、生薑、香料、食米、花生及花生油、豆品和醬油等，林林總總，巨細無遺。清單更註明公司在香港及廣州均有據點（S. Braga, 2012: 253-254），惟廣州的分店設在何處、由誰負責，則沒深入資料交代。至於公司代理的貨品種類雖多，但既不稀有又非獨市生意，相信只能賺得蠅頭小利，須靠多銷才能獲得更大利潤，因此不難推斷，他那時的生意規模與盈利應該不會太好。

史釗域・布力架進而提到，JP・布力架公司與泰國之間亦有商業網絡，他早年求學的加爾各答亦是其努力開拓的市場，揭示他既然決定做貿易，必然要想方設法，走村串戶地尋找門路。附帶一提的是，自立門戶翌年即 1911 年，JP・布力架的父親文森・布力架在上海去世，他對此反應不大（參考第三章）。

大約兩年後的 1913 年 8 月，另一位曾與他勢成水火的舅父李安納度・羅郎也去世，享年 66 歲（*South China Morning Post*, 25 August 1913），他顯然亦心如止水，沒引起太多漣漪。

最讓 JP・布力架困擾的，畢竟關乎他及家人存活的生意，這方面卻一直沒有重大突破，就如雞肋般食之無味、棄之可惜，但由於沒有更好的出路，只能勉為其難地經營，大有「無可奈何花落去」的意味。到了 1917 年，史釗域・布力架指他遭遇財政困難，一度打算向「非正路」的鴉片生意下手，並與友人組成財團，參與競逐當年澳門政府的鴉片專營權，惟因出價不及對手而敗陣（S. Braga, 2012: 254-255）。可以想像，若然他當時勝出，個人及家族的故事必然改寫。

公司業務浮浮沉沉，進軍鴉片生意又失敗，事業遲遲沒有突破，自然令 JP・布力架煩躁不安。另一方面，他的子女數目眾多，單是日常衣食用度，已是一筆巨大開支，或許對他而言，家庭已不再是紓緩情感的地方，反而成了一個巨大的擔子，令他倍感壓力。所謂貧賤夫妻百事哀，在那段時期，兩夫婦顯然經常因金錢問題起爭執，當年的才子佳人、花前月下，亦抵不過柴米油鹽的現實侵蝕，感情逐漸冷卻下來。

相對於生意與家庭方面的挫折，月旦時事，發表個人政見，相信令 JP・布力架獲得了更大的滿足感。當時，他除了履行職責向路透社供稿外，還經常以真名在傳媒上發表評論，或是致函報紙編輯（Letter to Editor），闡述他對不同社會問題的觀點，反映他一直關心時事，並以此維持一定的社會知名度及影響力。此外，他亦積極參與葡人社群的活動，例如在葡人社群的重要組織「西洋會」中擔當重要角色等（*South China Morning Post*, 25 March 1911），相信只有在這些地方，他才能尋回自己的重要性及人生意義。

JP・布力架筆耕不斷，努力投稿，或許只為不平則鳴，抒發胸懷，想不

1970 年代的西洋會所內部

到這方面的努力卻為他帶來突破。1919 年，他獲港英政府頒授「太平紳士」（Justice of the Peace）頭銜，反映他的言論開始受港英政府注視或認同。至 1921 年，他以太平紳士身份，獲選為接待威爾斯王子（Prince of Wales）訪港的「行政委員會」委員（*South China Morning Post*, 23 November 1921）。同年，他獲任命為危地馬拉（Guatemala，亦稱瓜地馬拉）的名義領事（*Hong Kong Government Gazette*, 4 November 1921）。雖然那只是一種名義任命，沒有實質利益，但因危地馬拉乃西班牙前殖民地，此一任命顯然與他土生葡人身份與葡國的關係有關。另一方面，他亦出任諸如防止虐畜會（Society for the Prevention of Cruelty to Animals）董事局董事（*South China Morning Post*, 30 November 1923），以及聖約瑟書院舊生會名譽秘書等（*South China Morning Post*, 12 January

1929）。公職日多，他社會精英的形象便愈見鮮明。

　　儘管 JP・布力架在社會上有愈來愈多表現機會，但無論是太平紳士還是名義領事，都是無償的義務工作，沒有任何酬庸。當然，很多時只要有了名氣，別人就會慕名而來，帶來新的商機與利益，若能把握善用，相信有助生意發展，但 JP・布力架顯然不是一個有能力化名為利的人，生意進展不大。至1921 年，在報章上找到 JP・布力架公司代理兩個英國電單車品牌的廣告，分

JP・布力架早年代理的
Endurance 牌電單車廣告

別為 Endurance 及 ACE，揭示公司業務已由華南雜貨貿易，擴大至英國電單車入口代理。不過，那時公司地址仍是中環德輔道 16 號，只新增了一個電話號碼 583 的聯絡資料（*South China Morning Post*, 17 September 1921; 1 October 1921），可見業務雖有擴充，但公司盈利相信只算平常。

　　或許是見腳踏實地的貿易生意沒太大起色，JP・布力架決定投資高風險、高回報的股票市場。但他投資運氣欠佳，不久即遇上1922 年的海員大罷工及 1925 年的省港大罷工，連串工潮對香港經濟造成巨大打擊，股票市場崩盤急跌，大部份參與者損失慘重，JP・布力架亦不例如（參考下一章討論）。可以想見，在之前一家生計尚能勉強維持時，JP・布力架與妻子已因錢財起了不少爭執，至他投資失敗，賠光了積蓄，甚至陷入破產邊緣，二人的感情肯定進一步惡化，最後終於走到無法挽回的地步（S. Braga, 2012: 242-252；參考第七章討論）。

　　一個不爭的事實是，離開《士蔑西報》後自立門戶經商的 JP・布力架，在商海泅泳的經歷並不如意，未有如某些傳奇故事般，在三兩年間便賺得盆滿缽

滿。恰好相反，他在點滴經營的小額貿易生意中難有寸進，改為在股票市場放手一搏，卻又碰上社會巨大波動，輸掉僅有儲蓄，與妻子關係變差，人生猶如掉進谷底。不過，他在困局中仍然對社會發展保持敏感，經常以筆桿子月旦時事，由於詞鋒銳利，見解獨到，令他再一次引來賞識，成為關鍵的突破點，最終得以擺脫長久以來的頹勢，發光發亮。

## <u>結語</u>

　　無論從哪個指標來看，JP‧布力架的人生與事業路均可謂波折重重。在出生前已遭父親遺棄，父親明明在生卻從未相見；雖成績優異，卻因兄長突然離世而無法升學，只能在外公公司任初級職務；他工作表現出色，獲提拔為合夥人，但外公一死就被舅父掃地出門；獲何東賞識出任報館高層，最後賓主卻算是不歡而散；娶得社會階級比他高的「女明星」，婚後感情卻被日常俗務侵蝕，本應溫馨的家庭成了爭吵角力的戰場……。顯然，每當幸運降臨，接下來便會出現阻礙，令他的人生起起伏伏，空有一身才華卻無從發力，人到中年仍是一事無成。

　　不善經營的JP‧布力架在生意發展未如理想時，曾多次想走捷徑賺錢，故曾投標澳門的鴉片專營權、借貸買賣股票等，不過，或許是他眼光不如人，或欠缺商業觸角，無論正當經營或是「旁門左道」的投資，都未能為他帶來巨富，反而賠了不少積蓄。歸根究底，JP‧布力架顯然沒有太大當企業家的「慧根」，更像是一名熱心政治、積極參與社會的典型「公共知識分子」，營商既非他的興趣，甚至不是他力所能及之事。可是，由於本身性格不適合打工，港英政府又不容許非我族類參政，他只能投身商海，這樣的態度，自然不會做出成績。但他營商不忘論政，頻頻在報紙上發表評論，最終令他受到注目，人生事業得以突破。

# 註釋

1　約瑟芬‧布萊康的背景甚為坎坷複雜，據說她是英國駐港士兵 James Bracken 與華人女子在香港所生，生母在誕下她不久後去世，之後生父亦去世，她於是被一位名叫杜化（George Taufer）的愛爾蘭工程師領養，撫育成人。到老年時，杜化患上眼疾，約瑟芬‧布萊康與養父尋找在眼科手術有名氣的黎剎醫治，並於 1894 年左右到了菲律賓，因此結識了黎剎（Hong Kong Daily Press, 7 January 1897）。施其樂在其檔案中指，黎剎死後不久，約瑟芬‧布萊康與雙目已經失明的養父返回香港，她隨後在港再婚，嫁給一位名叫阿伯德（Vicente Abad）的人，教堂的記錄將她原來「非婚生」的身份改為「婚生」，並把「中英混血」改為「英國人」。再婚數年後，約瑟芬‧布萊康去世（Carl Smith Collection, no year）。

2　澳洲國家圖書館「杰克‧布力架館藏」（Jose Maria Braga Collection）《日常瑣事》第 4 期（1897年）的書背空白頁中，留下一個相信是杰克‧布力架的手寫附註，指那篇遺作是由黎剎的姐妹帶到香港的。本來，黎剎與《士蔑西報》創辦人暨老闆羅拔‧費沙－史密（Robert Fraser-Smith）交情較深，但其時羅拔已去世，報紙易手，黎剎可能因為與新老闆不相識，缺乏互信，反而與杜芬奴‧羅郎也及 JP‧布力架則是故交，才將遺作交予《日常瑣事》發表，令這份雜誌因為黎剎的遺作，在香港出版史中留下重要印記。

3　這裡所指的孫或曾孫，指男女內外孫或曾孫，計算方法與明確區分內外的中國文化有別。

4　《士蔑西報》於 1881 年由羅拔‧費沙－史密創立，「士蔑」一詞乃史密 Smith 的粵語音譯。1895 年，羅拔‧費沙－史密去世，該報由大律師約翰‧法蘭西斯（John J. Francis）接手，惟他於 1901 年亦不幸去世，主要股權輾轉落入何東手中。至於何東那時染指傳媒，明顯亦有藉此強化個人與家族在社會中影響力的思考，而他作為混血兒群體的領袖人物，對 JP‧布力架為「外族」爭取公平權利感慨良多。

# 第六章

## 發光發熱
### 成為開拓九龍的核心人物

細看香港的發展歷史，不難看到在二十世紀之前，重點一直集中於香港島，尤其港島中及東北沿岸，九龍半島幾乎沒甚重大開發。自進入二十世紀後，籌建了連結香港與廣州的九廣鐵路，九龍半島才算乘上發展列車，在俟後的日子裡吸引資金投入，興建基礎設施，迎來令人目眩的迅速發展，從本來人跡罕至、田園山嶺環繞的景象，搖身一變成為摩天大廈林立的繁華都市。

在發展九龍半島一事上，儘管坊間一直流傳著不同說法，但都不能排除 JP・布力架曾經扮演的角色，以及他在這方面的努力及貢獻。當然，他之所以積極參與九龍的建設，一來因為包括土生葡人在內的非歐洲白人多年來被統治者邊沿化，只能在城市中心的外圍發展，不少人都在九龍半島購入土地；至 JP・布力架獲殖民地政府吸納，有了相當的影響力時，因利乘便，一方面向政府提出有利九龍半島發展的方案，一方面積極遊說更多具實力的投資者配合，發揮巨大效果，不但成就了個人事業與財富，同時令九龍半島全面蛻變。

## 遇上羅拔‧施雲的事業突破

讓 JP‧布力架人生與事業最終出現重大突破的切入點，應是他遇上新旗昌洋行（Shewan, Tomes & Co.）大班——蘇格蘭人羅拔‧施雲（Robert Shewan），而二人的連結點，相信與青洲英泥、香港工程及建築、中華電力、香港麻纜廠等多家公司有關。後來當 JP‧布力架聚焦於九龍半島的發展時，又與著名猶太巨商艾利‧嘉道理（Elly Kadoorie）志同道合，獲對方賞識和依重，人生事業因此更加吐氣揚眉，取得輝煌成就。

首先探討 JP‧布力架和羅拔‧施雲的交往及合作。二人是如何結識的？JP‧布力架又是怎樣獲得對方信賴與重用？由於坊間資料不多，難以確定，較可能的推斷是，JP‧布力架經營的華南雜貨與新旗昌洋行的部份業務有重疊，雙方因而結識交往（Farmer, 2018）。事實上，JP‧布力架的生意規模雖小，但他本人能言善道，具才華與知名度，又與傳媒關係緊密，是路透社通訊記者與代理，曾任《士蔑西報》經理等背景，相信均讓羅拔‧施雲刮目相看，認為與他結交甚至把他納於門下，是一件有益無害之事。

綜合多方資料顯示，JP‧布力架與羅拔‧施雲首次打交道的公開場合，應是 1924 年的青洲英泥股東大會。[1] 上文提及 JP‧布力架熱衷投資股票，他更經常以小股東身份出席所投資公司的股東大會，最早的一次記錄，便是 1924 年 2 月初青洲英泥的股東會。在那次會議上，雖然他不是董事，但因他是具知名度的傳媒人，其發言受到注目。他表示自己有不少朋友——尤其來自澳門——同為公司的小股東，希望透過他向管理層表達意見，讓公司更關注小股東的利益。他更主動和議董事局一項提議，支持公司應向政府借貸，增加資本投入，推動公司發展（*South China Morning Post*, 8 February 1924）。

儘管報紙並沒報導羅拔‧施雲與 JP‧布力架在股東大會上有否其他互動，但可以想像，JP‧布力架的發言有份量，表現突出，必然令羅拔‧施雲印象深

刻，不敢掉以輕心，甚至認為他在傳媒界有影響力，較一般人掌握更多最前沿的資訊，應多加拉攏，同時減低公司出現負面報導的機會。因此，可能那次股東會後，羅拔‧施雲便主動接觸 JP‧布力架，從此一直保持交往互動。

之後的 1925 年，JP‧布力架同樣以小股東身份，出現在諸如天星小輪（*South China Morning Post*, 15 January 1925）、香港電燈（*South China Morning Post*, 16 May 1925）、香港工程及建築（*South China Morning Post*, 9 April 1925）、山頂纜車（*South China Morning Post*, 9 June 1925）、山打根電力（*South China Morning Post*, 17 September 1925）等公司的股東會上，並同樣積極發言，引起相關董事及傳媒注視。

就在 JP‧布力架積極現身各股東大會時，他的三子諾埃爾‧布力架在 1925 年獲任命為中華電力的公司秘書（*South China Morning Post*, 22 December 1925），[2] 當時他只有 20 歲，年紀輕、經驗淺，這個任命自然相當出人意料。據史釗域‧布力架引述諾埃爾‧布力架晚年的回憶指，他當時能獲此要職，是主席羅拔‧施雲親自提議，並在另一核心董事——被稱為「香港基建之父」的亞美尼亞商人遮打（Paul C. Chater）——支持下達成的。[3] 史釗域‧布力架進一步提到，羅拔‧施雲對 JP‧布力架的能力與誠信印象深刻，認為他深具發展目光，對九龍和新界發展具樂觀看法（S. Braga, 2012: 288-289）。

綜合以上時序的發展資料，一個粗略推斷是：JP‧布力架在股東會上的發言與參與，引起了羅拔‧施雲及遮打的注視，並向他伸出友誼之手。隨著大家交往愈多，認識與信任也愈深，最後更樂意扶持好友之子一把，任命他為中華電力的公司秘書，明顯有提攜之意，JP‧布力架對此亦心存感激。後來，JP‧布力架其他兒子有不少亦進入了新旗昌洋行實習或短期工作，反映他與羅拔‧施雲關係十分友好（S. Braga, 2012）。

JP‧布力架雖在人前鋒芒畢露，但其實只是表面風光，原來他當時的貿易

生意發展平平，可能在孤注一擲下，將積蓄都投入股票交易，而且不是一般買賣，而是風險甚高的孖展炒賣，希望藉槓桿效應擴大收益，結果卻虧損收場。史釗域·布力架如下一段描述，可見他當時損失慘重：

> 私底下，他（JP·布力架）曾向兒子杰克承認，他曾十分魯莽地借款於股票市場上進行「孖展」（margin）買賣，此舉在股票市場崩潰時使他輸掉了所有儲蓄。（S. Braga, 2012: 263）

顯然，JP·布力架垂涎股票市場「容易」致富，因此把積蓄全數投入，可能初期一度獲利，於是更為「膽大心雄」，甚至透過借貸增加投資，想不到從 1922 年起香港連續爆發工潮，包括 1922 年的海員罷工及 1925 年的省港大罷工，令香港經濟受到重創，股市一沉不起，令他「輸掉了所有儲蓄」，陷入嚴重財政困難。

正所謂「禍兮福之所倚」，1922 及 1925 年的連串罷工事件，雖然令 JP·布力架在股票市場損失巨大，卻又為他間接帶來了人生發展上的重大機會。原來，雖然陷入經濟困難，但 JP·布力架沒有停下筆桿，而是在社會動盪時繼續發聲，月旦時事。由於他的積極熱心，言之有物，引起時任港督金文泰（Cecil Clementi）的注意。當時金文泰認為香港社會之所以人心不穩，是因為政府管治團隊中缺乏非歐洲人的聲音，為了撥亂反正，金文泰一心推動政制變革，更於 1926 年委任 JP·布力架為潔淨局（Sanitary Board）議員，[4] 讓他以土生葡人「代表」身份，參與九龍分區的事務，他議政論政的生涯亦由此展開（*Hong Kong Government Gazette*, 12 November 1926）。

為了更了解九龍的地區事務，JP·布力架舉家由港島搬到九龍尖沙咀居住，以居民身份，親自感受該區發展所需。據史釗域·布力架的研究，JP·布

力架於 1926 年時，一口氣在尖沙咀諾士佛臺購入四幢三層樓高的洋房，其中兩幢作為一家的居所，餘下兩幢則出租作為長遠投資（S. Braga, 2012: 343）。顯然，他那時不但已走出財政困窘，甚至有大筆資金，可在樓市低迷時擇肥而噬，購入物業投資。但這筆龐大的資金從何而來，是生意獲利？股市進帳？抑或借貸而來？史釗域‧布力架沒有作出說明。

這裡先簡略介紹當時九龍半島的發展情況。正如第四章提及，JP‧布力架的外公杜芬奴‧羅郎也是開拓與發展有九龍半島的先行者之一。早在十九世紀末，他已因應九龍半島的土地價格較便宜，開始與土生葡人的朋友合夥，買入臨近油麻地的地皮，用以種植農桑，尤其曾從澳洲入口新品種農作物，當然亦作為瘟疫肆虐時的避疫之所。其後，不少土生葡人亦雙雙仿傚，先後搬到九龍半島，特別是尖沙咀和佐敦一帶，推動了該區的發展。

此外，JP‧布力架的好友羅拔‧施雲亦在九龍半島有不少投資，他與主力

J. Ivares 筆下的 JP‧布力架與九龍，*The China Mail*，1929 年 1 月 22 日。

推動港島北岸填海工程的遮打，在不少項目上互相支持，組成類似今天社會的「連鎖董事」（interlocking directorate），羅拔·施雲更於 1922 年與其他著名洋商如遮打和義德（Charles Montague Ede）等牽頭，創立「香港工程及建築有限公司」，作為發展九龍半島的最強大後盾，給予大力支持。羅拔·施雲是其中的創辦董事，[5] 據悉 JP·布力架亦有份投資，不過只是小股東而已。

香港工程及建築有限公司有重量級的投資者，之後又參與了「九龍塘花園城市計劃」的大型建設工程，[6] 本來發展應相當穩健，但先是 1922 年的海員罷工影響工資與勞工聘用，繼有 1925 年規模更大、耗時更久的省港大罷工，令正在大興土木的工程戛然而止。1926 年，公司運作水深火熱之時，主要投資者之一的遮打去世，更令公司失去一個重要靠山，在 1926 至 1928 年間錄得巨大虧損，一度傳出可能破產的聲音（*South China Morning Post*, 25 March 1926; 24 March 1927; 16 April 1928）。羅拔·施雲承受了不少壓力，領導能力備受質疑，最後更被拉了下馬（詳見下文討論）。

1926 年，地價仍然低迷，但 JP·布力架有膽量一口氣在尖沙咀購入多幢物業，顯然是看好九龍半島巨大的發展與投資潛能（J.P. Braga, 2013）。而且相較羅拔·施雲投資的九龍塘，尖沙咀當時的發展較成熟，除有天星小輪連接港島外，尖沙咀火車站亦於 1915 年完工，成為香港通往內地的交通樞紐。尖沙咀亦是歐亞人士新興的住宅區，特別是對中產的土生葡人而言，由於港島優質地段的地價租金昂貴，環境理想的地段又被劃為歐洲白人專區，華人聚居之地則擠逼惡劣，故他們開始在尖沙咀購置物業，形成自己的社區。

JP·布力架成為尖沙咀區的潔淨局議員後，雖說只是「政治花瓶」，沒有多大實權，卻成為不少巨富吸納及拉攏的對象，令他人生事業起了重大變化。在 1928 年，他獲羅拔·施雲安排進入中華電力有限公司的董事局，成為他事業發展的關鍵突破點。至於羅拔·施雲為何有此破格之舉，則相信和他與艾

利‧嘉道理爭奪中華電力控股權一事有關。

中華電力於 1901 年創立，放眼廣州、九龍及新界市場，因為當時港島的電力市場已由香港電燈壟斷，而人跡罕至的九龍及新界則尚未有電力供應。惟發展下來，廣州供電困難重重，反而九龍半島的電力市場逐步成長，具更大的潛能和生機，公司於是放棄廣州電廠，集中火力經營九龍及新界市場，最後做出了驚人成績，成為不同投資者爭逐的對象。

在公司發展過程中，羅拔‧施雲和艾利‧嘉道理同是重量級的投資者，在明在暗地展開控股權爭奪戰。資料顯示，牽頭成立中華電力的羅拔‧施雲，採取向公眾集資的方法籌集資本，而協助其集資的包銷商，便是早在十九世紀末已闖出名堂的艾利‧嘉道理（Cameron, 1982: 89; Kaufman, 2020: 57）。公司註冊文件顯示，中華電力 1901 年創立時的原股本為 20 萬元，分為 200 股，每股 1,000 元（China Light and Power Company Limited, 1901）。

然而，這項極具野心與目光的發展計劃，推進初期並不順利，原因是紅磡的首座發電廠雖按計劃興建成功，並於 1903 年投產，為九龍半島部份地區供電，但廣州電廠則難有寸進，原因除涉及供電設施的建設需投入巨大資金外，亦由於當地眾多政商糾結，令業務難以展開，公司股價因此長期呆滯（Cameron, 1982）。到了 1909 年，公司決定再供股集資，用於興建供電設施，艾利‧嘉道理乘那時股價低迷，大量吸納股票，成為中華電力其中一位重要股東，並提出放棄廣州電廠的投資，改為只集中於九龍和新界的發展，惟那時嘉道理家族尚未有成員或代表加入董事局。

正如前文提及，十九世紀末已有一些先行者開拓九龍半島，二十世紀初又有了電力供應，令當地人口逐步增長。至第一次世界大戰爆發後，九龍半島的人口已增加不少，對電力的需求亦大增，需要興建更多供電設施，中華電力因此再次向公眾集資，將公司股本大增五倍至 100 萬元，股份改為 20 萬股，

每股作價則為 5 元。公司董事局亦作出重組，以應對全新的發展格局，連名字亦加入了「1918」年這個重要記錄（China Light and Power Company（1918）Limited, 1918）。

接著的 1922 年 12 月 14 日、1924 年 1 月 21 日及 1928 年 4 月 23 日，公司先後因應業務發展需要，舉行三次特別股東大會，增加資本投入，由 1918 年的 100 萬元，增加至 1922 年的 200 萬元、1924 年的 300 萬元，以及 1928 年的 360 萬元（Cameron, 1982）。在這段時間內，九龍半島的人口由 1901 年的 43,000 人（當時只計算界限街以南），逐步增加至 1911 年的 67,000 人、1921 年的 123,000 人和 1931 年的 265,000 人（Hong Kong Census and Statistics Department, 1941），即是每十年就倍增。[7] 可以這樣說，九龍半島一方面已由人跡罕至變成大量市民的居所，另一方面城市建設不斷加速，經濟生產同步前進，對電力的需求亦拾級而上，不少投資者因此持續吸收股份，作長遠發展部署，其中一人便是艾利·嘉道理。

1928 年，中華電力其中一位重要股東——華商利希慎遭人謀殺身亡，家人為支付巨額遺產稅，迫於無奈出售手上持有的中華電力股份，買家便是艾利·嘉道理（Cameron, 1982: 86），令嘉道理家族的控股權進一步上升，[8] 艾利·嘉道理進入董事局，威脅到羅拔·施雲的控股地位。因此，羅拔·施雲刻意安排只是小股東的 JP·布力架成為董事，[9] 相信是想拉攏他以抗衡艾利·嘉道理，揭示控股權競爭白熱化。

羅拔·施雲與 JP·布力架結識在先，在其他層面上有不少合作，且羅拔·施雲不但聘用諾埃爾·布力架，最後甚至委任 JP·布力架進入中華電力董事局，按道理二人之間的關係應更為緊密，站在同一陣線上。但從日後發展看來，JP·布力架反而倒向艾利·嘉道理一邊，受對方的倚重，甚至相信在二人聯手下，令羅拔·施雲倒台。到底為何會出現這樣的轉變呢？

## 結交艾利・嘉道理的更上層樓

若說 JP・布力架獲羅拔・施雲賞識，提升為中華電力董事，令他有更大的發揮空間；那他與艾利・嘉道理結交，則更如千里馬遇到伯樂，讓他以後在商界日行千里。JP・布力架促成艾利・嘉道理收購陷於財困的香港工程及建築公司、發展加多利山物業，以及協助對方在中華電力的控股權爭奪戰中勝出，既壯大了嘉道理家族的香港商業王國，亦令自己的事業推上高峰。

在介紹 JP・布力架與艾利・嘉道理的合作之前，先簡單介紹艾利・嘉道理的背景及二人結交的經過。他出生於 1867 年的巴格達，1882 年來華工作，1885 年左右與友人合股，在香港經紀行買賣股票地產，趁市場低迷時大舉購入優質股票，成為致富的關鍵。1912 年，他將投資重心轉到上海，舉家遷往當地。後來，其胞兄伊里士・嘉道理（Ellis Kadoorie）去世，給他留下不少遺產，當中包括中華電力的股權。相信是為了進一步收購股權及爭取在公司的控制權，他於 1928 年回到香港，並因此與同為中華電力董事的 JP・布力架有了深入接觸。

艾利・嘉道理身為猶太人，在香港亦受到英國政府歧視，如多次申請入籍英國均遭拒絕，在某層面上與 JP・布力架有相近的遭遇，亦有相似的理念，如同樣希望不同族裔能獲得同等權利等。由於志同道合，二人應一見如故（S. Braga, 2012: 291），相較於 JP・布力架與羅拔・施雲因公務合作而建立起關係，他與艾利・嘉道理應有更深厚的個人感情，關係也明顯更親密。

不過二人第一個攜手合作的項目，並非中華電力，而是前文提及陷於財困的香港工程及建築有限公司。由於「九龍塘花園城市計劃」虧損嚴重，長期「流血不止」，羅拔・施雲在 1928 年的股東會上提及，公司可能會走上清盤之路（*South China Morning Post*, 16 April 1928），反映他對前景並不樂觀。[10] 相對而言，JP・布力架對九龍的未來發展充滿信心，不支持把公司清盤，[11] 令大家的立場及

投資取向有了明顯的差異。

由於看好九龍前景，不希望公司清盤，相信促使JP·布力架向艾利·嘉道理遊說，建議他收購香港工程及建築公司，不讓其走上倒閉之路。艾利·嘉道理的投資目光更為敏銳，亦更有投資耐性和實力，他認同JP·布力架的分析，於是在1929年收購了該公司，看淡的羅拔·施雲則躬身退場。公司之後重組，除艾利·嘉道理外，其他董事包括何東、JH·律敦治、著名經紀人裴槎（N. V.A. Croucher），以及義德之子等，而JP·布力架則獲任命為董事經理，負責公司的實務管理工作，大權在握（*South China Morning Post*, 23 April 1930; 10 November 1930）。

JP·布力架身為九龍區的潔淨局議員，又居於尖沙咀並購置多個物業，自然希望該區能不斷發展，而「九龍塘花園城市計劃」又是政府有意促成之事，他不想項目爛尾，相信亦曾因此盡力遊說羅拔·施雲。但在處理虧損連年的香港工程及建築公司一事上，羅拔·施雲顯然心意已決，JP·布力架見無法令羅拔·施雲回心轉意，於是改為遊說艾利·嘉道理投資，令公司得以保存，建設計劃也能延續。或許在過程中，他的口才及能力獲得艾利·嘉道理肯定，於是將公司交予他管理。JP·布力架在此事上可謂一箭多鵰，不但獲得公司股份與薪酬等實利，更證實了自己的才能，而且成為政府及艾利·嘉道理眼中能託付重任的對象，成為他日後更上層樓的奠基石。

同在1929年，金文泰認為JP·布力架在潔淨局表現優秀，特別在推動九龍發展一事上角色吃重，因此委任他成為立法議會（Legislative Council）——早期稱為定例局，日後改稱立法局，即現在的立法會——議員（*Hong Kong Government Gazette*, 18 January 1929；有關議政論政一事，參考下一節討論）。即是說，1929年乃JP·布力架政商兩得意的一年，人生事業終於登上高峰。

JP·布力架進入立法局後，有更大的影響力，而他亦善用議員身份，與

艾利‧嘉道理聯手出擊，尤其在 1920 年代末至 1930 年代初的數年間，二人分工合作，達成了不少目標，包括協助嘉道理家族掌控中華電力，又從中穿線，令中電奪取了新界的供電權，以及促成了旺角加多利山的發展項目等。

首先是中華電力的爭奪戰。艾利‧嘉道理看好中華電力的前景，不斷購入公司股票，並在取得控制性股權後，安排長子羅蘭士‧嘉道理（Lawrence Kadoorie）前來香港，[12] 主理香港業務，並在 1930 年底安排他進入中華電力

1938 年的 JP‧布力架（圖片來源：National Library of Australia）

董事局（*South China Morning Post*, 5 December 1930; Cameron, 1982: 99），此舉明顯乃接掌公司前的重要部署。那時羅蘭士‧嘉道理只有 31 歲，將屆甲子之齡的 JP‧布力架則扮演了「輔弼」角色。

羅蘭士‧嘉道理加入董事局後不過一年，擔任中華電力董事局主席長達 30 年的羅拔‧施雲被迫下台（Kaufman, 2020: 94）。不過，可能因羅蘭士‧嘉道理資歷較淺，且對公司不太熟悉，故主席一職不是由他出任，而是採用一年一任的特殊安排，1932 年為 CA‧羅沙（C.A. da Roza)[13]；1933 年由甘普頓（A. H. Compton）頂上；1934 年是 JP‧布力架，到 1935 年才由羅蘭士‧嘉道理接手出任。在羅蘭士‧嘉道理出任主席那年，他把中華電力名稱中的「1918」取消，指這年份給人有畫蛇添足之感（China Light and Power Company Limited, 1935; *South China Morning Post*, 8 March 1935）。不同跡象顯示，把羅拔‧施雲從中華電力主席拉下台的過程中，就如令他退出香港工程及建築公司時一樣，均有 JP‧布力架的角色和身影。

協助嘉道理家族成功接掌中華電力後，JP‧布力架繼續憑其立法局議員

的政治力量，從旁發力，令公司獲得新界的供電專營權。中華電力當時的目標是發展九龍和新界電力，期望能與雄據港島的香港電燈分庭抗禮，但新界地區的供電業務卻一直未能展開，一方面是由於香港電燈暗中爭奪，加上不同政府部門在興建供電設施時不配合，甚至暗中阻撓，令公司開拓新界的行動難有寸進。掌控了中華電力後的艾利·嘉道理，認為必須及早突破，以免夜長夢多，被尾隨追擊的香港電燈奪走專營權。已成為立法局議員且深得金文泰信賴的JP·布力架，在這個關頭便起了重要作用。

據 Cameron 的介紹，為了解決這個長期未解決的問題，JP·布力架在某次金文泰因公務出訪新加坡之前，替艾利·嘉道理成功爭取到面見港督的機會。金文泰在港督府飯廳接見了他和艾利·嘉道理，各政策局的高級官員亦在場，港督率直地問艾利·嘉道理：「你真的能辦得到嗎？他們（政策局官員）都說你不能。」艾利·嘉道理的回答是：「我們當然可以，我們樂意，亦有錢這樣做。」在更深入的討論後，金文泰同意讓中華電力在新界興建各項供電設施，並批下指示「這是迫在眉睫而合理的」（This is eminently reasonable）。因此，中華電力於 1929 年 11 月 30 日與政府簽訂了興建新界供電設施的協議，邁進了另一個發展里程碑（Cameron, 1982: 105），JP·布力架的居中拉線角色，顯然極為重要。

JP·布力架第三個協助艾利·嘉道理的項目，是加多利山的發展計劃。完成了香港工程及建築公司的收購與重組後，香港經濟與社會漸見復甦，那時港英政府把旺角一個面積約 1,330,000 平方呎的山頭——九龍內地段 2657 號——推出市場拍賣，JP·布力架大力遊說艾利·嘉道理以香港工程及建築公司名義參與。以艾利·嘉道理的巨大資本為後盾，JP·布力架在激烈的競投中擊敗對手，以 326,000 元的價錢投得這大片土地（*South China Morning Post*, 17 November 1931）。

這個讓艾利・嘉道理和JP・布力架名利雙收的山頭，日後取名加多利山（Kadoorie Hill）。除土地不斷升值外，據說在平整山頭時產生的石頭沙泥，亦以高價賣作九龍半島填海的主要材料（S. Braga, 2012: 294-295; Kaufman, 2020: 127-128）。該地皮日後興建成低密度豪華住宅，亦興建了中華電力總辦事處，其中兩條主要道路則取名嘉道理道（Kadoorie Avenue）和布力架徑（Braga Circuit），14 讓二人以及他們的家族，在香港歷史和社會中留下極重要的印記。JP・布力架更因全心投入九龍發展，而獲金文泰稱讚為「香港之子」（*South China Morning Post*, 25 January 1929; S. Braga, 2012: 279）。

從某角度看，JP・布力架能與艾利・嘉道理做出成績、產生巨大協同效應，與雙方各有專精、互補長短有關。JP・布力架看好九龍與新界，對地區情況十分熟悉，有人脈網絡，亦有政治力量，但苦無資本與商業能量；艾利・嘉道理本人不常在香港，對九龍的發展潛能了解不多，但具長遠商業目光，中華電力的發展讓他看到當中潛能，而且手上有雄厚資本，營商手段獨到，令二人一拍即合。金文泰在任內重用JP・布力架，先後委任他為潔淨局及立法局議員，不但提升了JP・布力架的知名度，亦讓他有更大的政治能量，配合艾利・嘉道理的發展大計。即是說，二人那時的合作，具備了天時、地利、人和多重條件，同時亦折射了政治及社會資本、人力資本與金融資本相互配合所發揮出來的巨大效果，令九龍半島逐漸蛻變，造就了雙方輝煌的事業。

## 「代議士」的掌聲和風光

港英殖民政府統治香港的其中一手重要招式，是委任一些族群或團體「代表」，進入立法議會成為「代議士」，以顯示自己廣泛吸納民意、聽取社會聲音。無論華洋商賈，往往都會與那些獲港英政府器重的政治或社會精英，建立緊密關係，藉著那些「代議士」在政治和社會層面的力量，爭取或維護自身的

發展利益。正因如此,「代議士」總是被視為某些族群或富有階層在政治或政府中的「代理人」。

無論是發表個人政見、擔任報紙管理層,甚至在投身商海後仍兼任路透社通訊記者,JP・布力架均因掌握了筆桿子而得到一定政治與社會力量,加上敏於時政、敢言善道,讓他成為統治者吸納籠絡的目標。金文泰在 1925 年省港大罷工的社會動盪中上任,提出了多項藉吸納非歐洲人社群以消除社會不滿的憲制改革,亦為 JP・布力架進入潔淨局創造有利條件。

出任潔淨局議員後,JP・布力架不打算只充當行禮如儀的政治花瓶,而是毫不欺場,全情投入、坦率建言,對各種地區問題提出不少意見與批評,要求政府官員正視和作出改善。例如,他曾就市政衛生不佳、容易傳染疾病向當局質詢(*South China Morning Post*, 29 November 1926);又曾大力提倡發展新界土地,認為香港的發展「不能建基於大海……只與海旁一步之遙,一腳踏在海旁,另一腳便可登上船」,意思是不應只集中於發展海皮地區,而應向內陸地方擴張(*South China Morning Post*, 16 December 1926);亦倡議政府推動養豬業,認為它和其他農業可互補長短,讓千家萬戶的「副產品」(相信是指「廚餘」)能夠物盡其用,既用於養豬,又能成為農作物的肥料,互相配合發揮更大效益(*South China Morning Post*, 16 December 1926);更曾針對木屋區在九龍不斷增加的問題提出質詢,要求了解政府的解決方案,並認為居住條件惡劣,不利民生(*South China Morning Post*, 7 February 1927)。

這些獻策建言針對時弊,言之有物,加上 JP・布力架自 1928 年起又與羅拔・施雲和艾利・嘉道理等富商巨賈有深入交往,到了 1929 年 1 月,他的政治道路再上一個台階,獲金文泰委任為立法局議員。同時成為立法局新貴的,還有家族同樣來自澳門的曹善允(*South China Morning Post*, 21 January 1929)。在那次任命中,JP・布力架被視為「代表九龍居民」(a representative of Kowloon），反映自他出任潔淨局議員後，一直為發展九龍發聲，亦與土生葡人自十九世紀末已在九龍扎根生活，形成一個具實力的社群有關。

進入立法局議事堂後，JP‧布力架議政論政所能發揮的力量更大，除了助長本身的名聲與生意投資，如下數項較為突出的政策倡議，他鍥而不捨大力推動，為社會帶來巨大裨益。

一、針對香港食水供應長期短缺問題，他曾作出不少建議，如批評停靠香港的輪船以大量食水沖洗船身十分浪費，認為可用海水沖洗（*South China Morning Post*, 11 January 1928; 26 June 1929）。另一方面，他又支持著名華商黃廣田的提議，提出以海水沖廁，減少浪費珍貴的食水資源（*South China Morning Post*, 10 August 1929），此建議雖招來上層社會反對，但最終獲得港府接納，開始大量鋪建鹹水喉，向市民供應海水沖廁。時至今日，沖廁海水管網絡已覆蓋香港八成半人口，每年節省了約三億立方米食水，相當於本港約兩成的總水用量（香港水務署，沒年份）。

二、因應九龍及新界尚未全面開發，致力推動農業及產業發展。據JP‧布力架所述，其外公杜芬奴‧羅郎也在油麻地購入地皮後，曾從澳洲輸入無花果樹和松樹等品種在此種植，同時推動園藝和農耕，認為有助經濟發展。在這一基礎上，JP‧布力架於 1929 年舉辦園藝展，成為一時風氣（*South China Morning Post*, 23 November 1929）。[15]

之後各年，JP‧布力架為了推動中西貿易，連續兩年舉辦「帝國英國國貨展覽」（Empire Fair），為英國貨物輸華引資招商（*South China Morning Post*, 20 April 1932）。他亦注重香港生產貨品的外銷情況，認為香港製造的產品具有競爭力，政府及社會應該大力發展。他以「南針製造廠」（Nam Jam Factory）製造的電筒為例，[16] 指其質優價廉，深受市場歡迎，政府可協助其開拓海外市場（*South China Morning Post*, 19 April 1932; 28 April 1933）。可以這樣說，JP‧布力

架乃推動香港工業生產的先行者之一。

三、大力推動旺角、何文田一帶的發展。JP·布力架無疑乃「發展才是硬道理」的擁護者，認為城市發展不能只集中於港島，亦不能只聚焦九龍的海皮地段，在開拓九龍和新界時，內陸有大量地皮亦可供發展（*South China Morning Post*, 26 May 1932）。就以何文田山一帶為例，他指該地與旺角只有一箭之遙，具有很大的發展潛力，可成為解決房屋問題的理想之地。而且，土生葡人梳亞雷斯（F.P. de Vasconcellos Soares）早已在該地發展，[17] 有一定基礎，惟那一帶當時有停屍房及墳場等設施，不利發展為住宅區，因此建議政府進行搬遷，讓該區可更好地發揮潛力（*South China Morning Post*, 28 June 1929）。

順作補充的是，在籌劃發展何文田山的過程中，由於 1936 年夏秋之間發生颱風暴雨，導致何文田部份墳墓被雨水沖壞，屍骨曝露，引起社會關注，JP·布力架因此要求政府關閉墳場（*South China Morning Post*, 10-11 November 1936），並加速把何文田墳場的墓地遷往新落成的牛池灣墳場。時至今日，何文田已成了千家萬戶的居所，部份地段更是九龍頂級住宅區。

四、推動九龍區的道路、食水及電力等基礎設施建設。舉例說，JP·布力架曾抨擊九龍區的街道照明不足，與港島差距巨大，敦促政府裝設更多路燈，便利民眾之餘，亦能減少因為烏燈黑火而滋長的罪案（*South China Morning Post*, 29 November 1926）。他指九龍作為一個新發展區，不但缺乏提供日常所需的市場街市，亦沒有供小童及民眾休憩的公園與遊樂場，因此向政府要求撥地興建這些設施（*South China Morning Post*, 20 September and 16 October 1929）。他不少建議都受政府重視，令九龍區的基礎設施有了顯著改善。

除了以上四項，JP·布力架還有不少提案及建議，如關注九龍半島的泊車位不足（*South China Morning Post*, 16 January 1936）；又針對倫敦派專員到港了解「妹仔問題」提出質詢，了解情況，要求政府落實廢除妹仔的法例（*South China*

*Morning Post*, 19-20 March 1936）。可見他對議員工作相當用心，克盡責任。

　　權力與金錢是一對孿生子，有更大權力和影響力的 JP‧布力架，自然有更大的「吸金」能量。以其生意和投資為例，附了前文提及出任中華電力和香港工程及建築公司董事外，他亦獲邀進入多家公司的董事局，包括山打根電力、均益倉、香港啤酒廠等，以他的持股量，本不足以進入董事局，這些邀約明顯是看重他的名氣及政治影響力。而且，一些與澳門有關的公司，如粵港澳輪船（Hong Kong Canton Macao Steamboat）、澳門水利建設（Macao Water Works & Co.）等，亦任命他為董事，可見 JP‧布力架成為各方寵兒，財源滾滾而來，自不待言。

　　家族來自澳門，他在失意時亦退居澳門，與澳門的關係自然十分密切。自他闖出名堂，尤其在 1926 年以首位葡人身份進入潔淨局後，便成為葡人或澳門社會的領導或代表人物，肩負了連繫澳門與香港的橋樑角色。正因如此，在 1927 年 9 月，澳門總督巴布沙（Arthur T. de Souza Barbosa）訪問香港時，JP‧布力架等亦出席歡迎儀式，與澳督見面，積極建言，認為兩地應強化雙方關係及各層面的交往（*South China Morning Post*, 24 September 1927）。1930 年澳督再次訪港，JP‧布力架仍然是重要的代表人物，負起聯繫港澳的角色，協助打點一切（*South China Morning Post*, 2 September 1930），可見自 JP‧布力架進入議事堂後，香港與澳門的關係確實有了很大改善。

　　從資料看，JP‧布力架在潔淨局的任期由 1926 至 1930 年，在立法局的任期則由 1929 至 1937 年，重疊起來，即 1929 至 1930 年間是「兩局」議員，既代表了九龍地區，亦參與了全港事務，影響力巨大。JP‧布力架在香港出生成長，雖然未能書寫中文，但精通廣東話，對華洋文化亦有深厚了解，這些特點讓他在議政論政時有巨大的發揮空間，因此做出不少成績，獲得殖民地政府肯定。

1935 年 6 月，為了肯定 JP・布力架多年來建言獻策，貢獻社會的努力，大英皇室向他頒授「官佐級大英帝國勳章」（Order of the British Empire, OBE）頭銜，同時獲得這一殊榮的還有曹善允。雖同屬 OBE，但以級別論，曹善允（三級）較 JP・布力架（四級）高一級，不知背後原因何在（*Hong Kong Government Gazette*, 3 June 1935; *South China Morning Post*, 4 June 1935）。一年多後的 1937 年 1 月，JP・布力架立法局議員的任期屆滿，其席位由同是澳門土生葡人又在香港扎根多個世代的廖亞・雅馬打・卡斯特羅（Leo D'Almada Castro）接替（*South China Morning Post*, 22-29 January 1937），JP・布力架功成身退，十分風光。

作為熱心參與政治的社會精英，JP・布力架人到中年，終於成功進入議事堂，由潔淨局而立法局，可謂達成人生目標。他全情投入、積極建言，為社會

JP・布力架與曹善允，兩人均與澳門有緊密聯繫，*The China Mail*，1929 年 1 月 19 日。

發展與政府管治作出不少貢獻，他本人因此亦獲益良多——權力上、金錢上、社會名聲和認同上。在 JP・布力架任期結束前，港英政府向他頒贈勳章，讓他光榮地退出議政生涯。

## 結語

常言道，有才能的人「譬若錐之處囊中，其末立見」，JP・布力架在 1920 至 1930 年代的吐氣揚眉，可說是很好的例子。雖然他前半生風波不絕，常有機遇卻總無法獲得成功，不過，他鍥而不捨地觀察社會現象，並作出分析評論，他的努力最終沒有白費，成功進入潔淨局，再晉身立法局，贏得名望與掌聲，獲大小公司爭相邀約加入董事局，相信亦獲得不少實利。

事實上，JP・布力架一生遇過不少「貴人」，無論是資助他學業的外公杜芬奴・羅郎也及姑丈杰紐里奧・卡華浩，又或是令他事業大躍進的羅拔・施雲、艾利・嘉道理，或是令他能在政壇上得以發揮的金文泰等，都在不同階段提供幫助，讓 JP・布力架逐步擺脫困境，走上輝煌道路，最終吐氣揚眉，成就一番令人艷羨的事業，成為澳門土生葡人的驕傲，被稱為「香港之子」，個人事業登上高峰，在香港發展歷史上——尤其在建設九龍半島方面——寫下不容抹煞的傳奇一頁。

# 註釋

1. 據史劍域‧布力架所述，JP‧布力架是「在第一次世界大戰結束不久獲羅拔‧施雲邀請進入中華電力董事局」（S. Braga, 2012: 264），開始了雙方的緊密關係。但據 Cameron（1982）有關中華電力董事局組成的資料，JP‧布力架遲至 1928 年才加入董事局，揭示這應該不是二人關係的最早源頭。

2. 由於 JP‧布力架的長子杰克‧布力架在擔任一家洋行的職位時，因挪用公司巨款被判入獄，對 JP‧布力架及家族名聲造成傷害（參考下一章討論），諾埃爾‧布力架那時獲得羅拔‧施雲信任，聘為公司秘書，算是給予 JP‧布力架面子和支持，別具作用。

3. 遮打乃中華電力創辦董事，同時亦是青洲英泥、天星小輪、香港電燈等大型企業的董事。

4. 該局日後易名市政局（Urban Council），性質即如今日的區議會。

5. 遮打於 1926 年 5 月去世，享年 80 歲，在此之前，因健康之故，他已甚少參與管理（Terchonian, 2005; Chater, no year）。遮打死後，其董事席位根據遺囑，由外甥巴格林（J.T. Bagram）接替。

6. 計劃的主要策動人為義德，因香港地少人稠，住宅供應不足，尤其是新崛起的中產階級，於是計劃在界限街以北地區「興建一個設有學校及具備足夠休憩空間」的花園洋房住宅區（何佩然，2016：93）。

7. 英國政府於 1898 年強租新界，並於翌年進行全新界的堪布及調查，指新界總人口大約在 10 萬以內，大嶼山和長洲約有 6,860 人及 5,000 人（*South China Morning Post*, 24 April 1935）。1901 年的人口普查沒有新界的數字，1911、1921 及 1931 年則依次有 66,140 人、83,163 人及 98,905 人，增長幅度較為緩慢（Hong Kong Census and Statistics Department, 1941）。

8. 早在此之前，艾利‧嘉道理的兄長伊里士‧嘉道理（Ellis Kadoorie）去世，他手上持有的中華電力股份亦遺贈給艾利‧嘉道理，已增加了他在中華電力的持股量（Kaufman, 2020: 57-58）。

9. 當時的董事局成員除了羅拔‧施雲、艾利‧嘉道理和 JP‧布力架，還有何東、甘普頓（A.H. Campton）、CV‧羅沙（C.V. da Roza）和戴格特（J.H. Taggart）。

10. 據史劍域‧布力架引述東尼‧布力架的回憶，股東之一的何東那時對香港工程及建築公司的發展前景亦明顯悲觀，曾表示要出售股權（S. Braga, 2012: 293）。

11. 作為主要牽頭人的遮打和義德先後於 1925 及 1926 年因病去世，公司話事人乃出現巨大變化，羅拔、施雲因此傾向結業退出。

12. 艾利‧嘉道理與妻羅拉‧莫卡塔（Laura Mocatta）育有三子，羅蘭士‧嘉道理為長子，另有次子域陀‧嘉道理（Victor Kadoorie）及德子賀拉士‧嘉道理（Horace Kadoorie），惟域陀‧嘉道理早夭，只有兩子長大成人。羅拉‧莫卡塔於 1919 年上海家族大宅的一場火災中不幸去世，剩下艾利‧嘉道理父子三人管理家族在上海、香港和其他地方的龐大業務與投資（鄭宏泰，快將出版）。為了更好管理，艾利‧嘉道理把長子送到香港，主理當地業務，他和幼子則留在上海，自己亦因應情況和發展，在香港及倫敦等地四處跑，考察業務變化（Kaufman, 2020）。

13. CA‧羅沙與 JP‧布力架同屬土生葡人，且其姓氏為 JP‧布力架原來的姓氏羅沙，未知二人是否有親戚關係。

14. 原來中文名稱為「布力架道」，可能為誤植（*Hong Kong Government Gazette*, 6 November 1936），日後正名為「布力架徑」，現時則為「布力架街」。

15. 有關推動園藝與農業發展一事，日後何東夫人麥秀英設立「東英學圃」，羅蘭士‧嘉道理與胞弟創立「嘉道理農場」，後者在推動新界發展農業方面貢獻尤大。

16　南針製造廠創立於 1928 年，廠房設於深水埗福華街。

17　由於早著先鞭在何文田發展之故，梳亞雷斯更被稱為「何文田之父」(Father of Homuntin) (J.
　　M. Braga, 1987)。

# 第七章

## 戰火洗禮
巨變中三四代的際遇與傳承

自爆發第一次世界大戰之後，國際環境的急速轉變一直沒有停止，瘟疫擴散（當時稱為西班牙流感）、全球經濟低迷、民生凋敝幾乎成為主旋律。到政局與經濟略見穩定，卻突然於 1929 年爆發美國華爾街股市風暴，泡沫爆破，導致世界性經濟大衰退，國與國之間的競爭更為激烈，關係更為緊張，然後是 1937 年日軍侵華、1939 年德軍佔領波蘭，觸發第二次世界大戰。回首看，世界性經濟衰退雖非觸發世界大戰的直接因素，但方方面面相互牽引，不容低估。

無論是個人、家族與企業，或是國家與社會，在戰爭掩至時，都會無可避免地受到影響和衝擊，人命傷亡不在話下，財產被毀、事業終止，亦是人力無法左右之事，JP・布力架亦難逃此劫。在 1937 年 7 月 7 日爆發的抗日戰爭中，中華大地遭到日軍蹂躪，之後香港亦落入日軍之手，唯有澳門卻因葡萄牙的「中立地位」尚保和平。來自澳門的布力架家族，有不少成員在那個背景下退回澳門生活，惟覆巢之下無完卵，家族上下始終感到朝不保夕，JP・布力架更在戰火未息之時，走到了人生的終章。

## 退而不休卻難掩身心俱疲

JP・布力架於 1937 年 1 月退出議事堂後不久，日軍向中國發動侵略，國共兩黨放下爭拗，全國上下一致抗日。此一重大歷史轉折，自然牽動香港社會發展，不但物流和資金流深受影響，人流的規模及形式亦同樣轉變，其中最引人注意，且影響社會穩定的，便是大量難民湧入，帶來連串諸如房屋、衛生、治安及就業等問題，令港英政府大為緊張（*South China Morning Post,* 3-7 March 1938）。

JP・布力架向來對社會與政治高度關注，對於這一場牽連極廣的巨大戰爭，他必然很願意分享自己的見解與應對方法，但他這時已不再是立法局議員，港英政府顯然不會重視他的意見，更不會主動找他諮詢。更為現實的問題是，自從退出立法局之後，他的健康狀況似乎變得更差，從 1937 年初的一張合照中可見，他與時任港督郝德傑（Andrew Caldecott）夫婦、何東夫婦，以及羅旭龢、周埈年、曹善允等社會賢達在一起，那時他只有 66 歲，不算很老，

1930 年代末的 JP・布力架（左一），其時他的健康已大不如前。

在照片這群人中甚至是較「年輕」的，但他看來卻較為蒼老，而且身旁放著枴杖，看來已不良於行而要靠枴杖輔助（S. Braga, 2012: 300）。

據史釗域‧布力架引述諾埃爾‧布力架的憶述，JP‧布力架的健康一直較差，主要由於早年經濟條件不好及投資遇到困境，加劇病情，延誤了醫治。1926 年時，陷於財困的 JP‧布力架轉到上海休養，醫藥費由在那裡定居的胞姐安貝蓮娜‧布力架負責。[1] 進一步資料揭示，JP‧布力架可謂百病纏身，不但肺功能有問題，膽亦有毛病，1934 年時便曾因此入院接受治療，留院數星期之久，情況一度危險（S. Braga, 2012: 301）。踏入 1938 年，抗日戰事熾烈之時，JP‧布力架又因高血壓引致心臟病入院，留醫多個星期，幸好經適切治療後沒有大礙，調理後出院（*South China Morning Post*, 28 January and 19 February 1938）。由於肺、膽及心臟等重要器官都有毛病，JP‧布力架無疑長期受健康問題困擾，肉體上受到不少折磨。

儘管如此，JP‧布力架仍堅持不斷工作，出任多間大型公司董事，又是香港工程及建築公司董事總經理，相當繁忙。同時，他多年來保持對政府政策及社會問題的高度關注，堅持以筆桿子議政論政，建言發聲，尤其是利用他最擅長的「致函編輯」方式。例如在 1938 年 6 月，他對日趨嚴重的房屋問題提出個人看法，認為可考慮實行租務管制，或加速九龍和新界的開發（*South China Morning Post*, 14 May, 4 June 1938）。當然，他在那個時期維持月旦時政，應是為了保持政治影響力，而非如青壯年時般爭取進入政壇，所以言詞上已不再那麼辛辣尖銳了。

當年，潔淨局和立法局議員是不受薪的公職，只為個人名聲與社會認同，得之固然可喜，失之其實亦無妨，反正 JP‧布力架在立法局已擔任兩屆議員，亦獲得了勳章，應不太在意了。但另一方面，他在香港工程及建築公司及中華電力的董事則是實務工作，乃薪酬收入所在，所以特別著緊，全心全力投入，

擔任領導和管理的角色。而在 1938 年，他再次出任中華電力董事局主席一職時（Cameron, 1982: 267; S. Braga, 2012: 290），便獲艾利‧嘉道理所託，協助其子羅蘭士‧嘉道理全面接班。

同樣來自史釗域‧布力架的記述，指 JP‧布力架與羅蘭士‧嘉道理之間，在某些重大問題上有時難免出現分歧，例如於 1938 年籌劃在紅磡鶴園興建中華電力發電廠，及在旺角興建總部辦公大樓的項目中，JP‧布力架就對抗日戰爭不斷蔓延抱持謹慎看法，害怕戰火波及香港，因此不宜貿然投入建設，但羅蘭士‧嘉道理則相對樂觀，堅持要工程上馬。JP‧布力架因此向多居於上海的艾利‧嘉道理寫報告，講述他本人的看法，及當中的風險和憂慮。

但是，從結果上看，艾利‧嘉道理最後支持兒子的決定，為以上兩項重大工程開綠燈，所以便有了 1938 年鶴園發電廠及旺角總辦公樓同時進行。這樣的做法，並不能簡單地解讀為艾利‧嘉道理不認同 JP‧布力架的觀點與分析，反而應是他想讓兒子放手一試，藉以考驗其目光與領導力，從而建立他本人的

1930 年代興建加多利山與旺角中電總辦公樓的報導，*South China Star* 1932 年 1 月 7 日。

領導地位和角色。至於 JP‧布力架從旁協助，提出不同意見，則反映了艾利‧嘉道理讓「老臣協助少主」的思考。

事實上，同樣據史釗域‧布力架所述，JP‧布力架每星期最少會寫兩封信函給艾利‧嘉道理，報告公司近況，更新香港社會及政治形勢，讓艾利‧嘉道理對香港工程及建築與中華電力等公司的發展有更全面的掌握與了解（S. Braga, 2012: 291）。這種行為，十分清晰地揭示 JP‧布力架乃艾利‧嘉道理商業王國的「顧命大臣」，在艾利‧嘉道理缺席時協助打理旗下控股企業，並輔助少主接班。每當老臣少主出現分歧時，艾利‧嘉道理雖多站在兒子一邊，不過這很多時並非代表他否定老臣的意見，反而像是想給兒子機會，讓兒子在更了解全盤局勢和風險下作出嘗試，以建立領導威信與地位。這種做法，無疑是猶太文化中家族企業傳承的一種特色。

對於已經步入晚年的 JP‧布力架而言，儘管他未必全認同艾利‧嘉道理的做法，但亦不會作出抗辯，因為艾利‧嘉道理只有兩子，妻子早逝，要維持與兩子的關係並不容易，JP‧布力架看在眼裡，必然感慨良多。因他雖然妻子在生、兒女成群，卻與妻子相見如陌路，夫妻關係名存實亡，與子女間的關係亦不如外人想像般緊密，沒如艾利‧嘉道理與兩子般合作無間、同心一德。

1930 年代末，JP‧布力架已退下立法局議事堂，當時爆發了抗日戰爭，隨後德軍入侵波蘭，健康進一步變壞的 JP‧布力架在回顧人生、思考自身遭遇時，他與妻子關係的不斷惡化，必然令他十分困擾，很可能成為他人生事業中最不能承受之重、難以否定的致命之痛，是在肉體病痛以外，精神和信仰上的折磨，亦可視為人生中最大的遺憾。至於導致這種局面的關鍵，表面看，或者是「貧賤夫妻百事哀」的生活困難所滋生；深入看，則可能與婚外情的直接衝擊有關；更為重要的，則是妻子改變信仰之故。以後者為例，當大家的心靈歸宿不再相同時，夫妻關係便更加難以維持，並因此影響下一代的宗教信仰，令

他與子女之間出現更大的信仰鴻溝，引為終生之憾。

## 婚姻、家庭與信仰的連帶挫折

無論是生意投資陷於困境、身體健康出現問題時，或是事業有成，擔任潔淨局與立法局議員時，JP・布力架的身邊總不見妻子的蹤影，與他分憂解難或共享喜悅。出現這情況的原因很簡單，那就是他和妻子間的關係早已破裂，大家各有各生活了。此點必然讓雙方倍感痛苦，亦揭示 JP・布力架為何全情投入事業，正如一則記者訪問提及，JP・布力架工作繁重，忙個不停，「每天工作長達 16 小時甚至更多」（*South China Morning Post*, 19 May 1933; S. Braga, 2012: 285），可能想藉工作忘掉失敗的婚姻。

西方有句從男性角度出發的諺語：「一個人的家是他的堡壘」（A man's home is his castle），意思指男性在外面的世界打拚事業，回到家中便可找到庇護、寄託或慰藉；或者說在家中，有一家人的愛和溫暖，工作的辛勞與壓力便可獲得紓解。但是，感情婚姻遭遇滑鐵盧的 JP・布力架，明顯無法從這個家中找到他所渴求的庇護、慰藉或溫暖，於是把所有精力投入到工作之中，便成為他「逃避」現實的方法。

為何 JP・布力架的婚姻會出現問題？若然夫妻相見已如陌路，為何不乾脆離婚？當中有何內情與考慮？由於婚姻和感情是很私人的事，若非家人提出，外人實沒法知悉，筆者過去只以檔案資料為依據進行分析研究，便有這方面的缺陷。至於史劍域・布力架的博士論文，則因講述到家庭的內部遭遇與發展，可以補充這方面的不足，彌足珍貴。

綜合史劍域・布力架在這方面的記述，不難發現，原來 JP・布力架的婚姻早在 1905 年前已亮起紅燈，根源所在則是 JP・布力架有了婚外情，奧莉芙・蒲拉德因此受到巨大打擊，身心重創。基於宗教信仰及家族發展的考慮，大家

沒有走到離婚一步，仍有名無實地一起生活，居於同一屋簷下，這樣卻令奧莉芙·蒲拉德的心靈、精神、情緒備受衝擊，因此選擇改變信仰，尋求另一種精神慰藉，這樣又極為深遠地影響了家族的發展。

正如第三至第六章粗略提及，雖不至於自由戀愛的結合，可 JP·布力架與奧莉芙·蒲拉德的婚姻亦非盲婚啞嫁，而是早已認識，並自己選擇結為夫婦的。雖然如此，二人卻沒成為夫妻恩愛、相濡以沫的典範，反而婚後不久便呈現裂痕。進入二十世紀時，JP·布力架的經濟條件並不太好，應是「貧賤夫妻百事哀」，內部爭吵常現的寫照；大家曾在某些時間分隔兩地，相信亦影響了夫妻關係，令婚外情有可乘之機；另外奧莉芙·蒲拉德常常表達不滿，自覺只是生育機器，婚後子女一個接一個地生育，夫妻沒有感情，[2] 亦成為孕育婚外情的因素。

奧莉芙·蒲拉德顯然討厭這樣只是不斷生育的角色，但到底她有否和丈夫好好溝通，表示她不願生育？抑或是曾經討論過，但不獲丈夫同意，被迫生育，因此令她反感，夫妻關係生變？史釗域·布力架沒有提供答案，卻在博士論文最後部份的附件 6 簡略提及，「奧莉芙要忍受丈夫的不忠，甚至要對他已懷有身孕的情婦表現出同情」（S. Braga, 2012: 541），揭示夫妻關係亮起紅燈的最關鍵之處，是 JP·布力架有婚外情，情婦更懷了他的骨肉，令奧莉芙·蒲拉德身心崩潰，無法接受。

受到巨大打擊的奧莉芙·蒲拉德，與丈夫的關係從此掉進冰點，性格與信仰亦有巨大轉變。作為奧莉芙·蒲拉德孫兒的史釗域·布力架毫不掩飾地指：「奧莉芙是一位自我中心、專橫、操縱、狠心固執，並扯上一個神秘世界，夢想讓她自覺她具有上帝的意志」（Olive was self-centred, dominating, manipulative, relentlessly obstinate and caught up in a mystical dream world that she took to be the Will of God）（S. Braga, 2012: 380），揭示她性格大變，連家人亦覺得她專橫，

不再良善和容易相處。

所謂「一樣米養百樣人」，各人不同性格本屬平常。無數夫妻在養兒育女、日常生活方面，總難免有各種各樣的分歧、矛盾和爭拗，但只要雙方有深厚情感、共同追求的目標，總能「床頭打架床尾和」，互相包容體諒。然而，由於JP・布力架夫妻關係已有裂痕，時常分離，妻子覺得自己如生育機器，缺乏愛情，再加上丈夫無意隱藏婚外情，婚姻關係乃掉進無可挽回的地步，不難理解。

事情的發展很多時分為量變和質變，婚姻亮起紅燈，夫婦雖然沒有走上離婚之路，但關係惡劣，始終嚴重衝擊個人精神與情緒，心靈空虛，感到受傷，極需尋求慰藉，尋找人生出路、走向光明。那時的奧莉芙・蒲拉德顯然亦在不斷摸索，而最終讓她走出困境的，則是信仰。奧莉芙・蒲拉德由原來結婚時與丈夫一同信仰天主教，改為基督新教，與丈夫失去了共同信仰，因此難以如過去般有共同的心靈歸宿，思想與情感上更難再有深入交流。

為何奧莉芙・蒲拉德在那時改變信仰？史釗域・布力架提出了深入解釋。原來，蒲拉德家族是「名義上的新教徒」（nominal Anglicans），意思是奧莉芙・蒲拉德和姐姐歌蘭娜・蒲拉德，雖然自小在新教環境下成長，但二人的丈夫及其家族都屬於天主教，暗示她們因此成為天主教徒。但是到了後來，兩姐妹與來自美國的新教傳教士有接觸，她們個人和家庭又碰到不少困難，例如經濟欠佳、個人自由受壓抑，婚後只是生育子女，留在家中相夫教子；更為致命的是丈夫有婚外情，令其感到沮喪挫折，人生灰暗，心靈空虛，並在傳教士的引導下重新接納了新教信仰。歌蘭娜・蒲拉德於 1905 年，奧莉芙・蒲拉德則於翌年 1906 年，先後舉行了重回原來信仰的儀式，這樣難免令她們與丈夫產生信仰上的不協調，影響婚姻與家庭（S. Braga, 2012: 244-246）。[3]

由於改變了宗教信仰，歌蘭娜・蒲拉德與查理・羅郎也最後離婚收場，她

1949年，奧莉芙·蒲拉德與一眾子孫及親友。（圖片來源：National Library of Australia）

隨後帶同子女移民馬尼拉，重過新生活，可JP·布力架和奧莉芙·蒲拉德卻沒採取相同行動。對此，史釗域·布力架曾補充指，JP·布力架與妻子關係不斷惡化，人生事業同時遇到困難，難見突破，夫妻之間難免更多爭吵，不少時間更分隔港澳兩地，但仍堅持不離婚。到了1917年時，相信因為兒子查比·布力架僅17歲就於澳門去世（*South China Morning Post*, 16October 1917; 參考另一節討論），令婚姻關係到了「實質結束」（effectively ended）的地步。

在現代開放社會，當夫妻感情不再，關係破裂時，離婚是很自然的處理方法，讓雙方各走各路，未嘗不是一種解脫。但JP·布力架堅持不離婚的主要原因，據史釗域·布力架的分析，是由於離婚乃信奉天主教的土生葡人群體的大忌，不但會影響個人在社會上的名聲地位，亦會左右其生意及事業發展，那

時的JP‧布力架，雖然經濟基礎仍很有限，卻已有一定名聲，是公眾人物，他尤其認為事業要有所突破，必須有白璧無瑕的聲譽，因此極不願離婚。對奧莉芙‧蒲拉德而言，可能則是她缺乏謀生能力，擔心離婚會令自己及眾多子女的生活無以為繼。

這時二人的婚姻已名存實亡，史釗域‧布力架引述嘉露蓮‧布力架的說法，「若遇父親回家晚飯，氣氛會變得很不愉快」，背後揭示JP‧布力架甚少回家晚飯，且與妻兒子女的關係變得很僵，隔閡重重（S. Braga, 2012: 246-247）。

接著的歲月，在心靈與信仰上失去了妻子支持和分享的JP‧布力架，[4] 明顯把時間精力全都投入到事業之中，日後亦確實幹出了成績，寫下了個人在香港政治、商業和社會上的傳奇篇章。對於奧莉芙‧蒲拉德而言，改變信仰讓她找到了心靈寄託和慰藉，因此自然不會放棄自己所堅信的宗教。她把主要心力放在照顧子女及協助傳播新教之上，兩人因此沒有像其他夫妻般總是夫唱婦隨、成雙成對出入於不同社交場合。

JP‧布力架與奧莉芙‧蒲拉德名義上仍維持夫妻關係，信仰和思想上卻早已各散東西，這難免影響到子女們的成長和事業（參考下一節討論）。其中最為突出的一點，自然是子女們長大後，多如母親般成為英國聖公會的新教徒，家族信仰已不再如之前的世代般，只清一色信天主教了。更讓JP‧布力架困擾的，是妻兒子女很可能曾向他傳教，希望他改信新教，但遭他斷然拒絕，表示「我永遠是個天主教徒」（S. Braga, 2012: 305）。可以想像，作為一個一生篤信天主教的教徒，JP‧布力架在信仰上遭到的巨大挑戰與挫敗，相信令他內心難受，成為一生中最大遺憾。

正因天主教信仰抗拒離婚，自己又有婚外情，婚姻掉進泥沼，難以自拔，處理手法不上不下，當港英政府針對婚姻制度出現的問題，1932年在立法局

審議「離婚法草案」（Divorce Bill）時，他曾提出不少反對意見（*South China Morning Post,* 28 October 1932），主要還是與個人的天主教信仰有關，草案則最終在大比數支持下獲得通過。

說來諷刺的是，因信仰不同而與妻子成為陌路人的 JP・布力架，雖然堅持不離不棄的婚姻觀念，力求維持一家完整，卻沒有採取進一步行動挽救家庭關係，起碼應結束婚外情，再抽時間與妻子深入商討如何彌補復合，或是多點與子女一起生活，提升親子感情。他反而是更多地把時間精力投入到工作之中，這很可能與他認為賺錢養家、改善家人生活乃他最大責任之故。即是說，他或者以為，只要做好事業，賺錢養家，便能得到子女愛戴，感情問題便能迎刃而解。惟他甚少與子女相處，照料子女的一切工作落到妻子手中，因此子女除了信仰上受到妻子的巨大影響，在音樂藝術等方面也是如此。

很難想像，以 JP・布力架這樣心思縝密、閱歷豐厚的社會精英，在婚姻問題上會如斯進退失據、一塌糊塗。若果他能用情專一，或採取實質行動修補關係，如終止婚外情，並作出補償，多抽時間與妻兒子女相處，而不是埋首事業，家人間的關係或不至於那麼疏離。不過，每個人對人生各有選擇追求，有人重視物質生活，有人重視家族名聲，有人看重建功立業，有人追求屬靈信仰，也有人只期望美滿家庭。人們根據心目中的優先次序作出選擇，最後是得是失，如人飲水，冷暖自知。

退一步思考，JP・布力架那時的感情軇輬和應對方法，可能與他缺乏物質生活基礎，童年又缺乏父愛，沒有與父親相處的經驗有關，令他也不懂得如何以父親的身份與子女相處。他作為局中人，未能以客觀態度分析，又或單純以為物質基礎最為重要，讓子女過得好才算完成自己的責任，低估了與子女相處和建立緊密關係的重要性。另一方面，他的太太則如他的母親一樣，成為照顧子女的重心，相依相守。顯然在 JP・布力架心目中，就算父親長期缺席，子女

仍可以堅定成長，出人頭地，因為他就是這樣走來的，故認為不用花太大心力與孩子相處，亦不會構成嚴重問題。

## 子女成材的各有事業

工作、生意或投資順逆也好，感情婚姻湧現波浪也罷，JP・布力架夫婦的子女們在成長過程中，必然會受到二人的關係與情感轉變牽動，形塑出各自的性格及價值觀念，影響他們的信仰與人生追求，亦決定了他們與父母的聯繫和關係。JP・布力架在不同時期，面對殖民地政府的歧視、舅父們的排擠，又曾遭遇財困，婚姻破裂，甚至健康問題，當中他似乎把對子女的責任放到賺錢養家、提供物質基礎之上，而把管教之事明顯交給妻子。

綜合史釗域・布力架的介紹，JP・布力架的 13 名子女中，有些在香港出生，有些則在澳門，他們的成長與教育環境，則隨著父親的工作調動而不斷變更。信仰上，在子女年幼而奧莉芙・蒲拉德又未改信新教時，一家大小當然時常出席天主教彌撒；到奧莉芙・蒲拉德改信新教後，情況則有不少轉變，部份子女仍出席天主教彌撒，部份則出席新教禮拜。除長子外，其他子女大多隨母親改信新教，部份子女與父親關係則似乎較疏離。

奧莉芙・蒲拉德乃小提琴手，有很高的音樂造詣，這種天份似乎亦遺傳給了諸子女，相信亦與她對子女的自小薰陶有關。就以諸子的求學進程為例，JP・布力架的母校聖約瑟書院（參見第四章）乃由基督學校修士會（Brothers of Christian School，通稱喇沙會）在香港創立，具有良好的傳統和校風，所以他把九名兒子全都安排到該校就讀。兒子們表現優秀，既參加諸如詩歌班、辯論隊及童軍等活動，又屢屢獲得獎項，被選為領袖生（風紀）等，度過了相當多姿多彩的校園生活，一家上下都對該校有深厚感情（*South China Morning Post*, 18 May 1926）。至於四名女兒大多在聖士提反女校求學，但她們非如兄弟般完

成整個中學課程，而是較多先在家中接受教育，其中音樂一項更由母親親自教導，眾女兒長大後音樂造詣都很不錯，不少成為音樂教師（S. Braga, 2012）。

雖然有相同的父母、相同的家族背景，亦在相同的學校求學，但諸子女的人生際遇及事業，就如 JP·布力架與他的兄姐們般，總有不同。路途較多波折的，當推長子杰克·布力架。他於 1897 年出生，1913 年踏出校門後，任職在廣州於仁保險（Union Insurance Society of Canton），[5] 工作時會經手相當多資金，但公司的監管過程不嚴密，結果他起了貪念，暗中挪用公款進行投機炒賣，後因虧損嚴重未能及時補回，盜用公款一事被公司發覺。他一度潛逃回港，但最終被捉拿並送上法庭，被判刑六個月（*South China Morning Post*, 22 October 1919）。他的行為除了影響前途，亦令整個家族及 JP·布力架的誠信和名聲蒙羞（S. Braga, 2012: 320-324）。

經過這一重大教訓，諸子女中唯一仍然持天主教信仰的杰克·布力架，如父親般被「放逐」到澳門，同樣改執教鞭，進入澳門聖約瑟書院任教。他如父親般在澳門思考人生，重定人生目標，從此「洗心革命」，找到人生方向，把精力心血投入到教育和學術之上，因此有了人生的突破點。他 1924 年在澳門結婚，結束獨身生活，妻子乃虔誠的天主教徒奧古斯塔·盧士（Augusta da Luz），夫婦婚後十年間育有七名子女，與父母一樣子女成群。

有關杰克·布力架挪用公款一事的報導

杰克·布力架在課堂之餘,把全副心力投入到澳門歷史及中葡文化交流等研究之中,結交了不少學術及文化界人物,例如在澳門甚有名氣的學者徐薩斯(C.A. Montalto de Jesus),又出版了不少與澳門歷史有關的報紙(*Diario de Macao*)、雜誌(*Macao Review*)和著作。另一方面,杰克·布力架又因應本身學術興趣,收集和收藏了各種與澳門及東方文化有關的書籍、地圖、信函等資料,這些資料積少成多,成為日後相關研究的寶貴參考(見下一章討論)。由是之故,杰克·布力架逐步建立起自己的知名度,徹底改過後,人生事業有了另一番風景(Braga Collection, no year)。

相對於杰克·布力架,他的弟弟查比·布力架雖然人生短暫,卻在家族中留下重大印記。生於 1900 年的查比·布力架,自小表現出領導才能,性格開朗,做事謹慎細心,深得父母疼愛,在姨母傳教下改信新教,但應未舉行改宗儀式。可惜的是,他年紀輕輕便患上肝膿腫(abscess on the liver),在港求醫無效,被安排到澳門進一步治療,但不幸在當地去世,時年只有 17 歲,令家人傷心不已(S. Braga, 2012: 316-318)。

查比·布力架死後,JP·布力架決定將他葬於澳門聖味基墳場,此事引起家族內部巨大爭議,亦進一步衝擊 JP·布力架與奧莉芙·蒲拉德的感情。由於聖味基墳場是天主教墳場,但查比·布力架早已決志改信新教,因此讓奧莉芙·蒲拉德及已改信新教的親人十分不滿,覺得 JP·布力架違背了死者的信仰或意願。史釗域·布力架指此事令 JP·布力架與妻子的關係雪上加霜,造成「永遠分裂」(permanent division),二人從此相見如陌路(S. Braga, 2012: 325)。

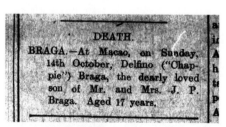
查比·布力架去世的消息,JP·布力架將之葬於澳門聖味基墳場。

在諸子中，諾埃爾‧布力架、曉‧布力架、約翰‧布力架、東尼‧布力架和克萊門‧布力架五人，都投身到與父親生意有關的業務中，直接或間接成為父親的助手。正如上一章提及，1903 年出生的諾埃爾‧布力架於 1925 年進入中華電力，成為公司秘書，[6] 他當時獲得羅拔‧施雲接納，反映布力架一家逐漸擺脫因長子犯法而被沾污的名聲。後來，由於健康因素，諾埃爾‧布力架在 1932 年到日本休養了數個月接受治療，他在那段時間學習日語，這技能在日佔時期大派用場。大病康復後，諾埃爾‧布力架到英國旅行，結識了英國女子瑪祖莉‧莫里斯（Marjory Morris），二人於 1934 年結婚，組織家庭。

由於 JP‧布力架的名聲及社會地位不斷提升，家族成員在社會上亦較容易獲得理想的工作崗位。其中生於 1905 年，並於 1929 年取得香港大學建築系學位的曉‧布力架，[7] 畢業後初期加入政府公務局，兩年後轉到香港工程及建築公司，算是學以致用。同時，他成為父親在工程建築方面的最大助力，尤其協助父親開拓加多利山豪華住宅項目，日後晉升為「總工程部」（General Works）經理之職，在工程實務方面作出更多貢獻。到了 1934 年，曉‧布力架成為授權建築師（*Hong Kong Government Gazette*, 14 September 1934），並於翌年（1935 年）8 月結婚，妻子為羅拉‧布林利（Nora Bromley），二人舉行了有頭有面的婚禮（*South China Morning Post*, 1 August 1935）。

在諸兄弟中排尾二，生於 1908 年的約翰‧布力架，離開學校後曾在新旗昌洋行工作過一段時間，之後轉投中華電力，成為諾埃爾‧布力架的手下，兩兄弟之間有較多實務的合作。任職中華電力之餘，約翰‧布力架仍會演奏小提琴，1937 年曾獲邀到英倫演出，反映他應有相當的造詣（*South China Morning Post*, 13 August 1937）。約翰‧布力架於 1940 年結婚，妻子為蘇格蘭人路易斯‧艾什頓（Louise Ashton），結婚時她仍是個醫科學生，可惜由於當時外圍戰火愈見熾烈，二人的蜜月只在長洲度過（*South China Morning Post*, 26 August 1940）。

生於 1902 年的克萊門・布力架和生於 1907 年的東尼・布力架兩兄弟，踏出校門後同樣加入了父親的公司。先說克萊門・布力架，他是眾多兄弟中較早投身社會的，在 13 歲時相信連初中也未畢業便離校工作，未知原因是性格反叛、不願讀書還是能力較弱。由於學歷較低，相信難以在外面找到較好的工作，故被安排參與父親的生意。後來，他轉到英國商人賀理玉（P. H. Holyoak）名下的 Holyoak, Massey & Co 任職，工作表現平平，沒甚突出。在 1927 年，他遇上嚴重的健康問題，幸好在醫治後康復，可隨後據說一度陷於財困，因此被迫轉到澳門，在長兄杰克・布力架協助下進入澳門利宵中學（Liceu de Macao）任教，[8] 過著傳道授業的老師生活——雖然他本人只有很低學歷。他於 1938 年結婚，妻子為加拿大人妙麗・威廉臣（Muriel Williamson）。

至於東尼・布力架，他從 17 歲左右開始工作，協助父親打理進出口貿易，主要做文書工作，亦是父親的秘書，惟 JP・布力架的公司早年載浮載沉，發展不大，東尼・布力架經歷了一段時期的考驗與浸淫，後來隨著父親事業興旺起來，亦變得更為忙碌。與諸兄弟不同，東尼・布力架一生保持單身，他曾說「快樂地不結婚較我兄弟們不快樂的婚姻好」（happily unmarried rather than unhappily married like several of my brothers），又指其父母的婚姻「絕望得無法相處」（hopelessly incompatible）（S. Braga, 2012: 350）。可見父母及兄弟的婚姻或多或少影響到他對婚姻的看法，有深刻的觀察和體會。

1906 年出生的占士・布力架亦曾在新旗昌洋行工作了一段時間，後來轉到業務設於廣州的「標準真空汽油公司」（Standard-Vacuum Oil Co.），為了開拓業務而被派駐福州。他於 1929 年選擇繼續進修，先後在美國芝加哥的莫迪聖經學院（Moody Bible Institute）及北浸信神學院（Northern Baptist Theological Seminary）求學，取得神學士學位。回港後，他重返「標準真空汽油公司」工作，再於 1940 年移居美國，並在那裡成家立室，妻子為舊同窗安

妮‧約翰遜（Anne Johnson）（*South China Morning Post*, 19-21 February 1940）。他亦選擇了另一條事業路，那便是成為一位新教牧師，宣揚福音（S. Braga, 2012: 359）。

生於 1910 年的么子保羅‧布力架，在踏進社會之初曾嘗試創業，主要轉售二手車，但花了幾年時間仍沒有太大發展，因此於 1936 年回到「打工仔」大軍，加入太平洋行（Gilman & Co.）的汽車銷售部工作，後因表現優秀，被升至部門經理。1937 年保羅‧布力架結婚，妻子為奧黛麗‧雲素（Audrey Winsel）。至香港淪陷前，保羅‧布力架一直在太平洋行工作。

與九名兒子不同，四名女兒並非一到達適齡便進入學校接受教育，而是很多時先在家學習，或是只有某些年才轉到學校上課，全都是入讀聖士提反女子中學。她們在家中接受的教育以音樂為主，亦最為突出，原因自然與母親精於音樂有關。生於 1896 年的長女珍‧布力架，無疑最有「大姐」的特點，她主要在家中接受教育，日後以教琴為業。她同時以大帶小，協助母親照料及教育三名妹妹——生於 1898 年的慕德‧布力架、生於 1911 年的嘉露蓮‧布力架及生於 1914 年的蕰妹瑪莉‧布力架。

布力架姐妹們的音樂成績如何？1930 年時，負責全港音樂考試的「三一書院」（Trinity College），公佈了一項音樂考試成績，其時只有十多歲的嘉露蓮‧布力架和妹妹瑪莉‧布力架都有應考，前者獲本地高等程度榮譽級成績、後者獲得中等程度及格成績（*South China Morning Post*, 7 June 1930），可見兩姐妹都通過了資格考試，並以嘉露蓮‧布力架較為突出。她們日後都以教琴為業，嘉露蓮‧布力架的成就尤其突出，才華盡顯，經常在電台或公開演奏會表演（*South China Morning Post*, 6 October 1937; 27 August 1938）。

在四名姐妹中，一人沒結婚，其他三人均嫁給英國人。最先出嫁的是慕德‧布力架，她與三名姐妹不同，沒以音樂為業，而是一名業餘的中國水彩畫

畫家,她於 1934 年(時年 36 歲)嫁給英國人范蘭士(Eric Franks)。[9] 1940 年時,珍‧布力架和嘉露蓮‧布力架均結束單身。珍‧布力架結婚時已 44 歲,算是相當晚婚,丈夫名為應格林(Theo Ingram)。據說,應格林早年有過一段婚姻,育有多名子女,惟其妻子在 1940 年英國撤僑時離去,他才與珍‧布力架走在一起。對於這段感情,家人都表示反對,惟珍‧布力架固執己見。嘉露蓮‧布力架結婚時 29 歲,丈夫名為麥堅時(Norman Mackenzie),任職於香港大學。兩姐妹的丈夫均是香港志願軍成員,在香港淪陷後雙雙被俘,成為階下囚。瑪莉‧布力架則如東尼‧布力架般,終生單身(S. Braga, 2012: 348)。

綜合 JP‧布力架子女們的事業與際遇,不難發現他們在音樂、藝術或文化方面都有特長與興趣,惟似乎缺乏營商才能。儘管保羅‧布力架有創業之心並試圖創業,但失敗後便回到「打工」之路,沒有屢敗屢戰,可見營商意欲並不強烈。在「打工」路上,他們顯然擺脫不了「文員階層」的色彩,多數充當中層管理者。在婚姻方面,相見如陌路的 JP‧布力架與奧莉芙‧蒲拉德據說沒出席任何一名子女的婚禮,令人覺得有點匪夷所思。雖然有一子一女保持單身,但大多數人仍選擇組織家庭,哪怕如珍‧布力架到了年紀較大時,還是追求婚姻的歸宿。以子女數目計,信仰天主教的杰克‧布力架,子女數目明顯較其他兄弟姐妹多。


## 香港淪陷與避居澳門

進入 1940 年代,JP‧布力架隨著年齡老去,健康每況愈下,但仍全力投入到香港工程及建築與中華電力兩間公司之中。早於 1938 年,他擔任中華電力主席之時,旺角的中華電力總辦事處大樓和紅磡鶴園電廠兩大重要項目落成,標誌著公司發展進入新的里程碑(*South China Morning Post*, 27 February 1940)。正所謂「肥水不流別人田」,相關工程自然由香港工程及建築承包,

是聯營公司能產生的其中一種協同效益。之後，JP‧布力架可能覺得其輔弼的角色已大致完成，於是想趁自己還有精神時，將葡人在中國──尤其澳門和香港──生活和發展的情況寫下來，為後世留點紀錄。

在1940年，港英政府因應日軍侵略香港之意圖日甚，乃推出撤僑行動，將英人家屬撤往澳洲和紐西蘭等地。那一年，布力架家族成員的生活有不少變化，先是有多名子女結婚，成家立室；有兒子移居美國，成為傳道人；亦有兒子選擇留在香港，因應港英政府備戰的呼籲，加入「香港義勇軍團」（Hong Kong Volunteer Defence Corps）；亦有人在事業上繼續開拓，例如曉‧布力架1940年曾在香港大學授課，講解「現代建築方法」（*South China Morning Post*, 11-16 April 1940），可見他在工程建築方面不斷取得突破。

1941年是香港開埠一個世紀的重要日子，港英政府因此籌劃慶祝殖民統治百週年紀念活動，但因當時戰雲密佈，只能相對低調地進行。其中一項活動，是邀請不同社會賢達與代表，到電台講述百年香港的巨大變遷，藉以說明香港的突出發展，如周壽臣和何東兩名「香港大老」便以華人代表的身份作「世紀回顧」；JP‧布力架則代表土生葡人，以「葡人先驅：在香港的一百年」（Portuguese pioneering: A hundred years of Hong Kong）為題目，重點述說此族群自香港開埠以還一個世紀的貢獻，尤其在開發九龍方面（*South China Morning Post*, 21 January 1941），這些演說後來輯錄成書。

慶祝活動不久，日軍部署侵略香港的舉動更趨明顯，港府因此進一步召集志願軍備戰，但社會氣氛仍沒太大恐慌，人民生活如常，布力架家族亦如此。舉例說，同年11月，東尼‧布力架與妹妹嘉露蓮‧布力架合作，在香港大學音樂學會主辦了一場既有鋼琴演奏，又有鋼琴歷史演講的活動，吸引不少音樂愛好者參加（*South China Morning Post*, 19-21 November 1941）。另一則例子是同年12月2日，香港首富何東舉辦大型壽宴及結婚紀念，吸引無數社會名流出

席（鄭宏泰、黃紹倫，2007）。由此可見，當時社會並沒太強的戰爭意識，未覺戰火已悄然掩至。

但在 1941 年 12 月 8 日，惡夢卻猝不及防地到來，日軍突然由深圳向香港發動侵略，英軍不堪一擊，節節敗退，先是新界失守，日軍繼而攻陷九龍，瞬間直迫港島，隔著維多利亞港與英軍槍炮相對。退守港島的英軍雖頑強抵抗，但最終被擊潰，時任港督楊慕琦（Mark Young）於 1941 年 12 月 25 日向日軍俯首稱臣，香港進入三年八個月的黑暗歲月（關禮雄，1993；Snow, 2003）。

一如其他對英國或西方充滿信心的人一樣，布力架家族其實從來沒想過，日軍真的會對香港發動戰爭，亦沒料到英國會毫無抵抗之力，所以沒有認真地做好心理或現實上的準備。由是之故，當日軍向香港發動炮火時，他們所感受到的驚恐可想而知；過去被視為世界最強大的英軍，只能抵抗兩個多星期，便「舉白旗」投降，更讓無數華洋民眾手足無措。香港作為一個糧食及日常必需品均仰賴外輪的商業城市，一般人家裡都沒有太多餘糧積存，自然擔心接下來的溫飽問題，但到他們開始想要搶購米糧時，才發覺為時已晚了（鄭宏泰、黃紹倫，2005）。

相對於香港，澳門因為是葡萄牙的殖民地，而葡國在二戰爆發前已宣佈中立，故自始至終避過了日軍侵略，尚能維持和平，經濟上更因不少資本和難民湧入，呈現一片畸形的繁榮。如何東等不少消息靈通的人士，便在日軍侵港前逃往澳門，避過一劫。而早在澳門落地生根的杰克‧布力架，曾在戰火爆發前親到香港，遊說家人前往澳門避難。不過，可能沒有預料到香港的情況會急劇變壞，加上覺得澳門較香港落後，大家又有工作在身，所以當時並沒接納杰克‧布力架的好意（S. Braga, 2012: 360）。

另一位完全逃過戰火的是曉‧布力架。任職於香港工程及建築公司的他，原本計劃於 1941 年到澳洲探親和度假，故打算請一段長假，但不知為何與羅

蘭士·嘉道理反目，休假申請不獲批。曉·布力架十分不滿，更憤而辭職。請假本來只是一件小事，就算不獲准，也很少人會作出如此激烈的行動，故相信二人關係早已是冰封三尺，討論時不斷咄咄逼人或口不擇言，最終不歡而散。曉·布力架於同年 7 月離開香港，轉往澳洲，[10] 他雖然失去工作，但因此避過日軍侵略香港，算是因禍得福了（S. Braga, 2012: 360-361）。

香港淪陷後，珍·布力架、慕德·布力架和嘉露蓮·布力架三姐妹的丈夫由於都是英國人，故迅即被日軍俘獲，囚於集中營。慕德·布力架堅持與丈夫范蘭士在一起，夫婦同被囚於赤柱集中營；珍·布力架的丈夫應格林與嘉露蓮·布力架的丈夫麥堅時，初期被囚於深水埗集中營，後來應格林被送往日本的仙台集中營（Sendai #2 Camp），不久後更在飢寒交迫中去世。在日佔時期，由於丈夫的英國籍，她們要較一般香港人承受更多的焦慮，除了自身安危及生活困難外，還害怕丈夫會受日軍折磨，慘死牢中。順帶一提，艾利·嘉道理和兒子羅蘭士·嘉道理一家，[11] 亦被送入赤柱集中營，囚禁於細小的牢房中，忍受極惡劣的環境。

雖然諾埃爾·布力架、東尼·布力架和保羅·布力架三人曾加入「香港義勇軍團」，[12] 但幸好沒被日軍發現捉拿，能繼續如常生活。如前文提及，因為當時很多人對英國的「強大」充滿信心，日軍侵港一事超出他們的想像；到香港淪陷後，布力架家族成員還抱有希望，認為他們乃土生葡人，不會被列作敵國人民。至於諾埃爾·布力架早年在日本生活過一段時間，略通日語，和日軍有一定溝通，因此也覺得形勢沒那麼惡劣；加上他們有一定經濟基礎，發電和工程建築又是日軍不願破壞的產業，因此他們曾以為可繼續留港生活，沒想到要避走澳門（S. Braga, 2012）。

不過正如前述，由於香港的糧食及日常所需均仰賴外供，而當時世界大多數地方已陷入戰火，生產停頓，交通中斷，輸港物資驟減，糧食供應尤其緊

張。為減輕糧食、燃煤等供給的壓力，日軍推行「歸鄉政策」，強行逼令香港人民疏散。加上日軍管治嚴苛，舉止粗暴，經常無故虐打市民，生命安全缺乏保障，這些均促使布力架家族成員最終選擇回到澳門避難。

最先是約翰‧布力架的太太路易斯‧艾什頓，她於 1942 年 4 月帶同襁褓中的孩子由香港踏足澳門。大約兩個月後，JP‧布力架、約翰‧布力架、東尼‧布力架和保羅‧布力架與家人先後轉到澳門。1943 年初，諾埃爾‧布力架亦舉家回到澳門。[13] 值得注意的是，保羅‧布力架在澳門安頓下來後，可能覺得澳門太接近戰區，仍有安全隱憂，故於 1943 年長途跋涉逃往中國大後方的重慶，之後再取道加爾各答和澳洲悉尼，落腳美國，在二戰期間走了大半個地球（S. Braga, 2012: 383-385）。

奧莉芙‧蒲拉德、嘉路蓮‧布力架和瑪莉‧布力架初期不願意離開香港，但看到香港情況不斷惡化，最後在 1943 年中先後轉赴澳門。她們到澳門後，先寄居於杰克‧布力架家中，後來再找不同地方安頓，算是得保安全。在日佔時期一直留在香港的，除了與丈夫一起被囚的慕德‧布力架外，還有被形容為「如母親般固執」的珍‧布力架。她始終堅持留下，說要守著房屋不被人霸佔，期間相信經歷了不少風險，幸好她家中種有一棵桑樹，在糧食緊絀時仍有桑子充飢，助她度過難關（S. Braga, 2012: 378-383）。

「孤島時期」的澳門雖然一片畸形繁華，但社會人心浮動、外弛內張的氣氛仍十分明顯，原因不但與外部戰亂未止有關，亦由內部不同勢力與情報暗中激烈較勁所致。至於無數避難澳門的人——無論本來多顯赫富有——都選擇低調生活，何東、周埈年、曹善允等便是其中的例子。雖然他們在香港時都曾與 JP‧布力架有過交往，但大家在澳門避難期間，看來甚少接觸，相信是不想引起麻煩，怕給對方添亂，或不願意向別人開口求助。

對於工作狂 JP‧布力架而言，哪怕已經年邁，仍難以適應無所事事的生

活。百無聊賴，他想起早前慶祝香港開埠一個世紀時，曾應港府的邀請在電話講述土生葡人在香港的貢獻。於是他覺得，既然無法工作，不如趁這段空閒期間重拾筆桿，記下葡人東來的歷史，以及他們在內地、澳門和香港的生活發展，為東西交流的歷史增加一點資料。寫作過程中，沒有家室的東尼・布力架為 JP・布力架提供不少協助，包括代他打字和校對等。

除用文字記錄歷史外，JP・布力架還想藉自己的名氣與社會地位，協助澳門政府牽頭創立「澳門技術學校」（Macau Technical School），改善澳門的技能教育。這個項目由身為教師的長子杰克・布力架負責，獲委任為秘書，主理籌措實務，惟計劃卻因 JP・布力架健康惡化戛然而止，到他去世後，才由杰克・布力架接手完成（S. Braga, 2012: 393）。

在澳門期間，JP・布力架一直與艾利・嘉道理維持書信往來，無論是艾利・嘉道理初期囚於赤柱集中營時，還是後來健康惡化，確診癌症末期，因此獲准回到上海家族大宅接受治療和休養時，雙方都保持聯絡。1943 年，JP・布力架的健康亦惡化，甚至影響書寫能力，曾對兒子慨嘆自己無法再給艾利・嘉道理寫信（S. Braga, 2012: 302）。當時身居上海的艾利・嘉道理，健康亦進一步惡化，這兩位相交多年的朋友幾乎同時走到生命的盡頭。

最後，先行一步的是艾利・嘉道理，他於 1944 年 2 月 8 日在上海去世，享年 77 歲（Kong, 2017: 207; Kaufman, 2020: 195），由於是戰亂時期，喪禮一切從簡，遺體葬於上海猶太墳場。艾利・嘉道理去世後四天，即 1944 年 2 月 12 日，身在澳門的 JP・布力架亦與世長辭，享年 73 歲。[14] 儘管當時澳門一片繁華，但畢竟四周仍戰火不斷，家人因此沒舉辦大型喪禮，只是進行簡單的告別儀式，並將他葬於澳門聖味基墳場，與早逝的次子查比・布力架相伴。JP・布力架晚年的遺作於他死後出版成書，名為《葡萄牙人在中國及香港》（*The Portuguese in Hong Kong and China*）。

從當時戰局而言，艾利・嘉道理和 JP・布力架去世之時，日軍已由強轉弱，盟軍在不同戰線上均取得上風，哪怕日軍負隅頑抗，仍大勢已去，無力回天。就在這樣一種渾沌待變的時期，港澳的生活環境更為吊詭複雜，人心不安。就以香港為例，那時的糧食及日常必需品供應更形緊張，社會出現無數餓死街頭者（鄭宏泰、黃紹倫，2005）。避難澳門的布力架家族成員，相信必然對早已逃離香港感到慶幸。

## 杰克・布力架的戰時角色

人生經歷過巨大危機、吃過重大教訓的杰克・布力架，在澳門成家立室，定居下來後，全心投入教師工作與學術研究，幹出了突出成績，惟當中某些特殊轉變，值得作一些補充。工作上，他在聖約瑟書院任教至 1935 年，之後轉到利宵中學，直至 1946 年。期間，他一方面在 1932 至 1945 年間擔任路透社澳門通信代表，此角色與父親當年的兼職相同；又在 1936 至 1946 年間出任澳門食水公司（Macao Water Co.）總經理之職，可見他教書之餘，亦不忘商業與傳媒，身兼數職（Braga Collection, no year）。

青年時期的杰克・布力架

此外，杰克・布力架曾與友人合辦《澳門日報》（*Diario de Macao*），又曾擔任英文刊物《澳門評論》（*The Macao Review*）的英文編輯（李長森，2007：361），並持續不斷地在不同媒體如《澳門論壇》（*Macao Tribune*）等，發表個人史學研究文章或社會觀察（Braga Collection, no year），加上他擔任路透社澳門通信員，種種舉動很有當年 JP・布力架辦刊物、寫文章的影子。當然，

杰克‧布力架的定位偏向學術，並非如 JP‧布力架般走「普及讀物」路線，看來沒有因需要投入太多資金而帶來太大財政壓力。

抗日戰爭爆發後，由於日軍不斷擴大戰事，甚至覬覦香港，身在澳門且已有不少名氣的杰克‧布力架，被英國軍方吸納為「特殊行動處」（Special Operations Executive，SOE）的情報人員（S. Braga, 2012: 389），[15] 其中的重要工作，是秘密擔任盟軍的澳門「聯絡員」（Liaison Officer），充當退守重慶的中國政府與英軍服務團（British Army Aid Group）之間的秘密情報搜集和傳送（*South China Morning Post*, 1 May 1988）。

為何作為教師的杰克‧布力架，那時會願意擔任這一充滿風險的工作？英國軍方又為何信得過這位有「案底」的人？由於缺乏資料佐證，很難獲得準確答案。粗略的推斷，相信與他表現出對日軍侵略的極大不滿有關，英國軍方那時需要招聘中國及英國以外的「第三國人」，便於突破或逃過日軍監視，杰克‧布力架是合適對象，因為那時可以挑選的人實在太少了。更為重要的是，杰克‧布力架精通中英葡多語，又曾在港澳及廣州生活，對各地社會有深入的了解與認識，因此儘管他並非完全清白，仍瑕不掩瑜，獲選為「聯絡員」。

回頭看，或者正因杰克‧布力架這一「聯絡員」的秘密身份，讓他在日軍侵港之前獲得情報，因此才一度到港，遊說家人到澳門避難——雖然這一努力並沒被家人接納。後來，家人終於發現在日佔政府統治下難以生活，生命受到威脅，才陸續回到澳門。而他們由港轉澳的過程能平安無事，沒有遇到甚麼困難，相信亦有賴杰克‧布力架在背後的協助或打點。

據史釗域‧布力架引述保羅‧布力架的說法，杰克‧布力架向英國領事部門提供了大量來自香港的情報，並協助英人由香港逃往重慶，這若被日軍發現，隨時會賠上性命，他亦因此被日軍列入澳門黑名單，居於第三位。正因杰克‧布力架的情報工作極具危險性，據說當時的澳督曾私下給他一枝重火力的

左輪手槍。[16] 另外，杰克‧布力架還擔任「澳門食水工程公司」（Macao Water Works Co.）的總經理，在澳門「孤島」時期，負責維持食水穩定供應，卻因為少人知曉，令他的貢獻長期被忽略（S. Braga, 2012: 388-389）。

在那段日軍侵港的歷史中，JP‧布力架畢竟已經年老，所以沒有看到他奔走的身影，但他多名在港澳生活的兒子——除了已前往美國的占士‧布力架和前往澳洲的曉‧布力架——大都參與其中，其中諾埃爾‧布力架、約翰‧布力架、東尼‧布力架和保羅‧布力架等，都投身香港義勇軍團；他的三名英國人女婿，更因抵抗日軍，被捉拿後囚於集中營，有人甚至因此犧牲。而論參與程度之深入，且不顧自身安危作出巨大貢獻的，則非杰克‧布力架莫屬，他在戰時充當秘密「聯絡員」，表現英勇沉實，讓他一洗污名，不但贏得港英及澳葡政府的信賴，亦深得社會稱許。

## 結語

祖輩曾在澳門生活的布力架家族，自香港開埠後到來發展，覺得自己長期遭到港英政府不公平歧視，亦覺得澳門落後，了無生氣，缺乏發展機會，成為 JP‧布力架、杰克‧布力架和克萊門‧布力架等被「流族」、「驅逐」或事業不如意時退守的地方，在布力架家族的心目中留下了負面印象。難怪即使香港淪陷，生活環境大變，他們仍不願轉到澳門，寧可繼續留守，直至感到生命受威脅，再也無法忍受時，才十分無奈地轉到澳門。

在布力架家族眼中，澳門儘管有無數不如香港之處，但戰爭期間它發揮的避難者角色，仍然極為重要，毋庸置疑。事實上，在很多具長遠發展目光的政商界領導眼中，澳門確實有分散風險、平衡發展的作用，所以古往今來，不少富過多代的世家大族，其實都是港澳兩頭家，在兩地均有重要投資（鄭宏泰、黃黎若蓮、梁佳俊，2016）。

# 註釋

1  一直與丈夫安東尼‧雷米迪奧在上海生活的安貝蓮娜‧布力架，1910 年代曾與父親文森‧布力架接觸（參考第三章），丈夫在上海的事業看來不錯，有一定名聲，所以當安貝蓮娜 1934 年去世時，香港的報紙亦轉載了相關訊息，指她享年 67 歲，育有三子五女（*South China Morning Post*, 21 May 1934）。

2  這亦是鐵一般的事實，奧莉芙‧蒲拉德自 1895 年結婚，翌年誕下長女，然後至 1914 年止，合共生了 13 名子女（九子四女），可稱得上子女成群了。

3  家人改變信仰，在信奉一神教的家族或社會中，是很容易引起軒然大波的事情，像沙遜家族、麼地家族等，便曾因為個別家族成員改信其他宗教，而激發了內部矛盾（可參考筆者相關家族研究的討論）。天主教和新教雖有教會上的不同，但仍信奉同一位上帝，可說「本是同根生」，所以家族內部未至於水火不容；加上 JP‧布力架婚外情在先，於理有虧，所以對奧莉芙‧蒲拉德和子女們改變信仰的舉動，乃顯得無可奈何。

4  史劍域‧布力架沒有進一步披露 JP‧布力架是否長期維持著與情婦的關係，亦沒交代到底有多少私人子女，以及他們的去向。

5  在「布力架收藏」（Braga Collection）中有關杰克‧布力架的生平簡介，指他 1913 年任職於滙豐銀行（Braga Collection, no year），資料明顯有誤，並不準確。

6  早在 1924 年，諾埃爾‧布力架已進入新旗昌洋行工作，據說因工作表現突出，而獲羅拔‧施雲賞識（S. Braga, 2012: 329）。

7  據說，曉‧布力架在大學最後兩年時，由於父親財政緊絀，沒法交付學費，結果是諸兄弟姐妹獻出零用錢，左湊右拼，才能讓他完成大學學業（S. Braga, 2012: 333）。惟這一說法令人存疑，因 1926 年 JP‧布力架曾一口氣在尖沙咀買下四層樓，又在 1928 年出任中華電力董事，1929 年更出任中電主席，不太可能交不出學費，因此相信是言過其實，不可盡信。

8  杰克‧布力架在 1935 年後亦在利宵中學任教，但不清楚當時的職級。

9  范蘭士一直任職於「標準真空汽油公司」，與占士‧布力架應有工作上的關係。

10 雖然史劍域‧布力架把這件事輕輕帶過，但相信內情並不簡單，曉‧布力架與羅蘭士‧嘉道理的矛盾，應非只為假期的小事而鬧至辭職。一個簡單的推斷，是 JP‧布力架與羅蘭士‧嘉道理之間長期存在「老臣少主」的矛盾，曉‧布力架的辭職，可能是矛盾的「轉移」。另一個可能是，那時 JP‧布力架已年將 70 歲，到了必須退下來的底線，他或者想爭取讓兒子頂上，但羅蘭士‧嘉道理或主要股東不想領導職位父子相傳，故藉機將曉‧布力架驅除。

11 本來，艾利‧嘉道理居於上海，但他在 1940 年健康不佳，轉到香港治療和休養，居於旗下半島酒店。日軍侵港時，該酒店被日軍佔用為臨時大本營，艾利‧嘉道理亦淪為階下囚。

12 曉‧布力架亦是義勇軍團成員，只是他在戰前已離開了香港。

13 諾埃爾‧布力架一直不太願意到澳門避難，因為一來他懂日文，可與日軍溝通，二來亦想協助看管中華電力業務。他多次往於澳門和香港之間，初時覺得情況尚可，惟後來危險日大，才立定決心於 1943 年初轉到澳門。

14 直至 1953 年，每逢 JP‧布力架的忌日（2 月 12 日），家人都會在報紙上刊登悼文（Memoriam）。

15 順帶一提，渣甸洋行大班 JH‧凱瑟克（John H. Keswick）據說是「SOE 中國地區最高首長」（SOE's China supremo）（Snow, 2003: 238）。不過，史劍域‧布力架引述 Barney Koo 的分析，指杰克‧布力架應該隸屬「遠東」（Far East）區域，可能在 1942 年才被招聘為「特殊行動處」成員，與英國駐澳門領事李維士（John P. Reeves）有深入接觸（S. Braga, 2012: 389-390）。

16 時任澳督為戴斯樂（Gabriel M. Texeira），任期從 1940 年 10 月至 1947 年 8 月，文中所指的澳督相信便是他。事實上，戴斯樂與杰克‧布力架關係緊密，是私人朋友（S. Braga, 2012）。

# 第八章

## 戰後新生

各奔東西的不同人生與事業

第二次世界大戰結束後，不但中華大地的人民渴望投入重建，世界各國亦期待從此可休養生息，布力架家族相信亦作如是想，希望在和平安穩的社會環境下過生活。和不少家族相比，布力架家族在戰時沒有遭遇太多親人死傷、財產化為烏有的沉重打擊，雖然大多成員已進入不惑之年，亦未至於垂垂老矣。可是，這個家族上下卻流露出一種「曾經滄海難為水」的無奈情懷，失去了往昔積極進取的打拚精神，很多成員離開港澳，移居英國、美國、加拿大或澳洲（簡稱英美加澳）等地生活，大有安享餘生之感。

其實，自JP·布力架去世後，家族因為失去了靈魂人物，不但在社會上的知名度或影響力急轉直下，發展動力亦明顯減弱。這種情況若與嘉道理家族相比，尤其能看到當中的巨大差別。同樣遭遇大家長在 1944 年去世的打擊，只有兩兄弟的羅蘭士·嘉道理與賀理士·嘉道理，戰後不但迅速重整旗鼓，中華電力、香港工程及建築，以及香港大酒店等之後更錄得突出發展，哪怕他們在內地的投資因國共內戰和中華人民共和國成立而遭遇巨大損失，仍不影響其東山再起，繼續發光發熱（Kaufman, 2020）。反觀人多勢眾，成員不乏學者、建築師、音樂人的布力架家族第四代，雖然他們在相關領域造詣深厚，亦有一定知名度，卻沒有團結一致，激發更大的發展動力，因此家族四分五裂，逐步走向平民化。

## 重返香港的各有打算

日軍宣佈投降時，香港、中華大地，乃至亞洲各地被日軍蹂躪的無數民眾，無不歡天喜地，高呼終於可以撥開雲霧見青天，重獲和平。被囚於集中營的慕德・布力架和丈夫范蘭士，在獲悉此消息時同樣極為高興，因為把他們囚禁、操生殺大權的日軍已不能再作惡，他們的苦難已到盡頭，無須再忍受監禁及飢餓之苦。嘉露蓮・布力架應該同樣高興，因為其丈夫亦重獲自由；珍・布力架在高興之餘可能也有點失落，因為其丈夫已死於集中營，二人等不到和平重聚的一天。不過，在史釗域・布力架的博士論文中，卻隻字沒交代嘉露蓮・布力架丈夫的去向，亦沒說明她與丈夫之間的生活，因此我們很難知悉當中問題，其中可能是雙方離異。戰後初期，港英政府宣佈暫時對香港實行軍事管理，社會秩序尚未完全恢復，經濟底子尤其薄弱，但逃難至不同地方的布力架家族成員們，仍大多先後回到香港（S. Braga, 2012）。

1945 年底至 1946 年間，本地的中英文報紙特別闢出了一個稱為「遣返通告」（Repatriation Notice）的欄目，列出由外地返回香港人士的名單，當中便有布力架家族成員。舉例說，奧莉芙・蒲拉德在戰後急不及待與兩名女兒返到香港；諾埃爾・布力架和約翰・布力架等，亦攜同妻兒返回香港；遠在澳洲的曉・布力架和遠在美國的保羅・布力架亦陸續回到了香港。軍事管理大約一年之後，香港恢復民政管理，早年被囚於日本集中營的楊慕琦返港，繼續其港督任期，社會重建的步伐加快，經濟逐步恢復活力，連過去一直在澳門生活的杰克・布力架，亦選擇轉到香港（S. Braga, 2012）。

然而，就如中國民間俗語所云：「有人辭官歸故里，有人漏夜趕科場」，雖然當時有不少家族成員回到香港，但亦有不少人選擇離去，追求另一種生活。例如克萊門・布力架，他於 1946 年 8 月底乘坐「美格士將軍」（General Meigs）號輪船離港（*South China Morning Post*, 1 September 1946），到加拿大定

居；慕德‧布力架和丈夫選擇到澳洲過新生活，一度從澳門回港的諾埃爾‧布力架亦舉家轉到英國，初時只說是暫居式的度假，後來還是定居下來（S. Braga, 2012）。由此可見，不同家族成員有不同選擇，這種決定與行動背後，揭示他們對當時局勢、個人或家庭發展，乃至事業與生活有不同評估、思考與追求。至於整個家族的發展力量與軌跡，亦如一個世紀前般，出現了極為巨大的轉變。

由於JP‧布力架在戰時去世，家人在和平後才正式依據法例進行遺產點算、分配和接管程序。從法庭文件看，JP‧布力架生前並沒立下遺囑，讓人不解，以他的人生閱歷和智慧，應相當清楚要在有生之年作好財產安排，防止後人爭拗，甚至因財失義，鬧上公堂，造成家族內耗。但現實偏偏如此，或許是他不太想處理家族問題，特別是夫妻關係，故對事情避而不談，一直拖延，到臨終前才醒覺卻為時已晚。就算是智者千慮，仍常會有思考盲點，百密一疏。

由於沒有遺囑，遺產便按無遺囑繼承的方法處理。奧莉芙‧蒲拉德作為JP‧布力架的合法妻子，應該佔有最大份額，[1] 不過相信她去世後大部份都遺贈子女，故應不影響大局；子女則是每人一份，平均分配。由於部份子女當時已育有孩子——即JP‧布力架的孫輩，按無遺囑的傳統繼承方法，他們亦享有一定比例的財

承辦 JP‧布力架遺產的法庭文件

產分配。據悉杰克‧布力架的孩子們便曾提出法律文件，爭取自身權益，並獲得適當分配（In the Goods of Jose Pedro Braga..., 1947）。

雖然不清楚JP‧布力架的遺產有多少，或是具體分配比例如何，但可以肯定，家人分產的時間點，其實絕不理想。因為要進行遺產清點及分配，自然就要出售JP‧布力架名下各項資產，但那時香港剛歷戰禍，人心虛怯，社會經濟和投資市場十分低迷，若在當時將資產出售套現，恐怕只能以低價賣出。

史釗域‧布力架沒有詳細介紹遺產點算及分配的情況，只是十分粗略地提到，家人於1946年出售了JP‧布力架持有的諾士佛台物業，並由於仍欠下巨額按揭貸款，出售後遺產所剩無幾（S. Braga, 2012: 406）。若此說屬實，別無內情，那便解釋了JP‧布力架為何能在1926年時一口氣購入四幢物業，原來是依賴大額貸款，且償還20年仍未還清。不過，當年買樓極少有長期按揭，通常三數年便要還清貸款，不像今日社會，動輒按揭二、三十年，因此難免令人好奇他為何能獲得如此長年期的貸款，債權人又是誰。還是他曾因經濟困難，將物業重新抵押，才會至1946年仍有欠款，可惜以上問題至現階段都無法找到答案。

除了諾士佛台物業，史釗域‧布力架並沒提及JP‧布力架名下其他遺產，如加多利山物業，以及香港工程及建築、中華電力、青洲英泥、山頂纜車、黃埔船塢等公眾公司（即現今之上市公司）的股票等。這些資產相信為數不少，因為那都是JP‧布力架在人生事業登上高峰後「爭取」得來的。更重要的是，由於這些投資大多不是採用槓桿融資方法，出售套現的手續十分簡便，若後人沒有提及或對分配沒有爭議，或許法庭文件便沒有隻字提及了（In the Goods of Jose Pedro Braga..., 1947）。

論身家財富，JP‧布力架與艾利‧嘉道理自然實力懸殊，無法相比，加上其遺產在投資市場低迷時出售套現，以便進行分家，令金額大幅縮水；而且

JP・布力架子女數目眾多，他一生辛苦積累下來的資產被大大攤薄，學術上的說法則是財富「碎片化」。由是之故，從資本積累的角度看，第四代必須從起點開始，憑他們自己的力量打拼事業，積累財富。

在完成 JP・布力架遺產的清算和分配不久，其遺孀與子女們都有了不同的人生去向和選擇。先是奧莉芙・蒲拉德，她進入晚年後，健康亦隨著自然定律不斷變差，至 1952 年 2 月 12 日去世，享年 82 歲。當時報紙報導了她的死訊，並甚為詳細地介紹了她的生平，提及她來自音樂世家，祖輩由德國轉到英格蘭，自小已表現出音樂天份，乃小提琴手，且有驚人記憶力，青少年時期曾在澳洲及紐西蘭巡迴表演，與 JP・布力架結婚後育有九子四女等。她的喪禮莊嚴隆重，致哀者眾，葬禮由米爾斯牧師（V. J. R. Mills）主持，遺體葬於香港墳場（Colonial Cemetery）。[2]

綜合各方報導的資料，有以下數項特點可作為家族階段性轉變的註腳：一、奧莉芙・蒲拉德當時仍被稱為「布力架太太」，確定她和 JP・布力架沒有正式離婚，亦肯定前文提及，她以「遺孀」身份獲分配最多遺產；二、她去世時居住在漆咸道 12 號，非諾士佛台或加多利山，相信她在戰後另有自己的居所；三、當時不少子女已身居外國，如慕德・布力架和丈夫居於澳洲，諾埃爾・布力架一家居於英國，克萊門・布力架一家居於溫哥華，占

奧莉芙・蒲拉德之墓

士‧布力架居於美國俄納岡州；四、在港的三名女兒都被稱為「小姐」，揭示她們當時單身，其中珍‧布力架的丈夫已死，嘉露蓮‧布力架則可能已與丈夫離婚；四、杰克‧布力架和妻子當時應身在葡國，故只有他們的四名女兒——嘉露（Carol，有時稱 Carolina）、杜麗莎（Teresa）、瑪麗亞（Maria）及安琪拉（Angela）——出席喪禮（*South China Morning Post*, 14-15 February 1952）。

JP‧布力架一生絕大部份時間都在打拚事業，犧牲家庭，並因感情和信仰問題而與妻子相見如陌路，對他而言，物質財富應不是他最在乎的，沒有留下遺囑或者並非偶然。他最著緊的似乎是留名後世，就像中國人常說的「立言」，故一生筆耕不絕，到晚年仍拿起筆桿子，寫下自己所知所想葡人在中華大地的歷史，成功令自己族群、家族的故事留傳下來。而在他過世後，子女們各有發展，以下根據他們對香港或家族發展的重要性，以及資料記錄多寡，依序逐一討論。

## 杰克‧布力架的商學之路

JP‧布力架的長子杰克‧布力架曾經因貪念闖出大禍，幸好之後重新振作，創出一番事業。他在落難失意中找到教師的工作，閒時則研究澳門或葡人在華發展的歷史，因此闖出名堂，發光發熱。而且，他雖然是文人，但在中華大地陷於日軍鐵蹄時，勇於接受挑戰，甘冒生命危險，擔任英國情報人員，此舉讓他贏得英國政府的信賴與接納，亦重新建立了個人社會地位與名聲。最能說明杰克‧布力架獲得英國政府肯定的事例，則是 1945 年 12 月初，香港「皇室輔助空軍」（Royal Auxiliary Air Force）海上救護隊訪澳時，仍在澳門生活的杰克‧布力架，與英國駐澳門領事一同前往迎接，可見他已被認同為澳門社會的代表人物（*South China Morning Post*, 3 December 1945）。

在澳門迎接香港「皇室輔助空軍」之後不久，杰克‧布力架舉家移居香

港，那時他剛進入知天命之年，已屬半百「老人」，在那個年代，不少人會選擇退休享受生活了。杰克·布力架顯然亦有「退下火線」的想法，因為據資料看，他本來在澳門利宵中學教書，同時擔任澳門食水工程公司經理，那時移居香港，自然等於放棄相關工作。必須指出的是，由於杰克·布力架乃家中長子，又已取得港澳政府信任，顯然成為了家族的新領導，但因他乃天主教徒，與改信新教的母親及其他兄弟姐妹有信仰分歧，在現實上應很難發

1936 年的杰克·布力架素描（圖片來源：National Library of Australia）

揮「家長」角色，是第四代為何很難團結在一起、朝共同目標努力的內部因素所在。

　　杰克·布力架一家由澳門移居到香港，他的子女乃在香港升學，其中兩女——嘉露·布力架和杜麗莎·布力架——於 1946 年以私校生或今日所謂「自修生」的名義，考入香港大學醫學院，並於 1952 年 12 月獲得醫生執業資格（*South China Morning Post*, 6 December 1952）。杰克·布力架在香港定居下來後，轉為下海經商，主要經營「布力架公司」（Braga & Co.），從事貿易生意（Braga Collection, no year），甚有繼承父業的色彩，惟不知此公司與父親有否直接關係，或者只是同名而已，至於公司發展則未見突出。他在經商之餘不忘研究，主題仍是他最擅長的中葡文化交往與葡人在港澳的發展歷史，由於研究需要，杰克·布力架還喜愛搜集一些有關澳門、香港和內地的歷史及社會資料，個人收藏相當豐富。

　　除了研究工作，杰克·布力架亦熱心參與社會活動，例如在 1946 年 8

月，澳督戴斯樂訪港時，與他甚有交情的杰克‧布力架出席了歡迎活動，大家聚首寒暄。可見自移居香港後，他雖未能穩穩地團結家族，但已成功替代了父親的地位，成為家族及香港葡人社群的代表人物（*South China Morning Post*, 6 August 1946）。

戰後，在港葡人社群面對重大轉變期，開始關心自身社群發展，由於杰克‧布力架對葡人東來的歷史研究具有權威地位，「香港葡人研究所」（Portuguese Institute of Hong Kong）在 1948 年舉辦一場活動，邀請他在中環雪廠街的西洋會館（Club Lusitano）作一場公開講座，題目是「先驅者」，主要講述葡人東來的歷史和發展，兼述澳門土生葡人如何在香港開埠初期作出貢獻（*South China Morning Post*, 15 November 1948），活動吸引不少香港葡人以及相關領域的研究者出席。1949 年，杰克‧布力架出版了《西方先行者與他們的澳門發現》（*The Western Pioneers and their Discovery of Macao*）一書，備受注目。隨著名聲日隆，他於同年獲葡國政府頒贈「聖占士之劍騎士章」（Knight of the Order of St James of the Sword）的榮銜（S. Braga, 2012: 603）。

到了 1950 年，杰克‧布力架以其對葡人東來歷史的研究成就，獲得「里斯本獎」（Lisbon Award），消息引起港澳葡人社群高度重視，亦說明杰克‧布力架的學術成績獲得肯定（*South*

杰克‧布力架夫婦與襁褓中的女兒嘉露‧布力架及家傭（圖片來源：National Library of Australia）

*China Morning Post,* 1 December 1950）。因應這一榮譽，香港「中英會」（Sino British Club）邀請傑克・布力架，為該會做一場有關葡人在東方的演講。傑克・布力架欣然接受，公開演講於 1950 年 9 月中舉行，題目為「早期葡國商人在中國」（Early Portuguese Traders in China），講述葡人東來中土的經過和發展，亦聚焦澳門的發展（*South China Morning Post,* 14-16 September 1950）。

自獲得「里斯本獎」後，傑克・布力架把更多心力投入到學術之中，自然把生意放得更輕，這是一般文人經商時常見的現象，也反映他心中「重文輕商」，或至少對學術研究的興趣更濃。1952 年，為了進行更深入的研究，同時亦有思源尋根的考慮，傑克・布力架踏上了環遊葡萄牙之旅，考察祖輩的發展腳步。行程前後花了一年多時間，期間他搜集了不少歷史地圖、書籍和各種文字紀錄，豐富了個人收藏（Braga Collection, no year）。

返回香港後的 1953 年，傑克・布力架再次獲邀到西洋會館作專題演講，這次的主題是「今日葡人」，重點「盤點」當時香港的土生葡人，梳理他們在東方的發展歷史，以及在香港的貢獻（*South China Morning Post,* 2 May 1953）。翌年，傑克・布力架又以「澳門與香港」為主題，講述兩地的歷史與關係。他在演講中特別提及，金文泰任內一項改變過去殖民統治的做法，那便是吸納土生葡人為政府所用，之後才有其父親 JP・布力架進入潔淨局和立法局的歷史性突破，說明金文泰開始認識到維持澳門與香港緊密關係的重要性（*South China Morning Post,* 4 August 1954）。接著的 1955 年，傑克・布力架獲邀在香港大學歷史學會演講，闡述香港發展歷史（*South China Morning Post,* 29 January 1955）。

進入 1960 年代，傑克・布力架受邀擔任演講嘉賓的次數明顯增加，其中又以在新建成的香港大會堂講述香港早期歷史的一次最受好評，深入分析了香港開埠前的社會與貿易發展，亦旁及文化與宗教互動（*South China Morning Post,* 24-31 May 1963）。為了不讓研究資料四散遺落，已屆甲子之年的傑克・布力

架把多次公開演講的內容，以及在不同平台上發表的文章，重新整理修改，結集成書，先是在 1963 年出版了《澳門印刷的開端》（*The Beginnings of Printing in Macao*），然後是 1965 年的《香港書目》（*Hong Kong Bibliography*），為自己的研究作一個小總結（*South China Morning Post*, 12 May 1965）。

相對於學術上的成績，杰克·布力架在經商上可謂乏善可陳，沒大進展。雖然布力架公司的貿易生意一直維持，期間曾嘗試開拓與三藩市的貿易往來，但據說並不成功（Braga Collection, no year）。畢竟要在商業上取得突破，必須全情投入，一刻也不能將生意放下，像杰克·布力架這種半途出家的商人，只是「三心兩意」地經商，自然難敵其他商場對手，這是前文談及文人經商常常碰到的問題。

當然，或許杰克·布力架本就志不在此，反而更著緊他的私人研究資料，及窮大半生搜集的收藏品，因此在晚年花了不少時間為它們尋找好「歸宿」。經過多方面努力和接觸探討，他在 1966 年與澳洲國家圖書館達成協議，把整批收藏——主要是古地圖、書籍、報章雜誌及信函等——出售給該圖書館（S. Braga, 2012: 405）。為此，他更在澳洲居留了四年，主要是配合該批收藏的整理與檔案化，便利讀者或研究者使用（Braga Collection, no year）。

1972 年，耄耋之年的杰克·布力架患上腦退化症，決定轉到美國加州生活，原因是其長女嘉露·布力架在加州柏克萊大學醫學院任教，另一位女兒杜麗莎·布力架及女婿同為醫生，亦居於加州，故他在當地可以獲得較好的治療及醫學上的意見。自此，杰克·布力架真正地過起了退休生活（*South China Morning Post*, 9 October 1977），至 1988 年 4 月 27 日在三藩市去世，享年 90 歲（*South China Morning Post*, 30 April 1988）。他去世後，葡國政府向他頒發「亨利王子航海大勳章」（Grand Officer of the Order of Prince Henry the Navigator），讚揚和肯定他一生為學術作的貢獻（S. Braga, 2012: 615）。

毫無疑問，杰克‧布力架的人生相當傳奇，工作營商是維持物質生活必不可少的手段，但追求學術與收藏文物才是個人興趣所在，他樂於發表各種論述，分享研究所得，由此建立起學術與社會地位。相對於父親的人生事業偏向政治，杰克‧布力架則偏向學術，二人均辦過報紙、成為路透社地區通信員，且同樣亦政亦商，是從一而終的天主教徒。在這個角度上看，杰克‧布力架無疑乃父親事業和信仰的忠誠繼承者，繼承了父親的衣缽。

## 曉‧布力架的建築事業

杰克‧布力架在歷史與文化研究方面取得突出的學術成績，而曉‧布力架則在工程建築上表現卓越，成為戰後香港社會另一名聲響亮的布力架家族成員。由於在工程建築方面有一定江湖地位，1941年時，他敢於與老闆羅蘭士‧嘉道理討價還價，甚至在談不攏後隨即掛冠而去，這一方面亦反映了他的性格較剛烈，不畏權威，不輕易妥協。

所謂「塞翁失馬，焉知非福」，因一件小事而拍案離職，雖令曉‧布力架失去了香港工程及建築公司的高薪厚祿，卻亦避過了香港淪陷時期的苦難。到戰後不久的1945年11月（S. Braga, 2012），曉‧布力架甚為迅速地由澳洲返港，相信代表他仍看好香港的發展前景。

綜合各方資料顯示，回港之初，曉‧布力架並沒回到香港工程及建築公司，畢竟當初他與羅蘭士‧嘉道理算是不歡而散，而且自JP‧布力架去世後，兩個家族的關係已截然不同，親厚不再。因此，他初期加入政府，參與了軍政府的重建工作，之後加入一家名為都市建築（Metropolitan Construction）的公司，擔任董事總經理，[3] 負責興建了不少樓宇，是戰後甚為活躍的工程建築師。其中，何東捐建的香港大學女子宿舍——何東夫人紀念堂（英語：Lady Ho Tung Hall），便是由曉‧布力架負責設計並領導興建的，在宿舍落成的開幕

由曉・布力架興建的何東夫人紀念堂

儀式上，時任香港大學校長賴廉士（Lindsay Ride）盛讚曉・布力架，指他身為香港大學舊生，熱心舊生會工作，為母校作出了重大貢獻（*South China Morning Post*, 17 August 1950）。

作為工程與建築的精英，曉・布力架在戰後香港重建時表現得甚為進取，呈現了關心社會弱勢群體的人文關懷，某層面上亦流露出對政治參與的興趣，惟他土生葡人的身份，還是窒礙了他的參與份量，儘管與父親青年時受到的歧視和排擠的情況相比，已沒那麼嚴重了。其中，他特別關心戰後人口持續急增帶來的居住問題，包括住屋供應不足、環境擠逼惡劣等，所以他於 1947 年，與時任香港僱主聯會（Employers' Federation of Hong Kong）主席杜利（C.E. Terry）等人，[4] 牽頭創立非牟利的「興建家屋合作社」（Co-Operative Home Building Society），希望集結民間力量與資本，興建平民——其實是當時新興的中產階級——能夠負擔的房屋，讓他們「可以上樓」（*South China Morning Post*, 9 July 1947），是「香港房屋協會」（Hong Kong Housing Society）的先驅。

眾所周知，房屋是香港長久難以解決的問題，殖民地政府的高地價政策，是窒礙其發展的其中一個關鍵所在。曉・布力架或者認為戰後社會重建乃千載難逢的重要突破口，因此嘗試向政府申請撥地，以興建適合中產家庭入住的房

屋。當時，他提出在九龍仔（即深水埗一帶）和渣甸山（Jardine's Lookout）建屋（*South China Morning Post*, 31 August 1947），這一構思及倡議被政府稱為「布力架計劃」（Braga Scheme）。

經過連番努力，計劃最後獲得政府批准，曉‧布力架於是牽頭成立了「香港建屋與投資會社」（Hong Kong Home Building & Investment Society）負責其事，朝落實計劃邁出重要一步（*South China Morning Post*, 16 April 1948）。但是，建屋除了牽涉土地，還有龐大資金，投資期亦不短，他曾提出類似「民間集資」或「預售樓花」的概念，由有興趣購買者先出資「落標訂購」，但因當時社會仍然人心不安，「今日不知明日事」，加上多數人身無餘財，所以反應並不踴躍。曉‧布力架亦坦白承認，缺乏資金是計劃的致命因素（*South China Morning Post*, 30 July 1948）。

為了解決資金不足的問題，曉‧布力架再從政府入手，希望由政府注資，惟這次遭到政府拒絕，令他苦惱和沮喪。1948 年 7 月，曉‧布力架在出席一個議政論政的電台節目「星期六總結」時（Saturday Round Up），力陳木屋不斷擴散，問題日益嚴重，政府必須正視。之後他話鋒一轉，批評政府在處理房屋事宜上不肯承擔，沒認真面對，只知推給私人企業、自由市場，衍生出更多問題（*South China Morning Post*, 25 July 1948）。

後來，香港收到來自英國「米耶勳爵帝國空襲受災基金」（Lord Mayor's Empire Air Raid Distress Fund）的 1.4 萬英鎊捐助（*South China Morning Post*, 4 January and 13 May 1948），乃把部份捐款注入建屋基金，用以解決缺乏啟動資本的問題，[5] 並於 1948 年成立了香港房屋協會（Hong Kong Housing Society），[6] 算是向興建平民屋宇再邁出一步。不過，原來的發起人曉‧布力架隨後功成身退，沒有進一步參與協會的工作，當中原因不得而知。

除了以工程及建築師身份牽頭籌劃興建平民房屋外，曉‧布力架亦積極參

與父親當年有份創立的九龍居民協會，成為核心成員，經常提出對九龍區各種問題的改善意見（*South China Morning Post*, 15 June 1946）；其次，他又曾擔任粉嶺嬰兒院（Fanling Babies' Home）主席及香港聾人學校（School for the Deaf）董事等職，對救助孤兒和聾啞人士甚有貢獻。另一方面，曉‧布力架亦積極參與不同社會組織，例如上文提及香港大學舊生會，亦是香港工程學會活躍成員及扶輪社（Rotary Club）委員，並曾多次受相關會社邀請，作午餐專題演講。如在 1946 年 5 月，曉‧布力架獲扶輪社邀請作午餐演講，主題是「澳洲回憶」（*South China Morning Post*, 14 May 1946）。之後各年，他仍常獲該會之邀，就不同社會問題交流看法。

到 1950 年，曉‧布力架離開了都市建築公司，改為創立自己的工程建築公司，名為「曉‧布力架有限公司」（Hugh Braga & Co. Ltd.），但不久後的 1953 年，他即宣佈離開香港，移民澳洲悉尼，[7] 並指主要因為兩名孩子已長大，要到澳洲升學，所以決定舉家移民，他亦已在澳洲找到一份化學工程的新工作，同時獲婆羅洲政府委任為工程顧問（*South China Morning Post*, 24 January 1953）。

從報章及公司登記處的資料顯示，曉‧布力架雖已離去，但公司仍在運作，例如承包了一項清拆重建尖沙咀貨倉的工程，期間因業主與租戶出現爭拗，鬧上高等法院時，公司員工亦有出庭作證（*South China Morning Post*, 28 June 1955）。到了 1956 年，公司突然向法庭申請，把原來股本 16 萬元大幅貶值為 1.6 萬元，被法庭接納（*South China Morning Post*, 20 April 1956），相信是公司出現巨大虧損，所以才將股本大幅貶值，至 1958 年，曉‧布力架有限公司宣告清盤結業（Hugh Braga & Co. Ltd., various years），顯然他與其他嘗試創業的兄弟一樣，都以失敗告終。

無可否認，曉‧布力架在建築工程方面相當出色，也對城市發展別具遠

見，不過這不代表他同樣具有經營管理的能力，從他創立公司一事看來，似乎反映出他這方面的弱點。他在 1950 年創立工程公司，但在不久後便移民——按史釗域·布力架的說法是一年後離港；按報紙說法則是三年，無論哪個說法準確，都反映他對公司之事不太上心。而他離港後公司仍繼續營運，相信是以遙控方式管理，實際運作則交由下屬負責，但當時的通訊遠不如今日便捷，以這種方式管理一間成立不久，且需要密切監控不能出錯的工程公司，基本上是不可能的任務，失敗亦是可以預見的。

當然，也可能是曉·布力架創立公司不久，才發覺自己根本不是當老闆的材料，但又不想承認失敗，走回頭路打工，故到了實在撐不下去時，便選擇以移民的方式，體面地離開這個有太多人認識他的地方，重新開始。否則，實在難以解釋他為何會在創立公司不久便突然移民，要知道他當時不過約 45 歲，正是專業人士的黃金發展期，卻突然放棄自己經營多年並已建立起人脈的地方，實在說不過。

此後，曉·布力架便如其他移民他方的兄弟姐妹般，再沒傳來甚麼消息了。其子史釗域·布力架在博士論文中亦只粗略著墨，指他在澳洲熱心教會工作，乃一名「著名聖公會信徒」（prominent Anglican layman），積極參與宗教聚會與活動。1981 年，他獲得「新南威爾斯資深市民年」（Senior Citizen of the Year for New South Wales），評語是「卓越、奉獻、仁慈和考慮周到」，頒獎人則是新南威爾斯總督盧蘭德（James Rowland）爵士（*South China Morning Post,* 2 January 1982）。晚年時，曉·布力架健康轉差，於 1987 年去世，享年 82 歲（S. Braga, 2012: 616-617）。

在 JP·布力架諸子中，曉·布力架走的道路較為突別，既沒展現音樂藝術的才華，亦非人文學科之路，而是實用的工程建築科學。當然，他如其父一樣，對政治議題有興趣，亦十分關心社會弱勢群體，在戰後迅速返回香港之

曉‧布力架（圖片來源：Stuart Braga 博士論文）

時，必然懷有一番抱負，希望憑其工程建築的實學，在那個頹垣敗瓦、急需重建的時期作出貢獻。但從其發展進程看來，可能是際遇問題，又或是他性格關係，一直未能如其父般闖出炫目的成績，無論是興建平民房屋，還是自立門戶，發展都不順利，難有突破，最後意興闌柵地轉到澳洲，過著平淡安穩的生活，走完人生道路。

## 東尼‧布力架的逍遙獨身

在 JP‧布力架諸子中，東尼‧布力架的人生經歷亦相當與別不同。他一生不婚不娶，且在父親晚年時留在他身邊作其秘書，協助處理一切事務，主力打理父親的私人生意與投資。此外，與其他家族成員不一樣，他似乎得到羅蘭士‧嘉道理的信任，戰後獲推薦進入港英政府新成立的「樓宇重建顧問委員會」（Building Reconstruction Advisory Committee）成為秘書，該委員會的主席正是羅蘭士‧嘉道理；[8] 最後，是他後期的政治取態被史釗域‧布力架指變得「左傾」，有社會主義情懷，惟並不激進，故沒有影響他的工作（S. Braga, 2012: 608-609）。

綜合而言，父親去世後，東尼‧布力架似乎繼續獲得嘉道理家族的信任，協助打理家族在中華電力的一些投資或事務。香港進入重建階段時，他似乎有不錯的發展，其中又以較能獲得羅蘭士‧嘉道理的信任最為突出，其他兄弟均沒獲得對方的「提攜」。東尼‧布力架在戰後香港的事業發展與際遇，粗略上可反映在如下三個層面上：其一是生意投資，其二是音樂興趣，其三是社會

服務。

在生意投資方面，儘管父親的遺產已在家族成員中作出了分配，但其中某些生意與股份，相信由個別有興趣的成員頂手繼承，如前文提及杰克·布力架經營的布力架公司，東尼·布力架可能亦有參與經營或管理。一如 JP·布力架在生之時公司表現未見突出般，在他們全面接手經營後，同樣沒有太大利潤與突破，背後原因，除了一般性的資本不足、業務本質上潛能有限外，亦容易令人聯想到企業家精神的問題，可惜由於相關資料缺乏之故，很難找出真正問題所在。

除了打理自己或家族的生意，東尼·布力架還任職於嘉道理家族的控股公司——艾利·嘉道理爵士父子公司（Sir Elly Kadoorie & Sons Ltd.——，掌控中華電力、香港大酒店等上市公司），負責管理會計和帳目，直至 1973 年退休（S. Braga, 2012: 600），反映他深得羅蘭士·嘉道理的信任，與諾埃爾·布力架和曉·布力架等人甚為不同。

其次，東尼·布力架亦有自己的投資，如父親一樣，經常以小股東的身份出席香港工程及建築、黃埔船塢、中華電力及山打根電力等公眾公司的股東會，亦一如其父主動建言，提出個人見解；當有意見不吐不快時，則致函報紙編輯，講述自己的分析和看法，發揮個人影響力，維護投資權益。例如 1947 年，他出席山打根電力的股東會，雖然本身不是董事，卻積極發言，提出發展建議，又和議董事局的提議，舉止備受注視（*South China Morning Post,* 27 June 1947）。

在音樂興趣方面，東尼·布力架的天份亦相當不錯，特別是鋼琴和小提琴，曾在電台、音樂會或劇院演出；除個人獨奏外，亦經常與妹妹嘉露蓮·布力架搭檔，如在 1946 年，他便應邀到電台作音樂廣播表演（*South China Morning Post,* 11 November 1946）。他對音樂歷史及欣賞亦有個人創見，曾作相關公開演講，如在 1957 年，便於香港大學音樂學會講解德國著名作曲家羅伯特·舒

曼（Robert Schumann）的浪漫主義音樂（*South China Morning Post,* 17-18 April 1957）。

由於東尼・布力架熱愛音樂，相信音樂是最能安撫人心、帶來和平的媒介，故積極參與推動音樂的活動，如出任「中英會」（Sino-British Club）旗下樂社的名義秘書，推動創立香港管弦樂團（*South China Morning Post,* 15-16 May 1948），後來更牽頭創立了「管弦樂團之友」（Friends of the Philharmonic），並出任名譽秘書，促進管弦樂愛好者的交流與互動，長期樂此不疲（*South China Morning Post,* 1 August 1979, 19 May 1984）。與此同時，他亦積極推動香港與中國內地的音樂與文化交流，例如以「中英會」秘書的身份走訪內地不同音樂組織，曾邀請北京青年樂團到港表演交流（*South China Morning Post,* 1 June 1963），未知這些舉動是否便是前文提及史釗域・布力架所指的思想「左傾」問題。

在社會服務方面，東尼・布力架亦具關心社會、服務民眾的仁愛之心，曾參與不少民間服務組織，例如他和曉・布力架、約翰・布力架均是九龍居民協會成員，在推動地區發展與維護權益方面作出了貢獻。其次，他又積極參加香港園藝會的活動（*South China Morning Post,* 26 March 1952），與羅蘭士・嘉道理和賀理士・嘉道理等，共同推動香港農業發展。更不容忽視的，是在 1950 年代，他參與了香港大會堂的籌建工作，乃籌建委員會的名譽秘書，在這群熱心委員鍥而不捨的努力下，香港大會堂終於在 1962 年順利落成啟用（*South China Morning Post,* 13 May 1952, 14 and 27 November 1953）。

自 1970 年代中退休後，東尼・布力架到處旅遊，足跡遍佈中國、英國、美國、加拿大和澳洲等地，一邊觀光玩樂，一邊探望親戚朋友。由於他對家族歷史甚為自豪，所以常對人談及，分享家族傳奇及個人經歷。到了 1987 年，他接受著名記者 Beverley Howells 訪問，暢談自己的所知所聞與不同觀察，相關內容大篇幅刊登於 1987 年 5 月 31 日的《南華早報》，吸引不少讀者的目光。

# BRAGA'S WEALTH OF HK STORIES

By BEVERLEY HOWELLS

□ Tony Braga (left) and his father, Jose Pedro Braga. Many of the family and their in-laws once had homes in the Caine Road area (below).

HONGKONG'S history – the real stories about real events and people – has always been a sadly neglected area. Very little has been properly documented about the establishment and development of the colony, and even less about the years of the two world wars, or the effects the Cultural Revolution turmoil had on Hongkong.

People who lived through these times either haven't wanted or haven't bothered to set their experiences down on paper. There has been, in effect, so much attention paid to recording all things commercial that the living fabric of Hongkong's society has been ignored.

It is easy to ascertain which building went up on which corner, and there are whole treatises devoted to the collapses of family fortunes, piratical take-overs, entrepreneurial adventuring. But try and find out exactly who blew up the Japanese war memorial during the last days of 1944 or battled to get a revolutionary government to replace a city hall in the early '50s, and no one knows where to go for the information.

Now, with the clock ticking towards 1997, there are those who feel that more effort should be made to record as much of Hongkong's history as possible. But many of the people who were there at the great and small moments, or who have reliable knowledge of them, have either died or are going abroad.

So, men like Antonio (Tony) Braga, with a treasury of data in his keeping of astonishing accuracy and detail are to be cherished – and gently persuaded to unlock their remarkable memories and expand and enrich the all-too-sparse record of Hongkong.

Mr Braga's own family history is woven throughout the tapestry of Hongkong's background, beginning as it did in the early 1700s when the founder, Manuel Vicente da Rosa, came to Macau as a judge but behaved so badly that he was removed from the bench to become, as the family records gleefully indicate, the "richest and most hated businessman in the place".

Da Rosa, without children of his own, adopted a nephew who carried on the business bequeathed to him and whose great-grandson, now with the name Rosa Braga, first developed the gold and silver trade at the place now known as Silvermine Bay, on Lantau.

He was one of the first to head to Hongkong when it was established as a British colony in 1841, and he set up a pharmacy, the Victoria Dispensary, still in existence in Central.

It was this man's grandson, Jose Pedro Braga, Tony Braga's father, who became the most distinguished member of the family and a man who himself played a significant role in shaping the contemporary Hongkong community.

By the time he was born in 1871, the Braga family fortunes had increased and multiplied, mainly in commerce and banking. Most of the family and their in-laws lived in the Caine Road and Robinson Road areas, but when Kowloon was opened up, a number of them moved across and built residences in the Tsim Sha Tsui district.

It seems hard to believe now, looking at the teeming population and the seething mass of boats and buildings in the area, but Yau Ma Tei in those days was a wonderful place of long golden beaches, trees and gardens and there was an equally beautiful bench off what is now Chatham Road.

Jose's grandfather, Delfino Noronha, had bought two of the first farm lots in Yau Ma Tei and developed a beautiful garden estate which he reluctantly sold (for $40,000) a few years later to a group of businessmen who wanted to build a dry dock there. The mind boggles at what five acres of land in Yau Ma Tei would fetch today.

Jose's father, Vicente, contributed a colourful chapter to the family history by using his position in the Hongkong Mint to finance a loveless marriage and go to Japan, where he gained fame young musician who had come on tour to Hongkong from Australia – and they produced a family of 13, nine boys and four girls.

Throughout his life, Jose had never hesitated in taking up cudgels for a worthy cause and he became the close friend and confidante of the national hero of the Philippines, Jose Rizal, living in exile in Hongkong during the latter part of the 19th century.

It was Braga, in fact, to whom Rizal sent his moving farewell poem, Ultimo Adios, out of the Philippines shortly before he was executed in 1896. His friend later published this in a Hongkong magazine called Odds and Ends.

In 1902, Jose Braga became manager-cum-editor of the Hongkong Telegraph, a job he enjoyed, but by 1910 he had set up his own printing business, continuing to work in journalism as a local correspondence representing Reuter and the Associated Press for many years.

He did this by introducing the hitherto unknown system of double-entry book-keeping, which appealed to the commerce-mad Japanese so much that when Vicente died, they not only allowed him to be buried in the Shoguban Cemetery in Kobe but also adorned his grave with a tombstone in the form of an open marble ledger.

Jose Braga's education began at the Italian Convent School in Caine Road where his mother had been the first pupil of the Canossian Sisters who had set up the school. A brilliant student from the outset, he scooped up every scholastic award there and later at St Joseph's College in Robinson Road.

He obtained further schooling with Jesuit teachers in Calcutta and, although offered a scholarship to continue his studies in Europe, was brought home, letting early ambitions to become a barrister slip in favour of joining his aged grandfather in his printing business.

By 1895, he had married Olive Pauline Pollard – a brilliant

He was a prolific writer, and in his time, probably contributed more letters to Hongkong newspapers than anyone, exposing much that was wrong with the social system of his day and constantly stressing the need for a fairer deal for the Chinese.

His interest in community affairs was limitless. He and the Rev H.R. Wells ran agricultural shows in the New Territories for years, and he organised a highly successful British Empire Trade Exhibition.

His public-spirited work brought him early recognition and in 1927 he became the first member of the Portuguese community to be elected to the Sanitary Board, now the Urban Council. From there, he kept stirring up the Government, forever pointing out defects in the administration and pressing for wrongs to be put right.

Braga remained one of the most vigorous and stimulating representatives of the people in all the years of the council.

J.P. Braga was by this time recognised by many Hongkong business leaders as a man of vision and commercial prescience. He was invited to participate in countless ventures including many of those initiated by Mr Robert Shewan, founder of several public companies (including China Light and Power), and the financier, Sir Elly Kadoorie, with whom he worked in transferring his massive Shanghai interests to Kowloon and New Territories developments.

He was also closely associated with Sir Robert Ho Tung, one of Hongkong's largest property and stock holders, for whom he took over the task of reorganising the Hongkong Engineering and Construction Company.

With his engineer son, Hugh, Mr Braga conceived a scheme to transform a huge barren tract of Kowloon land, situated between the Diocesan Boys' School and the Kowloon Hospital, into a model housing estate. This development, backed by Kadoorie finance, became what is still regarded as a prime residential area, with its two main roads named Kadoorie Avenue and Braga Circuit.

But while the visionary Mr Braga could produce dreams and schemes of enormous money-making potential, he was probably one of the least "money-

● Continued Spectrum 4

If the then Governor, Sir Cecil Clementi, thought in 1929 that by inviting him to join the Legislative Council he would persuade the young Mr Braga to toe the establishment line, he was soon disabused of the notion.

---

東尼‧布力架晚年憶述往事，《南華早報》1987 年 5 月 31 日。

他約在七年後的 1994 年去世，享年 87 歲（S. Braga, 2012：617-618）。

在刻板印象中，不婚的單身者大多是孤獨而抑鬱的，但東尼‧布力架卻顯然覺得獨身更了無牽掛，可以享受更大的自由，也不用如其父母般，為了婚姻子女而被迫忍讓。他雖被史釗域‧布力架指有「社會主義傾向」，卻能理性區分理想與現實，尤其在生意投資上作好一切籌劃與準備，因此晚年時可以過優裕的生活。這種笑看人生風雨，無憂無慮的人生哲學，在他 1987 年接受記者訪問，講述家族歷史時表現無遺，是家族成員中較能自得其樂的代表。

## 約翰・布力架和保羅・布力架的「打工」人生

　　JP・布力架最年幼的兩子約翰・布力架和保羅・布力架，人生經歷比較平淡，沒有太多起落，也沒有吃過大苦頭，就如芸芸眾生一名普通的「打工仔」。先說約翰・布力架，他在日佔結束後回到香港，不久便重返中華電力，繼續擔任助理公司秘書之職。惟據史釗域・布力架的描述，公司管治出現了不少變化，用他的話是失去了「互相尊重」（mutual respect），由於約翰・布力架一來未能走出戰時陰影，二來未能考取會計專業資格，9 令他升遷受到阻撓，揭示他在中華電力的待遇並不如戰前好，這點與諾埃爾・布力架面對的情況甚為相似（S. Braga, 2012: 610）。

　　工作之餘，約翰・布力架亦抽時間參與不少社會公益活動，例如曾任香港防癆會委員、公共廣播委員會成員，以及九龍居民協會委員等。另一方面，他是一個小提琴的狂熱愛好者，善於拉奏，亦喜好收藏古董小提琴。每當人生和工作遇到不如意時，他很多時會拉小提琴減壓，紓緩情緒。若有邀請或在適當場合，他也會進行演奏，有時則和妹妹嘉露蓮・布力架合奏（*South China Morning Post*, 26 September 1948）。

　　戰前，約翰・布力架育有兩名子女，戰後再生兩名，即合共四名孩子，一家生活開支不少。到了 1950 年，約翰・布力架與妻子到英國愛丁堡度假，並在那裡買了房屋，目的看來是為了方便孩子們到英國升學，當然亦有可能是為了日後移民的綢繆。

　　約翰・布力架在中華電力一直工作到 1966 年，年屆 58 歲時退休，離開了這家服務 30 多年的公司，離職前的最高職位仍是助理秘書，公司看來亦沒為他舉辦歡送會或公開致謝。由此可見，約翰・布力架戰後在中華電力的工作，未必如想像般開心，待遇應該亦沒令他滿意，原因相信與前文提及公司缺乏「互相尊重」的問題有關（S. Braga, 2012: 610）。

退休後的約翰·布力架，把更多時間投入到音樂之中。他與西班牙著名小提琴生產商蘇拉（Fernando Solar）有深入交往，兩人曾一起走遍歐洲不少地方，尋找古董小提琴，寄興趣於旅行。1974 年，約翰·布力架輕微中風，行動不便，之後移民英國愛丁堡；到了 1981 年 5 月，他再次中風，並於同月 29 日在愛丁堡去世，享年 72 歲，喪禮以私人形式進行（*South China Morning Post,* 1 June 1981; S. Braga, 2012: 618-619）。

從資料看，在 1974 年中風後，約翰·布力架應該訂立了遺囑，並在 1981 年去世時付諸執行。遺囑委任渣打銀行為執行人，按實際情況出售其物業等財產，並把名下財產成立信託，但沒說明誰是受益人——相信只有他的遺孀和子女。遺囑同時強調自己生於香港，在此地受教育，並指示遺囑由香港法律管理，尤其明確交代自己去世後要葬於香港墳場（In the estate of John Vincent Braga, retired account, deceased, 1981）。不過，由於他已移民愛丁堡，最後在當地去世，他「回歸」香港的遺願應未能落實。

相對而言，孻子保羅·布力架戰後的事業發展似乎較好。資料顯示，在 1945 年底，他自澳門回到香港，在處理好一切個人事務後，重投汽車銷售行業，主要是回到天祥汽車（Dodwell Motors Ltd.），從事營銷工作，相信由於表現良好而獲得老闆賞識，事業道路較為順暢。

1952 年中，保羅·布力架與妻子攜同三名子女乘坐郵輪，作全球旅遊（主要是歐美國家），到 8 月才返回香港（*South China Morning Post,* 21 August 1952）。之後，保羅·布力架的職位屢有提升，1957 年更獲擢升為董事總經理，兼任副主席，地位十分吃重。而其業務之所以獲得不錯發展，則與當時汽車業開始邁出發展腳步有關（*South China Morning Post,* 1 July 1970）。

除了音樂藝術，布力架家族的另一「傳統」或特長，看來是熱衷於向報紙投稿，發表意見。保羅·布力架亦是如此，他常就與汽車相關的主題致函報紙

編輯，包括暢談如何選購二手汽車（*South China Morning Post*, 30 October 1964），捐贈汽車給防止虐畜會（即今天的愛護動物協會）（*South China Morning Post*, 27 April 1965），或是回答有人指「的士」（計程車）零部件供應不足（*South China Morning Post*, 1 August 1966），甚至是澄清雙白線與交通意外的關係等（*South China Morning Post*, 5 October 1968），揭示他能充份利用報紙等大眾媒介，為所服務的公司發聲，維護或鞏固公司利益。

工作相對順利的保羅‧布力架，其妻子奧黛麗‧雲素卻不幸患上腦腫瘤，幾經辛苦做了手術，卻因部份腦組織受損，影響了記憶，日常生活亦因此受影響。為了補救，夫妻曾做了不少嘗試，最終發現創作中國山水畫最有療效，能提升她的大腦記憶，於是投身作畫，結果不但記憶逐步恢復，更發掘出她在中國畫的天份，後來甚至開了個人畫展（*South China Morning Post*, 20-27 November 1966; 15 November 1973），畫展上的作品結集成畫冊出版，留下個人書畫創作的足跡（A. Braga, 1966）。

奧黛麗‧雲素之所以會接觸國畫，可能與保羅‧布力架對中國文化和文物有濃厚興趣，並有不少收藏品有關。說來有趣，第四代家族成員中，不少人都樂於當一個業餘收藏家，其中以杰克‧布力架最為著名，收藏品最為豐富。保羅‧布力架收集的主要是與音樂有關的物品，包括樂器、樂譜和書籍等；他還喜愛收藏中國的鼻煙壺，尤其是明清時期的珍藏，在這方面具一定名氣。同時，他亦收藏中國山水畫和各種與港澳有關的圖畫，結果「誤打正著」，成為醫好妻子的良方。

還有一點必須指出，在 1960 年代時，保羅‧布力架曾與兄長東尼‧布力架合資發展港島薄扶林碧荔道一塊地皮，興建房屋。該地雖有美麗海景，另一面卻對著墳場，因此曾被業界看淡；但香港寸土尺金，社會不斷發展，面向墳場一方後來另建大樓，原來的墳場被新建的樓房遮擋之後，物業升值不少，為

他們帶來巨大回報，令其他兄弟姐妹艷羨不已（S. Braga, 2012: 620）。

到了 1970 年 6 月，年屆 60 歲的保羅·布力架宣佈從天祥汽車退休，公司為他舉辦了送別宴，感謝其作出的巨大貢獻（*South China Morning Post*, 1 July 1970）。退休後，保羅·布力架選擇移民三藩市，過悠閒生活，原因是他的子女們早已在那裡生活（參考下一章討論），他亦覺得那裡的環境更有利妻子的健康（S. Braga, 2012: 620）。

到了 1980 年代初，保羅·布力架證實患上癌症，屢經醫治但未見收效，於 1989 年 8 月 14 日去世，享年 79 歲（*South China Morning Post*, 17 August 1989）。他早年患病的妻子奧黛麗·雲素，卻一直保持健康體魄，一如過去般每天堅持畫山水畫，寓繪畫於運動，直至 1997 年 12 月 6 日才去世，享年 83 歲（S. Braga, 2012: 620）。

年齡接近的約翰·布力架和保羅·布力架兩兄弟，同樣在二戰後繼續「打工」，同樣喜好音樂，時而演奏，娛人娛己，但他們在工作、收藏與投資方面卻有不同遭遇，令其身家財富有了厚薄之別。這樣的情況，不知是否與保羅·布力架曾經創業，「打工」時又擔任銷售和管理等職位，對商業脈搏有較大掌握有關。

## 嘉露蓮·布力架的音樂人生

在 JP·布力架四名女兒中，嘉露蓮·布力架的音樂人生與事業無疑最為突出，名聲最響。她在戰後重回單身後不斷努力，常出席大小音樂表演場合，成為見報率甚高的音樂人，不同媒體報導她時，常以「布力架小姐」相稱，揭示她在戰後應該保持單身。

綜合各種資料顯示，嘉露蓮·布力架於戰前（1940 年）已與妹妹瑪莉·布力架一起到美國，進行巡迴音樂演奏（*South China Morning Post*, 6 January

1940），她明顯看到音樂演奏能夠為她帶來事業與收入，因此在這方面鍥而不捨地努力，一方面任職私人音樂教師，教授樂理與鋼琴，其學生大多來自富貴家族，相信收入不錯；另一方面，她又參與公開的音樂演出，或者到電台作演奏廣播，爭取曝光率和知名度，這同時亦帶來了豐厚收入。

舉例說，1946 年 4 月，嘉露蓮·布力架曾到電台作音樂演奏廣播（*South China Morning Post,* 9 April 1946）；亦會到酒店或歌廳作鋼琴演奏（*South China Morning Post,* 11 May 1946）；她有時亦會在劇院、教堂，或城市大會堂等地方演出（*South China Morning Post,* 15 March and 14 December 1948）。無論以何種形式，或在任何場合演奏，都獲得不錯反應，令她逐漸建立起個人名聲。對於嘉露蓮·布力架 30 多歲已在樂壇闖出名聲，兄長東尼·布力架曾以「中英會」名譽秘書的身份，盛讚她為「香港其中一位在演奏藝術上具領導地位的人物」，給予很高的肯定（*South China Morning Post,* 9 June 1951）。

嘉露蓮·布力架在音樂界的知名度不斷上揚，除了獲得香港本地的表演邀請，還有來自海外，就連英國廣播公司亦播出她演奏的樂曲。1962 年初，嘉露蓮·布力架獲得來自美國的巡迴演奏邀請，她覺得機會難得，於是在 4 月乘坐鐵行輪船出發，繼 1940 年後再次踏上赴美演奏的道路，主要是到西雅圖及俄勒岡示範表演，及在電台作廣播演奏（*South China Morning Post,* 11-18 April 1962）。由於她多年來不斷參與演出，名氣甚大，任私人音樂教師時相信能收取較高的學費，故積累到豐厚財富，在 1950 年代已搬到富豪集中的港島半山居住。

1967 年香港出現社會動盪時，嘉露蓮·布力架身在美國，曾一度對香港前途很悲觀，想在當地定居，並想進入紐約的「朱利亞德音樂學校」（Juilliard School of Music）深造，但後來打消了這個念頭，重返香港（S. Braga, 2012: 612）。由於她大多數家人都選擇移民離港，她這種「反其道而行」的做法令親

友大惑不解,在接受記者訪問時,她婉轉地表達自己想留在香港的決心:

當我家人和朋友聽到我回來香港,他們想我是瘋了……他們甚至想像當我踏出飛機不久會給炸彈炸個粉碎……但我想回來……我收拾所有個人物品,大部份都是音樂……幾乎全部在波特蘭的東西,都會隨後運回來。(**South China Morning Post**, 4 August 1967)

不只嘉露蓮‧布力架自美國回來,她的侄女——保羅‧布力架的女兒法蘭斯‧布力架(Frances Braga)——在隨後的 10 月初亦自美國回到香港(參考下一章討論),揭示布力架家族成員中亦有其他人認同嘉露蓮‧布力架的看法。回到香港後,嘉露蓮‧布力架見證了社會逐步走向穩定,避談政治、全心發展經濟,民眾生活不斷改善。嘉露蓮‧布力架亦繼續教授鋼琴,四出演奏,生活十分充實。

教琴和演奏的工作雖然「手停口停」,較不穩定,但同時亦是多勞多得,只要肯努力工作,收入其實相當可觀。而且隨著社會日趨富裕,支持子女學琴的風氣日見盛行,參加音樂會的觀眾人數不斷攀升,名氣愈大,她所收的學費與演出費用亦隨之而水漲船高。到了 1980 年代,她的居所更上層樓,搬進了新落成的半山花園道愛都大廈(Estoril Court),可見她已有相當財富,不用依靠任何人都可享受寬裕的生活。

對不少人而言,能夠把個人興趣結合工作,享有獨立自主、不受僱主頤指氣使,工作又有彈性,並可賺取不錯收入,那絕對是夢寐以求之事。嘉露蓮‧布力架戰後的人生及事業,恰恰具有這種特點。由於是「自僱」工作,嘉露蓮‧布力架不用如保羅‧布力架等「打工」一族般,到一定年齡時需要退休,反而能按自己的興趣、健康狀況及實際需要行事,有很大的獨立性和自主性。

在 JP・布力架的四名女兒中，嘉露蓮・布力架的人生道路無疑較少風浪，婚姻之路雖不如意，但她具音樂天賦，並能將天賦與事業結合，自食其力，活出精彩人生。更加令人羨慕的是，她身體一直甚為健康，到晚年仍能自由走動。1998 年 10 月，她突然因腦中風被送入瑪麗醫院搶救，不久後於 11 月 21 日去世，沒遭受太多病痛的折磨，享年 87 歲。她是布力架家族第四代中唯一見證了香港回歸的人，卻未能見證澳門回歸（S. Braga, 2012: 620）。

## 其他兄弟姐妹的不同選擇

除了以上各人，JP・布力架其他子女在二戰後的人生際遇和事業選擇，亦反映了他們各有思考，值得作出粗略說明，因這既反映了大家對人生的不同追求，亦折射了家族在分家析產後，失去了作為命運共同體的物質基石：生意或產業，加上家族中無人有能力或意願擔當團結家人的領導角色，大家沒法凝聚在一起，只能四散東西。

按年紀長幼次序，先談談珍・布力架。被史釗域・布力架形容為性格固執的珍・布力架，到 1940 年才結婚，戰時丈夫去世，之後她沒有再婚，過著獨居生活，並以教琴為生，自給自足。她的餘生平淡，沒有太多波折和風浪。史釗域・布力架提到，由於在日佔時期直接面對日軍威脅，珍・布力架後來患有驚恐症，性格變得更為孤僻，因此寧可一個人生活。其實，珍・布力架沉默寡言——或者說孤僻及不願與人接觸——的情況，在日佔初期已見端倪，所以哪怕家人全都轉到澳門逃避戰火，她仍不願跟隨，據說是為保護房屋。戰後她社交焦慮的情況更趨嚴重，卻一直沒有求醫，獨身生活相信沒給親人帶來直接影響。到 1987 年，珍・布力架去世，享年 90 歲（S. Braga, 2012: 614）。

在珍・布力架之後的是慕德・布力架。戰後初期，她和丈夫范蘭士一同被送到英國，休養數月之後返回香港。據說，夫婦二人經濟甚為拮据，幸好後

來獲得前僱主支付他們被囚於集中營期間的工資,亦有一些原僱主提供的養老金,才能夠勉強維持生計。但范蘭士一直健康不好,加上酗酒,情況甚為困難。到 1950 年,兩夫婦移民澳洲,過更平淡的生活。1962 年 10 月,慕德・布力架因心臟病在家中跌倒,送院治療多天無效後去世,享年 63 歲(*South China Morning Post,* 22 October 1962)。慕德・布力架去世後,其丈夫入住老人院,直至 21 年後的 1983 年去世。兩夫婦沒有子女(S. Braga, 2012: 605)。

接下來是五子克萊門・布力架。他於 1946 年選擇移民加拿大,定居溫哥華,惟他在那裡的遭遇並不如意,生活過得甚艱難。據史釗域・布力架引述克萊門・布力架女兒蓮妮・布力架(Lynne Braga)的說法,克萊門・布力架初期曾任餐廳侍應,後來做過銷售員,再後來被一間名叫「加拿大穀物出口公司」聘為「交通經理」(traffic manager),一做就 15 年。大約在 1955 年——即移民溫哥華九年後,他終於存夠積蓄買了一間小村屋。1963 年,因任職的公司被收購,他失去了工作,相信生活更拮据(S. Braga, 2012: 606)。到了 1972 年 2 月,克萊門・布力架在一場交通意外中受重傷,不久去世,享年 69 歲(*South China Morning Post,* 9 February 1972),據說涉事司機是他的鄰居,倒車時造成意外,克萊門・布力架無辜喪命(S. Braga, 2012: 616)。

諾埃爾・布力架戰前乃中華電力公司秘書,發展不錯,他戰後回到香港,1946 年 2 月,與其他日佔時期被囚的英人一同到英國休養。留英期間,據說由於太太很喜歡當地生活,乃於 1946 年 9 月 30 日辭去了中華電力的職位,留居英國,羅蘭士・嘉道理以「一位具經驗且十分正直的執行官」(an experienced executive of the highest integrity)作為臨別贈言(S. Braga, 2012: 593)。由於當時諾埃爾・布力架只有 43 歲,子女年紀不大,開支不少,為何會突然辭職?是否與羅蘭士・嘉道理之間出現信任問題?原因令人不解,史釗域・布力架亦沒有具體說明。較為確定的是,諾埃爾・布力架居英期間曾在政府部門工作

（*South China Morning Post*, 22 December 1979），反映他並非退休或是健康有問題，同時亦說明其經濟條件並不十分豐裕。

諾埃爾‧布力架在倫敦生活大約六年後，於 1952 年底選擇重回香港（S. Braga, 2012: 404）。他沒有吃「回頭草」返到中華電力——或者就算想回去亦不會獲接納——輾轉間，他先在一間名叫「基督教兒童基金會」（Christian Children's Fund）的組織任職，到 1958 年獲任命為聖約翰救傷隊的秘書長（S. Braga, 2012: 606; *South China Morning Post*, 12 October 1960），惟相信這些職位的薪金待遇不如中華電力般好，至於他能夠獲得這些工作，看來與其宗教信仰有一定關係。

到了 1961 年，諾埃爾‧布力架最終決定離開香港，重返英國定居，那時他快將 60 歲。據史釗域‧布力架所指，諾埃爾‧布力架晚年時曾想進修法律，取得專業資格，但不久出現健康問題，只好放棄。到了 1979 年 12 月 18 日，諾埃爾‧布力架在英格蘭義本（Eastbourne）的家中去世，享年 76 歲（*South China Morning Post*, 22 December 1979）。

占士‧布力架由於在日軍侵港前的 1940 年已移民美國，是家族中除曉‧布力架外另一位避過了戰爭災難的人。他 1946 年時由芝加哥轉到加州，原因是太太忍受不了芝加哥的寒冷冬天。他們在加州繼續傳道工作，並在「喬治珮珀代因學院」（George Pepperdine College，日後改稱大學）修讀碩士學位。自 1949 年起，他在波特蘭「茂特諾馬聖經學校」（Multnomah School of Bible）教授傳道方法，直至 1974 年退休。1985 年，占士‧布力架中風，略有康復後的 1992 年第二次中風，之後情況變壞，到 1994 年 4 月 21 日去世，享年 87 歲。占士‧布力架與妻子無所出，但據說收養了一些義子女（S. Braga, 2012: 608 and 618）。

幼女瑪莉‧布力架一直與母親生活，就算在避難澳門時亦然。戰後回港不久，她患上肺結核病，在 1946 年 4 月轉到澳洲接受治療和休養，略有好轉

後回港，照料年老母親。她亦如東尼‧布力架般選擇了獨身，並如姐姐們般以教琴為生。母親去世後，她曾轉到日本生活，在東京基督學院（Christian Academy in Tokyo）任職，同樣以教授音樂為生，但不幸患上癌症，於是返回香港，之後一度轉到澳洲接受治療，但未能根治，於 1965 年 7 月 15 日去世，享年 52 歲（*South China Morning Post,* 16-17 July 1965）。她去世後，家人按其指示將她葬於香港墳場，與母親作伴（S. Braga, 2012: 613）。

這裡對瑪莉‧布力架臨終前的遺產安排作一點補充。她於 1964 年訂立遺囑，把名下財產主要分給朋友——Eva Bennett、Mary Kramer、Lovelace Oden、Isobel Taylor 等，這些人看來大多是她的教友；遺產亦有小部份留給個別兄姐，如珍‧布力架和占士‧布力架。對於沒有將遺產留給所有家人，她特別在遺囑中作出說明，指不是因為與他們感情欠佳，只是她覺得他們的生活已過得很好，物質充裕，所以才這樣安排，亦知道家人不會計較（In the goods of Mary Braga, deceased, 1966）。但正如前文提及，她部份兄姐的經濟條件其實不算很好，揭示那個「物質充裕」之說，有點言過其實。

綜合而言，在第四代布力架家族成員中，除了珍‧布力架、東尼‧布力架、嘉露蓮‧布力架和瑪莉‧布力架四人留在香港終老外，其他人都先後移民他地。至於留在香港這四人的共同特點是：他們都是「單身」，亦沒有下一代，情況甚為特殊。據史釗域‧布力架所說，四人中除珍‧布力架沒有確實提及資產，以及瑪莉‧布力架於 1965 年已過世外，東尼‧布力架和嘉露蓮‧布力架則在 1960 年代末至 1970 年初，因香港股市與經濟一片火紅，獲利不少（S. Braga, 2012: 403）。[10] 身家財富與經濟條件不論，由於在港的第四代都沒後代，他們先後去世後，家族與香港的聯繫或關係便更為淡薄了。

# 結語

　　綜觀布力架家族第四代的人生軌跡，不難發現他們很多自二戰結束後先後轉赴英美加澳等地，港澳不再成為他們長久居住和發展事業之所。他們有些是戰後不久及進入壯年時便移居，有些則是晚年退休時才作出行動的。進一步資料揭示，促使他們移民的其中一個關鍵因素，與他們子女的生活和工作有關。無論是更早之前已到外地留學，或是之後留在那裡發展，他們的子女都不願回到港澳，促使第四代移船就磡，晚年移民到子女所在的地方，希望能與他們相聚。這種情況，就如今天社會不少年老父母往往會搬到子孫生活的地方附近，背後原因相信別無二致。

　　若深入一點思考，第四代成員先後選擇離開香港的情況，反映他們對這個地方的發展空間有了不同評估，應自覺這個地方沒有相對優勢，不能讓他們獲得更好的發展。由於自 1950 年代以還，香港社會與經濟發生了巨大變遷，他們原來「文員階層」的中介位置，和溝通華洋中外的橋樑角色，重要性日漸下降，香港已失去了可供他們發揮的空間。相對而言，英美加澳等地在二戰後，對外來移民的政策和態度相對開放寬鬆，加上居住和生活空間的優勢，吸引他們先後轉投這些地方的懷抱。

# 註釋

1. 深入一點看，JP．布力架或者是知道不訂立遺囑時的分配方法而故意為之，讓沒辦離婚手續的奧莉芙．蒲拉德可獲得大比例遺產，以此作為某種間接「補償」。

2. 喪禮之後，不少知名人士把帛金捐給盲人院、孤兒院及老人院等福利機構，當中包括猶太人尼森（Nissim）夫婦、格貝（Gubbay）小姐、葡人盧佩斯（D. P. J. Lopes）夫婦、克利武（F.C. Clemo）夫婦、馮秉芬夫婦，以及何東情婦朱結地（Katie Archee）等（*South China Morning Post*. 15-21 February 1952）。另一點值得注意，相對於 JP．布力架去世後，子孫後代連續十年在他去世日於報紙上刊登悼文紀念，奧莉芙．蒲拉德去世後則沒這種安排。

3. 該公司屬早期建築工程公司，1947 年被都市地產（Metropolitan Land Co）收購（*South China Morning Post*. 15 June 1949）。

4. 杜利在戰前曾任九龍居民協會名譽秘書，抗日時期出任「皇家輔助空軍」空襲組（Air Raid）的總監（Chief Warden），和平後擔任香港僱主聯會主席。

5. 當時英鎊兌港元的滙率為 1 英鎊兌 16 港元，以此計算，1.4 萬英鎊即約為 22.4 萬港元。由於杜利在抗日時曾任香港「皇家輔助空軍」空襲組總監，與英國空軍有一定關係，他可能在遊說米耶勳爵把捐款用於興建平民房屋方面，發揮了一定角色，促成了香港房屋協會成立。他於 1950 年獲委任為立法局議員。

6. 香港房屋協會官方網站的說法是，聖公會何明華會督利用那筆 1.4 萬英鎊的捐款創立香港房屋協會，協助解決香港房屋問題（香港房屋協會，沒年份），這一說明明顯是極簡略的表述，缺乏更早前的籌劃背景。

7. 按史劍域．布力架的說法，曉．布力架是在 1951 年離開香港的（S. Braga, 2012: 616），但這說法與報紙的報導有出入，且公司才成立剛一年，沒道理這麼快便離開，故可能資料有誤，或由籌備離開至正式起行之間有「滯後」。

8. 若當時曉．布力架沒有和羅蘭士．嘉道理鬧翻，以戰後香港重建時羅蘭士．嘉道理扮演的重大角色──紅磡海底隧道便是由他倡議興建──曉．布力架應有更大的發展空間。

9. 日後，約翰．布力架在遺囑中稱自己為「退休會計師」（retired accountant）（In the estate of John Vincent Braga, retired account, deceased, 1981），此點揭示他最後應該獲得了相關專業資格，惟不知對其升遷有否幫助。

10. 另一位曾在物業投資上獲利豐厚的是保羅．布力架，尤其是碧荔道的物業項目。

# 第九章

## 淡出港澳
### 五六代的進一步重西輕東

布力架家族自葡萄牙東來，輾轉落腳澳門，尋求人生事業發展的歷史，可追尋至十七世紀，年代久遠，並在十九世紀轉到香港，成為開拓香港的先行者之一。但在日軍佔領香港後，家族的發展取向出現了重大改變，到了戰後，哪怕家族第四代人年齡不算很老，甚至可說正值壯年，不少人卻急流勇退，選擇移居英美加澳等地。至於他們把下一代送到外地求學，子女們學成後更多選擇留在當地發展，不再回到港澳，令家族與中華大地的關係逐漸疏離，恍若兩條沒有交集的平衡線。

事實上，自太平洋戰爭爆發後，當時的中國政府成功收回了列強在華的租界及各種特權，包括葡人在內，洋人在華的發展優勢自然每況愈下。中華人民共和國成立後不久，又爆發朝鮮半島戰爭，然後是冷戰漸熾，以及貿易禁運，令香港轉口港地位不再，改為踏上工業化道路，土生葡人過去在澳門和香港所扮演的「文員階層」角色因此一去不返。第五、六代布力架家族成員看到自身優勢不再，因此選擇不再回到香港發展，實在不難理解。

# 第四代布力架家族的多層面變遷

　　無論對全球不同國家，乃至無數家族或個體，第二次世界大戰之前的社會變遷，或者二戰本身，所造成的災難與破壞無疑極為巨大，帶來的直接與間接衝擊尤其深刻；重見和平後出現的去殖民地化風潮和經濟與社會重建，重拾發展動力，深刻地影響了無數國家、家族和個人的發展前路，布力架家族的發展進程自然亦受牽引，發生巨大轉變。這些巨變，十分清晰地呈現在第四代家族成員的人生際遇及選擇上，具體而言可粗略歸納為如下數點。

　　一、婚姻與生育方面。JP・布力架和奧莉芙・蒲拉德二人無疑「多產」，育有 13 名子女，當中一人（查比・布力架）在 17 歲時早逝；兩人（東尼・布力架和瑪莉・布力架）一生保持單身，不娶不嫁；其他 10 人雖進入婚姻，但卻有不同遭遇：有婚姻未能長久者（如嘉露蓮・布力架），有未生育子女者（慕德・布力架和占士・布力架），只有六人育有後代（杰克・布力架、克萊門・布力架、諾埃爾・布力架、曉・布力架、約翰・布力架和保羅・布力架）。從 13 名子女中只有六人育有後代計算，即不足一半。而在這些有後代的子女中，除了杰克・布力架子女數目較多外，其他都數目銳減，與上一代子女成群相比，減幅十分巨大。

　　單就以上家族第四代的婚姻與生育狀況看，已可察覺巨大變遷，一方面是家族成員對於婚姻的觀念產生了不少變化，有較多人選擇不婚，或是離異後寧可繼續獨身，對婚姻的神聖與必然性有了質疑，長相廝守的觀念或信仰似乎受到動搖。另一方面，他們生育子女的意欲大減，多子多福的觀念一去不返，無論婚姻或生育子女，都更為注重自由意志和個人選擇，獨立和自主命運成為潮流。

　　二、子女教育與人生規劃方面。二戰之前，教育資源和機會較少，能夠獲得正規教育的人比例極低，第四代大多在港澳完成學業，像曉・布力架般能

升讀本地大學者亦甚少，中學畢業已是很不錯的學歷，能在職場上獲得中高層的職位。二戰之後，各有家庭且有一定事業的第四代，自然因應自己想法和期望，各有重大謀劃和安排，令其子女的教育與人生規劃發生巨大轉變。

具體地說，一方面是第五代家族成員的教育水平提升，甚少只有中學學歷，較多大學畢業；另一方面，接受教育的地點不再只集中於港澳，更多人會把子女送到英美加澳等發達國家升學；至於家族過去較專注的興趣——音樂，似乎亦有一定變化，不再「獨沽一味」，而是有其他不同發展。

三、事業與居住地選擇方面。由於子女教育水平和人生規劃的改變，他們對事業與居住地的選擇亦發生變化，最明顯的便是覺得港澳社會不適合他們長期發展，寧可留在求學的地方工作，甚至在當地建立家庭，不再回到港澳。子女們這樣的決定，又反過來影響了第四代晚年的生活選擇和最後歸宿。第四代老去時，一來覺得港澳的生活節奏太緊張，地方太小，不如歐美等富裕國家環境優美，生活舒適；二來他們希望能與子女一起生活，得到照顧，所以移船就磡，移民歐美，令大多數家族成員最終淡出港澳。

當然，若深入一點看，不難發現在二戰之後，原來的土生葡人或是歐亞混血兒群體，乃至那些精通華洋雙語的華人精英，其溝通華洋的中介地位，均發生了巨大轉變。作為土生葡人的布力架家族失去了過去獨一無二的優勢，促使成員放棄返回香港，寧可在外國較富裕及先進的社會生活和工作，在他們心目中，西方社會始終代表更先進、更優越，至少生活模式更具吸引力，造成他們截然不同、前所未有的事業與定居選擇。

若然把二戰後家族第四代對工作、生活和定居的選擇，與 400 年前葡萄牙人東來時作一粗略比較，不難發現最大的特點，是對尋找發展機遇與理想生活方式的分別。此外，第四及第五代選擇西方而非東方，並不是打算「落葉歸根」，回到祖家葡萄牙定居，而是投向英美加澳等盎格魯撒克遜民族的國家；

其次，儘管他們在新居地亦有不錯事業，卻難以如其父祖輩般，成為指點江山的顯赫人物，最多只能成為專業人士、中產階級，亦甚少下海從商，遑論成為企業家。原因一方面是他們選擇了不同的生活取向，如更注重生活品質和家庭，但同時反映他們失去了具有優勢、可供全力發展的舞台。或者可以說，他們已不再如先祖一樣，擁有具槓桿作用的社會空間。

## 杰克·布力架一房的發展

杰克·布力架夫婦同為虔誠的天主教徒，與其他兄弟姐妹相比，子女數目最多，共育有三子四女共七人，分別為：安東尼·布力架（Antonio Braga）、祖·布力架（Jose Braga）、比特·布力架（Pedro Braga）、嘉露·布力架（Carol Braga）、杜麗莎·布力架（Theresa Braga）、瑪麗亞·布力架（Mariazinha Braga）和安琪拉·布力架（Angela Braga），一家九口，相當熱鬧。概括而言，這些孩子都在港澳出生，在兩地接受中小學教育，有些甚至在香港完成大學課程，揭示他們與港澳關係深厚。

誠如中國俗語所云：「十隻手指有長短」。杰克·布力架的諸子女中，有些名聲響亮，有些不甚了了，本研究只能按資料多寡，作出一些粗略介紹和分析。先說成長過程如同雙生子的嘉露·布力架和杜麗莎·布力架。她們分別在 1926 及 1927 年生於澳門，年幼時在澳門接受教育，戰後跟隨父母到香港，1946 年雙雙考入香港大學醫學院，同樣主修婦產科，到 1952 年又雙雙畢業（*South China Morning Post*, 6 December 1952），成為一時美談。之後二人雖在工作及婚姻上各有選擇，妹妹杜麗莎·布力架成為執業醫生，出嫁後組織小家庭；姐姐嘉露·布力架則走上學術教育之路，一生獨身，沒有成婚，不過她們同樣移居美國加州，相信仍經常見面聯絡，感情不變。

簡單地說，嘉露·布力架畢業後留在香港大學擔任助教，數年後考獲獎學

1947 年的杰克‧布力架一家（圖片來源：National Library of Australia）

金，負笈英國倫敦深造，主修婦產科，學成後於 1964 年返港。由於她的專業在當時社會十分缺乏，故立即獲香港大學聘用，成為講師，開始了講學與研究生涯。亦因為女性講師在那個時代是極少數的一群，她一舉一動均甚受注目。[1]

作為香港大學少數女性教師，且屬婦產科，當香港文化學會 1966 年在大會堂舉辦題為「性別與人口問題」（sex and population problem）的一系列公開演講時，她獲邀擔任其中一名講者，講題為「男性的性別」（Sex in Man）。她從科學角度出發，指社會重男輕女，妻子未能誕下男嬰時總是受到怪責，但其實生男生女的關鍵點在於丈夫，因為妻子只有 X 染色體，丈夫則有 X 和 Y 染色體，兩人染色體的結合若是 XX，會誕下女嬰；若然是 XY，則會誕下男嬰。所以她指出，丈夫的染色體才是嬰兒性別的決定性因素，責任全在丈夫身上，妻子恐怕「愛莫能助」（*South China Morning Post*, 5-6 October 1966）。這些科

學知識在當時尚未普及，她的講座令人茅塞頓開。

到了 1969 年，嘉露·布力架獲加州柏克萊大學婦產科學系聘為職員，教授相關科目，同時可推進研究。該大學遠比香港大學著名，她自然選擇「跳槽」，順道移民美國，之後一直在三藩市居住，在大學工作至 1987 年，取得教授席位。在她剛到美國不久的 1972 年，其父杰克·布力架患上腦退化症，於是亦轉到了當地由她照顧（參見上一章）。

任職柏克萊大學期間，嘉露·布力架曾以「外部考官」的身份，於 1974 年獲香港大學婦產科學系邀請回港，主持考試，相信亦趁機與在港的親人聚首一堂，回首昔日（*South China Morning Post*, 17 May 1974）。到了 1991 年，嘉露·布力架放下教鞭與研究工作，正式退休，至 2021 年 1 月 11 日去世，享年 95 歲（Legacy, no year）。

至於一直與嘉露·布力架形影不離的妹妹杜麗莎·布力架，在香港大學醫學院畢業後開始執業，約在 1950 年代末或 1960 年代初移居美國，落腳加州。她後來嫁給萊斯利·米拉（Leslie Millar），夫婦同齡，育有四名女兒（Elizabeth、Margaret、Jean、Lesley）。萊斯利·米拉青年時曾加入美國空軍，軍階為中士（Sergeant），曾任跳傘導師，在空軍錄得 60 次跳傘紀錄。退役後，米拉成為一名醫生，相信因此與杜麗莎·布力架邂逅。萊斯利·米拉 52 歲便選擇退休，並因喜好藝術之故，到曼尼托巴大學（University of Manitoba）修讀藝術，於 1985 年取得相關學位（Dignity Memorial, no year）。

據說，杜麗莎·布力架與丈夫均喜歡熱鬧，經常邀請朋友到家中吃飯聚會，談天說地，十分熱鬧，退休生活充滿喜樂。到了 2005 年，杜麗莎·布力架確診患上血癌，多番治療無效，於 2010 年 12 月 14 日去世，享年 83 歲（Winnipeg Free Press, no year），至於萊斯利·米拉晚年亦健康轉差，到 2017 年去世，享年 90 歲（Dignity Memorial, no year）。

杰克・布力架另外兩名女兒瑪莉亞・布力架和安琪拉・布力架的資料甚少，前者看來保持獨身，長期居於悉尼；後者與一位姓阿博龍（Ablong）的男士結婚，不清楚有否誕下子女，但同樣居於悉尼（*Casa Down Under Newsletter*, 2013）。由於關於她們的資料極缺，難以了解她們的人生事業有何際遇，可能就如「舊時王謝堂前燕，飛入尋常百姓家」，在人海中湮沒了身影。

　　杰克・布力架三名兒子同樣，既有表現出眾，也有低調度日的。首先是年紀最大的兒子安東尼・布力架，有關他的資料不多，只知他於 1950 年畢業於喇沙書院（La Salle College）（*South China Morning Post*, 29 July 1950），後來負笈澳洲，與兩位姐姐一樣攻讀醫科，成為執業醫生，定居悉尼，沒有再返回香港。其弟祖・布力架的資料更少，連學歷與工作也不詳，可見他作風低調，亦反映其人生經歷相當平凡，沒甚麼突出表現。只知他後來移居澳洲布里斯本（*Casa Down Under Newsletter*, 2013），相信與其他居於澳洲的兄姐有聯絡見面。

　　杰克・布力架的幼子比特・布力架，是眾兄弟中表現最突出的。他在香港完成中小學教育後負笈澳洲，入讀悉尼大學（University of Sydney），攻讀電子工程，畢業後專職於方興未艾的電子通訊管理工作，具太空工程師資格，在 1970 年代任職於荷蘭的「菲利蒲斯公司」（Philips Ltd.），主力推動通訊業務（*South China Morning Post*, 17 May 1974），後來曾被派駐帝汶（Timor）。到了 1990 年代，比特・布力架退休，並於 2012 年 8 月 26 日去世，訃聞指他與前妻育有四名子女（Joseph、Mary、Judy、John），繼室則名叫瑪莉卡（Marica），但應無所出（*Casa Down Under Newsletter*, 2013）。

　　細心點看，杰克・布力架的子孫輩具有數項特點：儘管他們都在港澳出生並接受基礎教育，但之後都轉到海外謀求發展，繼而移民當地，以美國和澳洲為主。他們有些成家立室，有些選擇獨身；至於組織家庭者，則育有相對同輩較多的後代，可能與父親一樣，原因與信仰天主教有關。無論從哪個角度

看，他們淡出港澳的情況十分明顯，這亦是無數外籍人士在二戰後較為普遍的選擇。

## 克萊門・布力架一房的發展

相對於信奉天主教的杰克・布力架，信奉新教的其他五房（克萊門・布力架、諾埃爾・布力架、曉・布力架、約翰・布力架和保羅・布力架），生育子女的數目明顯較少，一般都是一人起兩人止，只有約翰・布力架和保羅・布力架生育多於兩名子女，雖然因為未能掌握全面資料，難以全面了解他們的發展，但仍然有助觀察當中的轉變和內涵，讓我們對二戰後社會的巨大變遷有深入理解。

在這五房中，按年齡長幼次序，先說克萊門・布力架。正如上一章提及，他的人生與工作並不順利，甚至可說潦倒，在香港和澳門生活時已不順暢，戰後移居溫哥華，亦沒有過得更好，曾任職侍應、交通管理員，後升任經理，在眾兄弟中生活應是最艱難的，最後更在一場不明不白的交通意外中喪生。由於他一生沒有突出成就，相關資料不多，只知他和妻子育有一女，是為蓮妮・布力架。關於她的資料亦十分缺乏，沒有任何出生、教育、工作、婚姻與家庭的記錄，相信她與布力架家族其他成員沒有太多來往，一生如普通人般度過。這亦是不少家道中落的後代所面對的境遇。

深入一點思考，家大業大、人數眾多的家族，確實很難所有人都獨當一面，有些人會較為突出，但總有人成績沒那麼好、發展沒那麼順利；而他們亦未必願意依靠其他家族成員，或者曾經依靠過，但發現過度依賴容易招來話柄或冷眼，於是寧可自甘淡薄。

從這個角度看，克萊門・布力架在二戰後移民加拿大，而非如其他兄弟姐妹般選擇英國、美國或澳洲，或者正是出於這種心態，不願讓人覺得自己向親

友求助。因他內心應該明白，成為別人的負累，難免惹人討厭、人見人怕。至於其女兒蓮妮‧布力架，亦沒與其他親人走得太近，背後可能基於同樣考慮。總之，寧可清貧自在，也不想成為別人退避三舍的人物。所謂「長貧難顧」，克萊門‧布力架一房或可作為這種民間智慧的註腳。

## 諾埃爾‧布力架一房的發展

繼克萊門‧布力架之後，育有子女的是諾埃爾‧布力架。他的主要發展特點，是二戰前較為順利，戰後卻較多波折，特別是辭去中華電力的工作後，發展浮沉。他一度移居英國，但可能不適應當地生活，結果回到香港，加入其他公司，繼續「打工」生活。諾埃爾‧布力架育有一子（毛里斯‧布力架，Maurice Braga）一女（珍尼詩‧布力架，Janyce Braga），相信亦有人生事業的重要調整。

從資料看，毛里斯‧布力架 1936 年 5 月 21 日生於九龍醫院（*South China Morning Post,* 23 May 1936），在 1940 年 8 月叔叔約翰‧布力架結婚時擔任花童（pageboy），可愛的長相吸引不少長輩目光（*South China Morning Post,* 26 August 1940）。二戰之後，他與父親一起轉到英國，後來考入大學，攻讀法律，於 1950 年代末取得法律學位後回到香港執業，因為父母那時已回到香港。毛里斯‧布力架工作上表現得積極進取，例如有一宗法庭案件，記者的報導出現偏差，哪怕案件只是一場小型交通意外，他亦致函報紙編輯，要求澄清（*South China Morning Post,* 12 October 1962），可見他工作相當執著，一絲不苟，當然亦可視為對維護自己名聲的重視。

在香港執業期間，毛里斯‧布力架加入史地活律師樓（Stewart & Co.），開始在事業路上打拼，代表不同客人在法庭上雄辯滔滔（*South China Morning Post,* 25 January 1961; *South China Morning Post,* 28 June 1963）。從一些零碎資料

看，毛里斯・布力架應在 1960 年代初結婚，妻子為瑪嘉烈・窩布頓（Margaret Warburton，暱稱 Meg），並於 1962 年 7 月底在瑪麗醫院誕下一女（Claire）（*South China Morning Post*, 1 August 1962）。

不過，毛里斯・布力架看來並沒一直留在香港發展。到了 1963 或 1964 年，他應與妻子回到英國，因為自 1963 年中起，他的名字就再沒出現在本地報章的法庭新聞上，至 1964 年 8 月出現一則消息，指其妻子於 8 月 25 日在英格蘭義本的家裡誕下一子（Guy）（*South China Morning Post*, 28 August 1964）。由此推斷，毛里斯・布力架應在 1963 年底或 1964 年初回到英國，原因可能是為了照顧退休後在英國定居的父親諾埃爾・布力架。

從 1979 年 12 月諾埃爾・布力架去世時的報導看，毛里斯・布力架那次回到英國後，繼續法律工作，主要任職於一家名叫 Brighton 的律師樓，但在新崗位上則沒有找到他代表客戶上法庭的消息。諾埃爾・布力架的訃聞同時提及太太瑪祖莉・莫里斯及女兒珍尼詩・布力架，並指女兒在倫敦一家學校任職老師（*South China Morning Post*, 22 December 1979）。從史釗域・布力架稱呼珍尼詩・布力架為珍尼詩・呂夫太太（Mrs Janyce Luff）看（S. Braga, 2012: ii），她的丈夫應該姓呂夫。

受資料所限，我們沒法清晰了解毛里斯・布力架和珍尼詩・布力架兩兄妹在英國的事業發展，惟就家庭情況而言，1990 年 5 月時出現一則訃聞，指毛里斯・布力架的妻子瑪嘉烈・窩布頓去世，夫婦倆育有一子（Guy）一女（Claire），並有兩名孫女（Oliver 及 Helena）（*South China Morning Post*, 15 May 1990）。

進入新千禧世紀的 2005 年 4 月，出現一則諾埃爾・布力架遺孀瑪祖莉・莫里斯去世的訃聞，當中除了其子（毛里斯・布力架）女（珍尼詩・布力架）和兩名男女孫：Claire 和 Guy，還有四名曾孫：Olive、Helena、Lydia、Joss

（Telegraph Announcements, no year）。訃聞只提及兩名男女孫，都是毛里斯・布力架的子女，即是可相信珍尼詩・布力架婚後無所出；至於四名曾孫，相信是 Claire 和 Guy 兩姐弟各自婚姻所出。

自覺戰後工作事業不太順利的諾埃爾・布力架，退休後選擇移居英國，顯然影響了子女對居住地的選擇，兒子毛里斯・布力架最終於 1963 年底左右亦離開了香港，轉到英國發展，人生事業因此同步轉變。此後，諾埃爾・布力架這一房與香港的關係已疏離，也沒有新一代在此地發光發熱了。

## 曉・布力架一房的發展

在不少人心目中，家庭與孩子都具重要地位。曉・布力架當年與羅蘭士・嘉道理鬧翻，據說是為了爭取長假，讓他可到澳洲看望早前因「撤僑」而到當地生活的太太和年幼子女，可見曉・布力架是那種把家庭和子女放在極高位置的人，反而對工作與事業則很多時表現得「拿得起、放得下」，不很執著。

從資料看，曉・布力架與妻子育有一子一女：史釗域・布力架（Stuart Braga）和施拉・布力架（Sheila Braga）。如上述，孩子年幼時，由於擔憂日軍侵港，曉・布力架與太太商議後，決定讓太太帶子女跟隨英國「撤僑」。一家人在 1940 年 2 月出席了弟弟占士・布力架的婚禮，曉・布力架的女兒施拉・布力架曾擔任小花女（South China Morning Post, 19-20 February 1940），從照片看，施拉・布力架約三歲，應比生於 1938 年的史釗域・布力架年長。那次婚禮後，曉・布力架太太便帶著子女去了澳洲，至 1941 年中，曉・布力架亦前往澳洲生活。戰後，曉・布力架先回香港，找屋探路，開展事業，至於太太及子女則到 1946 年才回來團聚（South China Morning Post, 30 August 1946; S. Braga, 2012）。

回到香港後，施拉・布力架和史釗域・布力架可能一同入讀九龍學校

（Kowloon Junior School），其中史釗域・布力架於 1948 年就讀第三級，獲得一個二等，可見讀書成績不錯（*South China Morning Post*, 15 December 1948）。惟找不到施拉・布力架早年在港求學的其他資料。

到了 1950 年代初，正如上一章提及，因應子女長大，曉・布力架把他們送到澳洲求學，他本人則留在香港打拚事業，至 1953 年才前往澳洲，與太太和子女團聚。據史釗域・布力架本人所述，其姐施拉・布力架在 1960 年代被送到英國讀寄宿學校，伯父諾埃爾・布力架是她的監護人，給予照顧。在論文的序言中，史釗域・布力架稱呼姐姐為施拉・波特（Sheila Potter），即出嫁後的夫姓（S. Braga, 2012: i）。惟史釗域・布力架沒有提及姐姐修讀甚麼科目，做甚麼工作，亦不知她最終定居何地、育有多少子女。

雖然史釗域・布力架在博士論文中沒有多談及自己的人生，但在其他地方卻能找到不少記錄。綜合而言，自香港到澳洲升學後，他於 1951 至 1956 年入讀白加學院（Barker College），然後於 1957 年考入悉尼大學，主修歷史。1960 年，大學畢業後任職於西澳洲一家寄宿學校——黑爾學校（Hale School），開始作育英才的工作，兩年後轉投母校白加學院，成為歷史科主任（Australian National Museum of Education, no year）。

1969 年時，史釗域・布力架一邊工作，一邊到麥考瑞大學

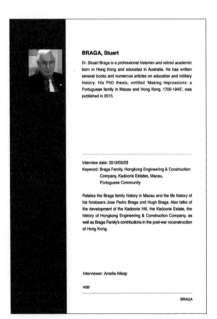

「香港社會發展回顧項目」對史釗域・布力架的簡介

（Macquarie University）進修，並於 1974 年成功取得歷史學碩士學位。四年後的 1978 年，仍在白加學院任教的他又在新英格蘭大學（University of New England）攻讀教育行政，並於 1982 年取得碩士學位。三年後的 1985 年，他獲任命為「三一學校」（Trinity Grammar School）副校長。到 1998 年，史釗域・布力架退休，之後仍好學不倦，於 2010 年進入澳洲國立大學（Australian National University）攻讀博士，研究題目是家族在港澳的發展歷史，並於 2012 年完成論文，翌年獲頒博士學位（Australian National Museum of Education, no year）。

史釗域・布力架對歷史有濃厚興趣，寫了不少著作，亦在不同報章上發表過多篇文章；同時，他積極參加如澳洲歷史學會及扶輪社等組織，表現出對歷史和社會發展的關心。據澳洲國家教育博物館的介紹，史釗域・布力架的妻子為帕特里夏（Patricia），夫婦育有三子，[2] 並有十名男女孫（Australian National Museum of Education, no year）。以生育孩子的人數論，可謂多於一般家庭。

儘管曉・布力架是那個年代走在前沿的建築工程師，在業界甚有名氣，他 45 歲時移民澳洲，正是「當打」的黃金年華，卻並沒在澳洲拚出更亮麗的成績。想不到其子史釗域・布力架，雖只是一名普通教師，但退休後修讀博士學位，積極追尋家族在澳門和香港的發展，令家族的故事更為人所認識，且吸引了港澳學術界注視，對家族留名後世作出了相當貢獻。


## 約翰・布力架一房的發展

如上一章提及，戰後展開新生活時，約翰・布力架沒如兄長諾埃爾・布力架般被中華電力拒於門外，仍能在公司找到一個助理秘書的崗位，獲得一份穩定的薪水，支持全家生活。哪怕工作環境與氣氛沒當年兄長擔任主管時那麼平和友好，工作量和壓力亦較過去為大，但在那個人浮於事的年代，已十分不錯。

約翰・布力架有一子（David）三女（Rosemary、Joan 及 Vivian），人數不少。一如其他房，能夠找到有關他們的資料不多，但有數則新聞報導，或者可以粗略揭示他們生活的痕跡。一、1953 年 6 月，有一宗家庭意外的新聞，主角是約翰・布力架只有七歲的女兒祖安・布力架（Joan Braga），報導指她在彌敦道 474 號（即油麻地永星里附近）家中二樓走廊意外跌倒受傷，幸好及時發現，送院治理後傷勢無礙，可以出院（*South China Morning Post*, 4 June 1953）。雖說家居意外防不勝防，但亦可能反映家中沒有足夠人手照顧孩子；其次是他們一家居住在環境稍遜的油麻地區，反映經濟條件可能未算太富裕。

二、1958 年 3 月，在第 10 屆香港學校音樂節上，就讀於九龍學校（小學）5A 班的大衛・布力架（David Braga）亦有參加，主要是小提琴獨奏（*South China Morning Post*, 25 March 1958）。值得注意的是，小提琴乃約翰・布力架至愛，這一音樂興趣看來是父子相傳，而按一般小學五年級學生年齡約為 11 歲推斷，則大衛・布力架約生於 1947 年左右。

三、1958 年 7 月，有一則在英國讀書的港人子女返港度暑假，與家人團聚的報導，約翰・布力架的女兒羅絲瑪莉・布力架（Rosemary Braga）和祖安・布力架亦名列其中（*South China Morning Post*, 25 July 1958）。相信約翰・布力架如不少中產家庭，選擇把子女送到歐美等地求學，可見他的經濟有一定基礎。畢竟他在中華電力工作多年，居於中層位置，而中華電力會為歐洲或中上層員工的子女提供教育福利，相信亦是約翰・布力架把子女送到英國求學的其中一個關鍵因素。

四、1963 年 7 月，一則結婚消息指，約翰・布力架長女羅絲瑪莉・布力架結婚，丈夫為來自澳洲的華達・齊德（Walter Chad），婚禮在尖沙咀聖安德烈堂舉行，由伯父杰克・布力架主持祝酒儀式，新娘的兩名妹妹——祖安・布力架和薇薇安・布力架（Vivian Braga）擔任伴娘；至於一對新人的蜜月假期，

據說則安排前往澳門度過（*South China Morning Post,* 16 July 1963）。

　　五、1965 年 7 月，一則有關學生英文水平考試的消息，可以看到薇薇安・布力架榜上有名，通過了考試，至於她就讀的學校，則是拔萃女書院（*South China Morning Post,* 28 July 1965）。

　　之後，有關約翰・布力架三名女兒的消息甚少，反而大衛・布力架的資料漸多，尤其他成為一名執業牙醫之後。綜合不同資料顯示，大衛・布力架在九龍學校畢業後進入英皇佐治五世學校（*South China Morning Post,* 28 June 1987），後來留學英國，進入蘇格蘭愛丁堡大學，攻讀牙醫學士學位。在一篇主要關於其堂姐嘉露・布力架的消息中，曾提及大衛・布力架是一名小提琴家，與父母及姐妹們居於愛丁堡（*South China Morning Post,* 17 May 1974）。由此可見，在 1974 年中之前，大衛・布力架仍在英國，而且在小提琴演奏方面略有名氣。

　　取得專業資格後，大衛・布力架於 1970 年代中後期選擇回港執業。在 1977 年，有兩項消息與他有關，先是該年 6 月 12 日，大衛・布力架與朋友出海參與水上活動，遇上機械故障，被困海中，幸獲得巡邏水警拯救，才得以脫險。獲救後他致函香港水警表達謝忱，稱讚其工作效率，同時呼籲民眾注意水上安全（*South China Morning Post,* 21 and 26 June 1977）。同年年底，大衛・布力架在本地報紙刊登多天通告，表示自己在中環和記大廈開業，提供牙醫治療服務（*South China Morning Post,* 26 December 1977）。

　　相信在開始執業不久，大衛・布力架成家立室，結束單身生活，妻子為凱茜・羅斯（Cathy Ross）。到了 1981 年 6 月底，約翰・布力架於蘇格蘭愛丁堡去世（*South China Morning Post,* 1 June 1981）。據史釧域・布力架指，約翰・布力架去世前才剛到澳洲探望女兒（S. Braga, 2012: 619），可見大衛・布力架的姐妹們可能散居不同地方。

父親去世大約兩年後，大衛‧布力架的妻子凱茜‧羅斯於 1983 年 3 月在香港誕下一子（*South China Morning Post*, 13 March 1983），取名小東尼‧布力架（Tony Braga，因名字與伯公東尼‧布力架相同，這裡以「小東尼‧布力架」相稱）。到了 1984 年 11 月，懷有身孕的凱茜‧羅斯與大衛‧布力架到澳洲旅遊探親，途中在墨爾本時突然胎氣作動，迅速被送入當地醫院 Mercy Maternity Hospital，幸好有驚無險，順利誕下早產兒小彼得‧布力架（Peter James Braga，因名字與堂叔彼得‧布力架相同，這裡以「小彼得‧布力架」相稱）（*South China Morning Post*, 7 November 1984）。[3]

　　一對孩子不斷成長，大衛‧布力架的牙醫事業亦同步前進。到了 1996 年，他獲得牙齒矯形手術的資格，並成立了「大衛‧布力架及夥伴公司」（David Braga & Associates），提供牙醫治療之外的更多服務，診所設於中環黃金地段的交易廣場二期（*South China Morning Post*, 28 September 1996），生意應該不錯。接著的 1997 年，大衛‧布力架更在淺水灣海灘道的牛奶公司購物商場設立診所分店，生意進一步擴張（*South China Morning Post*, 12 December 1997）。

　　之後，他更與友人成立「大衛‧布力架合夥人牙醫」（David Braga & Partners Dentistry），相信開設了更多診所，以連鎖經營方式運作。由於社會對牙醫治療與服務的需求不斷提升，生意應相當不俗。據公司網站介紹，他們「提供一個讓求診者感到輕鬆寫意的體貼舒適環境」，除一般牙齒治療，還有牙齒美白、口腔護理等服務；網頁亦指大衛‧布力架在香港有多年執業資歷，診所已進入 20 年紀念（A-Desiflava, no year）。不過，至 2019 年，大衛‧布力架年過 70 歲，決定退休，公司結束營業（David Braga & Partners Dentistry, no year），原來的客戶則被轉介至「史密夫和鄭牙醫診所」（Smith & Jain Clinic），延續服務（Smith & Jian Clinic, no year）。

　　這裡要補充一個家族的共同點：大衛‧布力架一如祖輩般關心社會、熱心

發聲，當碰到一些不滿或不公問題時，都會拿起筆桿子致函報章編輯，批評時政，表達個人立場與觀點。例如前文提及在海上獲水警救助時，他致函稱讚警察（*South China Morning Post,* 21 June 1977）；又或針對一則指責精神治療變得神秘化的評論，表達了截然不同的看法，認為以科學方法治療病人具有正面作用（*South China Morning Post,* 20 December 1992）；另一例子是 1999 年時，他致函《南華早報》，批評香港政府的城市綠化與景觀政策，並以地鐵站自動行人扶梯走廊底下由政府負責種植的棕櫚樹作說明，認為此舉無疑是把「半死」（half dead）的棕櫚樹弄至「全死」（completely dead），暗示政府相關部門缺乏園藝基本常識，亦缺乏城市景觀的全盤計劃，政策十分零碎（*South China Morning Post,* 12 December 1997）。這反映了布力架家人關心社會的一面，亦反映了香港社會能容納不同聲音的另一面。

在布力架家族的第五代中，大衛・布力架是唯一已知在香港發展事業的人，其父母及姐妹等均已移居海外。就如其姑母嘉露蓮・布力架在 1967 年重回香港般，他的選擇很可能讓其堂兄弟姐妹不解，但他顯然堅信自己的目光，最後成功證明自己，走出了不錯的人生與事業道路，既在香港醫學界享有一定名聲與地位，獲得很不錯的金錢收入，亦能為社會作出不少貢獻，例如參與音樂、慈善和教會等不同社會服務。至於他與堂兄弟姐妹較為一致的，則是其一對兒子長大後被送到英國接受教育，如父輩般走上了專業之路。

## 保羅・布力架一房的發展

JP・布力架的幼子保羅・布力架育有二子一女。二子為彼得・布力架（原名 Paul Braga，名字與父親相同，長大後改稱 Peter Braga，彼得・布力架）及祖怡・布力架（Joey Braga），一女則為法蘭斯・布力架（Frances Braga）。三名子女中，法蘭斯・布力架年紀最長，因此不妨先從她說起。

儘管有關保羅‧布力架三名孩子的資料同樣零碎，仍能拼湊出一幅粗略的圖像。法蘭斯‧布力架生於 1938 年，自小長得可愛，1941 年表姐出閣時她充當花女，吸引了不少鎂光燈（*South China Morning Post*, 8 September 1941）。日佔時期，為了孩子安全，保羅‧布力架曾帶他們轉到澳門生活。戰後捱過一段辛苦日子，到了 1952 年，保羅‧布力架夫婦帶著三名孩子展開了歐美遊輪之旅，可見他在天祥汽車的工作十分不錯，生活條件相對優裕（*South China Morning Post*, 21 August 1952）。

1955 年，在英皇佐治五世學校的畢業生名單中，出現了法蘭斯‧布力架的名字，指她取得藝行科 （*South China Morning Post*, 26 November 1955）。翌年（1956 年），香港汽車會（Hong Kong Automobile Association）舉辦了一個名叫「格蘭披治榮譽賽」（Grand Prix d/Honneur）的活動，保羅‧布力架由於是天祥汽車董事總經理，可能為了提升公司知名度或曝光率，故與女兒組隊參加，結果父女兵贏得了「華僑挑戰杯」，婷婷玉立的法蘭斯‧布力架尤其贏得了不少鎂光燈（*South China Morning Post*, 20 February 1956）。

之後，法蘭斯‧布力架和兩名弟弟（生於 1941 年的彼得‧布力架和生於 1944 年的祖怡‧布力架）先後到了美國加州讀書，1965 年 1 月，保羅‧布力架和妻子曾往美國探望子女。回港後，他們回答記者時提及，兒子彼得‧布力架在三藩市大學（University of San Francisco）讀書，女兒則冠上夫姓，稱為法蘭斯‧馬帝斯（Frances Mathis）（*South China Morning Post*, 22 January 1965），相信是在三藩市求學期間結婚，夫婿為雷‧馬帝斯（Ray Mathis）。[4]

之後的 1967 年 10 月，法蘭斯‧布力架回港與家人團聚，當時的報導指，她以學生身份在美國生活已有 11 年，這年是首次重回香港（*South China Morning Post*, 9 October 1967），雖然報紙並沒提及，但相信丈夫雷‧馬帝斯亦有一同回來。即是說，她在 1956 年獲得香港汽車會的獎項後赴美，那時約 18 歲，回港

時則已 29 歲。

兩年多後，保羅・布力架退休，隨後與太太奧黛莉・雲素一同轉到美國生活，相信是希望更接近三名已在加州定居的子女。翌年（1971 年），他們重回香港探親，應該順道處理物業財產問題，從報導中得悉兩名兒子已婚，並一同回港，彼得・布力架的妻子名叫比安卡（Bianca），祖怡・布力架的妻子名叫萬瑞拉（Vandra），加上女兒與夫婿雷・馬帝斯以及雷・馬帝斯的父母，一行人在保羅・布力架位於薄扶林道碧荔道的家族物業下榻，聚首一堂，好不熱鬧（*South China Morning Post*, 25 January 1971）。

之後，保羅・布力架一家回到美國，相關資料不多。至 1974 年，彼得・布力架又再來港，當時他是一名從事環保回收業務的生意人，此行的主要目的是發展環保生意，尤其是廢紙回收再造。他應是看到香港尚未有具規模的回收公司，認為廢紙回收有一定空間，因此希望在香港展開相關生意，把從香港收集的廢紙送往台灣再造。惟他發現香港回收廢紙的費用遠較美國昂貴，因此提出應發動民間組織，例如公益金等，由他們協助收集廢紙的工作，以降低成本（*South China Morning Post*, 19 June 1974）。不過，香港回收業發展至今仍困難重重，彼得・布力架的提議早了近 50 年，自然是鎩羽而歸。

當彼得・布力架在香港推動環保回收生意時，一位名叫杜潔特（Jill Doggett）的女專欄作家到加州進行公益活動。她早年報導過奧黛麗・雲素透過繪畫中國山水畫治好腦疾一事，相信因此結識了保羅・布力架夫婦，這次在加州獲對方接待。杜潔特日後寫了一篇旅途見聞，提到杰克・布力架和保羅・布力架兩房都居於加州，她更獲邀出席了杰克・布力架與妻子結婚 50 週年的慶祝活動，當時有很多布力架家族成員出席（*South China Morning Post*, 12 July 1974）。由此可見，移居加州的家族成員仍維持著緊密關係，日常有不少交往，感情也較深。

自 1970 年代末，有關保羅‧布力架一房的資料日見減少，只有 1989 年他在加州去世的消息，其他無論是法蘭斯‧布力架、彼得‧布力架，或是祖怡‧布力架，都沒甚麼資料，反映他們已甚少回到香港。在史釗域‧布力架的論述中，移居海外的布力架家族成員，似乎大都對香港的發展缺乏信心，對香港沒有特別好感或個人感情，再加上家族成員大多遠走他方，在當地落地生根，令家族無可避免地進一步淡出香港。

從文化興趣的角度看，保羅‧布力架和妻子都對中國文化——尤其山水畫——甚為喜愛，妻子更因繪畫山水畫而擊退了腦部頑疾，但即使如此，夫婦二人在退休後還是選擇離開香港，移居加州，住在子女們附近。至於他們早年已在美國唸書的子女們，雖然彼得‧布力架曾回港發展業務，最終還是因生意沒有進展而回到加州，這除了因為他選擇的行業當時在香港未成氣候，亦或多或少反映家族在香港早已失去了獨特的競爭優勢，他們要在香港取一席位，基本上要從頭做起，故在權衡輕重後，最終決定在西方社會發展。

## 第六代後人的進一步淡出香港

相對於傳統年代，現代社會不但知識與技術變化迅速，價值觀念亦不斷變化，作為社會基本單位的家庭和婚姻等制度亦備受衝擊。其中對獨身或結婚、離婚或再婚、生育或不生育、生育人數多少等的觀念和抉擇，亦無可避免會發生方方面面的轉變，影響家族人力資源的存量與接班傳承。

與第四、第五代相比，布力架家族第六代的成員由於出生、成長及教育環境等不同，他們與港澳及葡國基本上已沒什麼關係。事實上，除了身體裡仍有葡萄牙人基因，流著葡人血脈外，就只有儲物櫃內某件先輩留下來的舊物，或舊相簿仍存有攝於港澳的家族照片，成為他們一個若隱若現的身份印記。由於新一代從未在香港或澳門生活，缺乏接觸，他們對東方世界的印象恐怕已如普

通歐美人士一樣了。

從某個層面上說，美國和澳洲這兩個國家在二戰之後發展急速，物質充裕，聲色娛樂應有盡有，亦有更多潛在空間可供布力架家族成員發展。而且兩國社會都由歐洲移民主導，又同是白種人，相信他們再不會被歧視，或聽到英國人比葡國人更「高貴」的言論，可在當地過得如魚得水，甚至視之為家，落地生根，根本不會無端想返回香港或葡國這兩個「陌生」的地方重頭發展。

在被稱為「土生葡人」的香港葡人後代心目中，到底哪裡才是故鄉？是葡國、港澳？抑或是移居地？或者他們是否已沒有所謂故鄉的觀念了？第四代的答案與第五、第六代的答案，必然甚為不同，他們對人生事業、婚姻家庭，乃至宗教信仰的選擇肯定亦千差萬別，畢竟世界瞬息萬變，社會核心的制度、價值或觀念亦早已面目全非，布力架家族每一代成員，也不過是順著時機局勢，作出遵循本心的抉擇而已。不過，家族至少已在港澳兩地的雪泥上留下深刻的指爪痕跡，讓後來者知道他們曾經是港澳故事的重要一環，至於之後他們飛往何處，恐怕已不需細辨了。

## 結語

人類的文明與歷史，本來就是由無數移民、定居、再遷徙構成，因此遷移是人類社會的常態，甚至是社會發展中必不可少的部份。無論遷移是源於饑荒、戰亂、貧窮等外在因素，還是為了冒險、求財或嚮往「新世界」的內在因素，由古至今，總有無數人離開原來出生、成長與生活的地方，到一個陌生的環境重新開始。期間他們必然會面對各種各樣的挑戰，如適應困難、水土不服、「原住民」的排擠與歧視、心無所屬產生的孤單感；因此對學術界而言，移民一直是一個重要的研究題目，無論是考古學、歷史學、社會學、心理學、人類學……，基本上每一個與人類相關的學科，也會嘗試從各自的角度，對此

現象或其產生的問題，作出考據、分析或解答。

　　本研究聚焦的布力架家族，第一代隨著葡萄牙國力強盛、航海技術先進之便，輾轉東來並落腳澳門，之後為了追求更好的發展，來到開埠不久的香港，雖然被「改姓」布力架，但仍在此地做出了不少成績。二戰結束後，這個家族的成員再次遷移，但不是返回「祖家」葡萄牙，而是基本上四處分散，有人移民美國、加拿大，有人在英國或澳洲終老。家族這樣的前進軌跡，既見證了西方全球擴張對世界的影響與衝擊，亦反映家族在全球化下的調適和應對。此外，家族成員宗教信仰的改變，亦導致他們對婚姻、家庭與生兒育女等觀念出現變化，揭示婚姻與家庭這些社會基本結構，會因不同思想、信仰與價值觀而產生結構性的差異，值得我們細味深思。

# 註釋

1    嘉露・布力架去世後，一些她教導過的學生留言回憶，指她的教學令他們印象深刻，學習到不少知識，可見她作育英才時表現不俗（Legacy, no year）。

2    綜合僅有資料看，史劍域・布力架其中一子為 DH・布力架（David Hugh Braga），約生於1970 年，任職於紐西蘭「法巴提名人公司」（BNP Paribus Nominees Co. Ltd.），擔任董事之職（S. Braga, 2012: 335）。

3    日後，這兩子進入中學階段，均被送到英國求學，並與父親一樣成為專業人士。

4    從史劍域・布力架（2012: i）在 2012 年的博士論文中稱呼法蘭斯・布力架為「法蘭斯・呂芬拿太太」（Mrs. Frances Rufener）一點看，法蘭斯・布力架後來應改嫁。

# 第十章

## 問道家族
### 生存與發展選擇的迷思與現實

即如時間只會向前，作為社會基本單位的個人或家族，其生存與發展亦只能不斷向前，永不止息，不走回頭路。而當時代巨輪滾滾向前，生存與發展條件便會不斷轉變，因此諸如路在何方、家族如何發展，如何趨吉避凶、哪裡有更好的生存環境、發展起來後如何延續下去等問題，自然沒有一成不變的答案，在每個關鍵時刻的選擇，都考驗著個體及家族的智慧、能力與應變策略。而作出選擇後有否努力、在困難或危機面前是否應對得當等，每一步都決定了個體與家族可否闖出名堂、不斷壯大。

作為歐洲社會把勢力伸延至東方的其中一個代表，布力架家族經歷多個世代，數百年的發展進程，見證了他們如何尋找機會與開拓生存空間的能力，過程中揭示了宗教信仰遇到的挑戰，以及由此產生的婚姻、家族等社會制度或核心價值的轉變。前文全面檢視了布力架家族在香港近 200 年的發展，在最後一章，且讓我們扼要談談當中一些重大的迷思與現實，以及一些值得注意和吸取的發展特質。

# 創業與「打工」的迷思與現實

除了外在環境與生理因素，個人的精神與思想亦會深刻影響行動決策，而宗教信仰作為個人精神構成的重要一環，自然左右著人類的行為，令不同信仰的群體，產生出不同模式的家族和社會體制。第一章提到的宗教改革，即韋伯所指清教徒的生活、工作或經商倫理，導致現代資本主義興起，便是最有力的說明。當然，若空談宏觀的理論，可能過於抽象，互動不夠直接明顯，造成理解上的困難，故本文以布力架家族多代人為代表，聚焦這群澳門土生葡人在香港的發展經歷，相信可以讓人更深刻具體地看到宗教信仰對事業、身份、婚姻、家庭，乃至於不同層面的巨大牽引和影響。

先說整體現象的觀察。受宗教信仰影響最為突出的，自然是事業的選擇，尤其是會否走上創業營商之路的問題。若將土生葡人在香港的創業意欲與經營精神，與猶太教、瑣羅亞斯德教（即祆教，或俗稱巴斯教）或基督新教相比，信奉天主教的土生葡人，常常被說成創業意欲相對較低。這一籠統或粗糙的判斷，當然是建基於土生葡人在港有不少人口，但經商者的比率卻遠比猶太人、巴斯人或英國人低這一現象（Bard, 1993），亦與澳門土生葡人較少孕育出大型企業有關。

不少人對土生葡人缺乏商業精神感到十分疑惑。如李長森（2007：416）便覺得一個在航海探索上如此冒險進取的民族，沒理由在同樣強調冒險拚搏的商海中，表現得如此保守。單看澳門土生葡人在香港開埠後的發展，他們明明擁有不少優勢，諸如近水樓台、精通華洋文化與語言，卻沒產生同等比例的經濟與商業發展力量。史劍域・布力架引述曾任香港大學出版社主任的戴高連（Colin Day）一段話，表達對土生葡人欠缺商業活力的不解：「當華人各自在汪洋大海中爭相暢泳時，葡人則似是受困於一潭死水之中」（Braga, 2012: xxxiv）。JP・布力架亦曾批評土生葡人在早期香港缺乏主動性，沒有企業精

神，因此只能淪為社會下層。他甚至批評土生葡人的下一代，同樣缺乏企業精神，認為父祖輩打下的基礎會因此消失殆盡。他這樣寫：

**那些取得成功的（家族），其下一代很少能繼承他們父輩節儉與好商的特質，積下的財富因此在二三代手中失去殆盡。（J.P. Braga, 2013: 150）**

信仰天主教的澳門土生葡人，是否真的缺乏營商創業的企業家精神？細看布力架家族數代人的從商經商之路，不難發現，單從精神層面或意欲看其實不弱，甚至有相當旺盛的一面。且不說其東來的始祖曼鈕‧羅沙以經商起家，成為巨富；由澳門轉到香港發展的不同世代，亦展示了不弱的創業與營商意欲，無論是若金‧布力架一代、JP‧布力架一代，或是杰克‧布力架一代，其實不少人都曾投身商海、創立企業。當中，若金‧布力架的生意更做得有聲有色，因此積累了巨大財富，可其他家族成員的營商創業卻敗多成少，或者只是勉強維持，不見突出，因此便有了戴高連口中「葡人則似是受困於一潭死水之中」的印象。

這裡引伸出澳門土生葡人在香港發展的一個特殊現象，那便是他們創業失敗後，往往能重回就業市場，找到待遇不錯的工作，如成為具有專業性質的「文員階層」，不致淪落到做體力勞動或更邊沿的工作。這反映他們在香港這個特殊環境下，作為土生葡人的「特殊」發展空間，港英殖民地政府雖不視他們為歐洲白人的一員，卻又給予較華人更高的信任或聘用條件，令他們成為介乎歐洲白人與普羅華人間的特殊階層，不少洋商亦採取相同的聘用安排。

由此觀之，影響土生葡人創業精神的因素，主要是現實條件，或他們如何詮釋外在環境。就算具有強烈的創業精神，在營商碰到困難甚至失敗時，人們

選擇堅持還是放棄，再接再厲還是另覓蹊徑，很大程度會視乎身處環境及已知條件，作出理性決定。土生葡人清楚自己有一條更好、更「舒適」的後路，繼續堅持經營的「機會成本」相對較高，故較容易放棄，在創業路上淺嚐即止。當創業有這樣的「逃生門」或後備選項時，自然減低了破釜沉舟、義無反顧的決心，用熊彼得的說法，則是難以培養出為爭取成功，不怕困難和失敗的堅定意志。

孟德斯鳩說一個民族要取得成功，精神因素最為重要。但土生葡人或布力架家族在港發展的個案卻讓人看到，更確實點說，其實是有了精神後，有沒有實踐或執行到底的意志才更重要。如布力架家族的不同世代，其實不少成員均曾創業，算得上是具有創業精神，但卻非人人都有鍥而不捨、屢敗屢戰、堅持到底的奮鬥意志。當然，從另一個角度看，創業雖然有機會令家族暴富，但更大的可能是「輸身家」，若眼前明明有更安全且尚算不錯的路可走，在創業失敗後仍「死牛一邊頸」地堅持，反而並非理性的決定。

綜合筆者過去長期研究不同家族的創業與營商故事，會發現成功出頭的例子本就萬中選一，一方面要靠外在環境和運氣等因素，若時不予我，渺小的個人或家族也無力回天；但就算是最合適的環境，亦不可能完全沒有挫折，個人或家族面對逆境時的選擇，便決定他們能飛多高、能走多遠。趨樂避苦是人的本能，若堅持代表要承受更大的困苦，付出更多血汗辛勞，而放棄卻能及時止血，又能輕鬆過活，那選擇放棄其實亦是人之常情，或更「合理」的決定。結果，就如「為山九仞，功虧一簣」，可能就差那一簣，因而令他們與成功擦身而過。

## 種族與身份的迷思與現實

香港尚未開埠之前，澳門作為溝通華洋管道的獨一無二地位，讓土生葡

人享受到不少特殊利益，也產生了一定優越感，因此吸引不少純種華人移居澳門，皈依天主教，並改姓易服，期望能獲得同等禮遇。至清朝時，更多歐洲人東來，由於新來者人生路不熟，亦沒有其他途徑進入中國內地市場，只能尋求澳門葡人協助，令土生葡人成為「搶手貨」，炙手可熱。即是說，在香港開埠前，澳門的葡人或土生葡人極受歡迎，自然產生自己勝人一籌的優越感，對自己的身份引以為傲，感覺良好。

至香港開埠後，澳門不再是唯一的通商口岸，失去了往日近乎壟斷的地位，加上英國國力遠較葡萄牙強大，澳門葡人及土生葡人亦失卻了往日的優勢。而由於香港的發展前景似乎較理想，不少澳門土生葡人反過來到香港求職或創業，成了寄人籬下之人，雖然他們仍擁有精通中英語等的獨特優勢，但因英國殖民統治者高舉種族主義旗幟——或者說白人至上主義，土生葡人不被視為白人，身份只略高於華人，天主教在當時香港亦非主流宗教，不如聖公會基督教享有厚待。因此，土生葡人自然感到沒趣，甚至憤憤不平。

土生葡人精通華洋語言、明白多方文化，可以更好地溝通西東，亦具一定教育水平，掌握現代社會發展，往往能獲聘為殖民地政府或洋行的「文員階層」，居於管理層的中間，比上不足比下有餘。對同樣被統治的華人而言，這已經是令人艷羨、可望而不可即的待遇，但在向來擁有優越地位，且自視為歐洲人的土生葡人眼中，卻猶如「半天吊」，不上不下。簡言之，土生葡人來到香港社會後，原來優越的身份不再，反而遭到赤裸裸的排擠，沒法成為歐洲白人的一員。

土生葡人由於種族或身份而遭受到的不平等待遇，相信布力架家族成員亦感受深刻。他們有人選擇逆來順受，有人會作出反抗，亦有人嘗試爭取，又或是選擇融入其中。如家族本來的姓氏是「羅沙」（Rosa），卻因香港殖民地政府依英國文化將之變成「布力架」（Braga），他們可能在要求更正但不獲正視後，

243

便「將錯就錯」，順勢更改姓氏，便是逆來順受的最佳例子。

深入細想，葡萄牙和英國同樣位於歐洲，而且不是什麼無名小國，港英政府不可能不清楚葡人命名的規範，之所以仍堅持以英國人的規則處理其姓氏，除了是便利行政、劃一管理的制度需要，更重要的，是一種純粹的漠視或「下馬威」，要對方明白主客之別，認清自己的身份，本質上即要求「臣服」，迫其接受現實。羅沙家族「人在屋簷下」，最後只有俯首低頭，接納姓氏改變以示服從，反映他們已接受自己的身份不再高人一等。

除了認命，有人亦暗中努力，或公開反抗，試圖打破種族樊籬，攀上社會的最高層。杰紐里奧．卡華浩相信便是私下籌劃的例子，在軒尼詩出任港督期間，他獲得港督賞識，一度被提名出任立法局議員。一個無權無勢的土生葡人，要獲得當權者的注目、欣賞甚至許以高位，不能單以運氣解釋，當中肯定付出了巨大的努力，多方奔走，找人穿針引線，才能走到那一步。可惜就在臨門一腳，遭受保守的英人社會反對，功敗垂成，令他的暗中努力胎死腹中。

而JP．布力架早年的行動，則是公開努力的最佳例子。1895時，他年少氣盛，出版了《香港外族的權利》一文，公開呼籲包括土生葡人在內所有受到不公平對待者爭取權益。不過，由於他毫無談判籌碼或實力，這樣的做法只如書生論政，根本不會得到正面回應，更不能撼動政權半分，反而因「出位」言論，令自己的前途蒙上陰影；若遇上更專制獨裁的統治者，更可能會如黎剎一樣人頭落地。

除了逆來順受與作出反抗之外，不少土生葡人還採用了較為普遍的適應方式，那便是接受對方為上位者的現實，以各種溫和手法，將自己融入對方的陣營中，期望被接納成為當中一員。這些手法包括與歐洲白人通婚、改變宗教信仰、接受英美教育，以及定居英美社會採用其生活模式等四大層面。

在與歐洲白人通婚方面，JP．布力架的舅父與他同樣都迎娶了英格蘭裔的

女子為妻，這種聯婚，除了是兩個人或兩個家族的結合外，亦有藉婚姻強化和歐洲白人關係的功能。若金・布力架的兒子 JF・布力架到英國求學後留在那裡發展，並在當地娶妻，同樣藉婚姻進一步融入歐洲白人的圈子。就算是 JP・布力架的子女及孫輩們，亦有不少人與歐洲白人結婚，不再如居澳的祖輩般只與華人或土生葡人通婚，揭示他們對強化或融入歐洲白人族群的深層次思考或追求。

改變宗教信仰的最明顯例子，自然是奧莉芙・蒲拉德及其姐由天主教改信基督新教一事。當然，她們本身是英國人，可能只是婚後才成為天主教徒，改信新教的原因也不是為了「融入」英國社會，但奧莉芙・蒲拉德改信新教的決定，亦影響了子女的人生，令他們的宗教信仰和生活圈子頓變，參與的教會或社交聚會亦以盎格魯撒克遜文化為主。由於經常接觸這樣的文化及生活方式，自然強化子女們對此的認同感和歸屬感。

教育作為家庭之外極為吃重的社教化媒介或體制（socialization institution），對塑造思想價值及身份極具影響力。在經濟條件許可下，家族都著意把子女送到英美加澳等盎格魯撒克遜社會接受教育，讓他們習慣盎格魯撒克遜的生活、文化和處事方式，建立人脈網絡或取得專業資格。當他們學成後，便更容易融入到盎格魯撒克遜社會之中，或者說更難跳出其圈子。

更為關鍵的，是他們認為自己是盎格魯撒克遜的一份子——哪怕血統、種族和膚色的先天因素，讓他們無法否定他們並非盎格魯撒克遜，但種種社教化的耳濡目染已令他們自覺為其中一員；明顯的證據，則是在條件許可下，他們會選擇移居到英美加澳等盎格魯撒克遜社會。前文提及 JF・布力架移居英國後不再回到港澳或葡國，或是二戰之後無數布力架家族後代先後移居英美加澳，都進一步說明他們全面倒向盎格魯撒克遜文化，融入其中，無論是南歐的葡國，或是東方的港澳，與他們已漸行漸遠，關係淡薄了。

有關身份認同的傳統理論，總是認為種族、出生地和成長環境對身份認同有極關鍵的影響，布力架家族多代人的身份認同，某程度上亦揭示了這種現象或特質；但當葡國地位日降，澳門的發展又遠遠落後於香港，英國則成為日不落國，無論軍事、科技、經濟、商業、藝術等均領先全球時，在「西瓜靠大邊」的原則下，選擇移民英美加澳，尋求較好生活，並全面融入盎格魯撒克遜社會，實在不難理解，亦屬人之常情。

## 婚姻與家庭的迷思與現實

信奉天主教的澳門土生葡人，長期均十分注重婚姻與家庭，他們奉行一夫一妻制度，高舉婚姻乃神之恩賜，不但強調節制性慾，亦講求感情上從一而終、純潔忠貞，當然亦要不離不棄、不可離婚；家人相處時講求上下和洽、包容相愛、彼此扶持及多生育子女等。可是，從布力架家族多代人的個案中，卻又看到就算教徒遵循教義，維持婚姻，也沒法確保家庭的完整，或能忠貞並不離不棄地終老。

表面看來，布力架家族成員無論信奉天主教還是新教，大多能維持一夫一妻、一生一世的理想，已知的離婚個案，只有 JP・布力架之女嘉露蓮・布力架；其孫比特・布力架及孫女法蘭斯・布力架三人，相對於家族人口，比率甚低。當然，婚姻記錄是公開的，有跡可尋，但感情卻屬私人領域，除了當事人或親密的家人朋友，外人一般難以窺知。不過，從史劍域・布力架論文中直接或間接的資料，便可看到家族中有些婚姻關係早已名存實亡，只維持著門面關係而已。

其中最明顯的例子，相信是文森・布力架與嘉露蓮娜・羅郎也的婚姻。文森・布力架為了逃避「無愛婚姻」，30 多年來一直離家遠走，連兒子出生和母親去世亦不回港，雖然當中可能有不足為外人道的苦衷，但這種逃避問題的

做法，最受傷害的，除了其妻嘉露蓮娜外，還有多名年幼子女。另一位沒有離婚，卻顯然違背婚姻承諾的便是 JP・布力架了，從史釗域・布力架的記錄中，他早於 1905 年已有婚外情，甚至要求妻子包容，奧莉芙・蒲拉德可能因丈夫的不忠而性格大變，甚至可能發洩在子女身上，成為一位「專橫、狠心固執」的母親。其子女在成長中，定然不斷目睹父母爭執、冷戰以及互相傷害。

或許對文森・布力架或 JP・布力架而言，由於身為虔誠教徒，又在葡人社會「有頭有臉」，維持婚姻關係有其必要性，而且他們看來亦有負起養家的責任，未至於令妻兒三餐不繼或流落街頭。可是，若婚姻缺乏了夫婦兒女互相關愛、互相扶持的內涵，那無論是文森・布力架一走了之的做法，還是 JP・布力架與妻子勉強住在同一屋簷下，其實都毫無意義，反而令傷害不斷加深。

相對於二人的做法，歌蘭娜・蒲拉德（奧莉芙・蒲拉德的姐姐）、嘉露蓮・布力架、比特・布力架及法蘭斯・布力架便選擇了決斷地離婚。當然，這可能是因為他們非天主教徒，不需拘泥於瑪竇福音第十九章 3-12 節「凡天主所結合的，人不可拆散」的教條。歌蘭娜・蒲拉德離婚後，與子女離開香港轉到菲律賓生活；嘉露蓮・布力架選擇單身，並展開了自己的音樂事業；比特・布力架及法蘭斯・布力架則另結良緣。當然，無論獨身、結婚、離婚或再婚，都不能確保生活定能幸福美滿，若有一個退場機制，讓不再相愛、不願相守的夫妻好來好去，總勝於死守教義，拖拖拉拉，親人也不用在虛假的關係中無所適從，日復日地忍受背叛、遺棄或嫉妒等負面情緒的折磨。

至於生兒育女方面，信奉天主教的夫妻或家庭，看來確實會生育較多子女，哪怕有些夫妻早已出現感情問題。以布力架家族為例，撇除香港開埠前的世代缺乏資料不談，信仰傳統天主教的文森・布力架一代，或是 JP・布力架一代，他們的子女都為數甚多。家族富裕時如此，經濟條件沒那麼好時亦如此，即是子女數目的多寡與經濟條件沒有太多關連。若金・布力架可能是例外，他

子女數目較少，很可能與健康問題有關，而且論經濟條件他是三兄弟中最好的，亦反映經濟條件不是他們考慮生育子女的因素。

當然，更能說明這個情況的，無疑是JP‧布力架的子女。他這一脈原來只有一種信仰（天主教），到奧莉芙‧蒲拉德改信基督新教之後，變成了兩種，他們的子女因此亦分裂為不同宗教，並各自與相同信仰者結為夫婦，於是對生兒育女又有了不同的選擇。簡單地看，信奉天主教的杰克‧布力架，與同樣是天主教徒的奧古斯塔‧盧士結婚，育有七名子女，人數雖不及父輩，卻仍遠比信奉新教的其他兄弟姐妹多很多；後者的子女數目明顯較少，一般是一兩名，最多亦只有四名，更不用說有人婚後無所出。

促使夫妻決定生育多少子女的因素儘管十分複雜，但當中信仰確實有著不容低估的影響。至於子女數目多寡，又很自然地影響家族規模和結構，在傳承過程中出現辛苦積累的財富愈分愈小的問題，這與華人社會「諸子均分」的傳承制度被指攤薄財富、削弱資本積累的道理相同。這可能亦是在資本市場未開放的年代，葡人或華人家族一個不利因素，因為子女眾多，在分家析產時常會分薄財產，令資本難以積累，企業發展受到局限。

毫無疑問，宗教信仰影響了婚姻、家庭與子女生育等問題，引起不同思考。本質上，強調夫妻關係從一而終、矢志不渝、純潔忠貞，當然有其必要性與合理性，亦是對婚姻應該抱有的理想與堅持。但當面對誘惑，肉體一時軟弱，犯下難以挽回的錯，出現了無可修補的裂縫時，若能理性討論，和平分開，始終較只著重表面平靜，內裡卻千瘡百孔的婚姻為佳。

## 定居地與事業發展的迷思與現實

尋求生存和發展乃任何家族必然的思考，而在何處能獲得更好的生存和發展，成了不同世代的家族成員必須各自盤算、細心分析評估、作出明智選擇的

頭等大事。不過，若最好的發展地方非自己的出生地，但受制於血脈、種族、物質條件、親情牽絆等先天或後天因素，要移居到這個「理想國度」，重新開展生活，亦是十分艱難的決定，過程中也會遇到不少波折。檢視布力架家族的歷史可見，家族先輩在十七世紀離開葡國東來，可視為第一波移民，到十九世紀中由澳門轉到香港發展，則可視為第二波移民；二戰結束後，家族第四代先後拔營換寨，移居英美加澳等地，則屬第三波移民。這些不同時期的移民行動背後，必然有對生活水平、事業發展空間及未來前景等問題的深入思考與分析。

若細看這三波不同時代的移民和他們選擇的定居地，不難發現前兩波的性質較為相近，可說是由相對富裕的社會，移居至經濟發展尚未成熟的社會；第三波則較為不同，是從經濟發展中的社會，移居到相對富裕的社會。前者的主要目的自然是謀求更好的事業發展，移民時一般兩手空空，沒甚資本；相對而言，後者的主要目的普遍是為了獲得更好生活，享受人生，移民時一般帶有豐厚資本。即是說，截然不同的移居選擇或決定，反映了人生與事業的不同追求。

阿基米德曾說過一句傳頌千古的話：「給我一個支點，我可移動地球」，意思是說若能利用槓桿原理，哪怕再細小的力量，亦能推動重大的東西，令有限的力量更好發揮。這道理放在個人或家族如何拚出成績、打造輝煌的問題上，布力架家族先輩的人生追尋，明顯不只是為了生存，而是尋找一個支點，將自己原本不多的資本以小博大，四兩撥千斤。所以無論是十七世紀離開葡國，或是十九世紀由澳門轉到香港時，他們在原居地的生活其實不算太差，只是他們覺得新地方有更好的機會或空間，讓他們能揚名立萬。即是說，他們應該認為，移民到一個新地方之後應可找到支點，拚出更好成績。

沿著尋找發展支點的角度看，布力架家族先輩在第一、二波移民時，明顯

是考慮那移居地能否給予更好的發揮空間。不過，到了第三波移民時，第四或五代明顯是考慮他們能否在移居地獲得新身份——主要是盎格魯撒克遜文化的身份，享受富裕安穩的生活，當中以第四代、尤其是出售香港物業與收藏的杰克‧布力架和保羅‧布力架的例子最為鮮明。由此反映的，是第一、二波移民屬於進取開拓型，第三波屬於穩守享樂型，他們的發展動力或所展示的形態，自然截然不同。

為甚麼說土生葡人或布力架家族在澳門和香港可獲得「阿基米德支點」，更好發揮？關鍵所在是這兩個地方曾經是溝通華洋西東、獨一無二的橋樑或管道，他們憑著本身既能「代表」洋人社會，遊走於華人社會；或是反過來，既能「代表」華人社會，遊走於洋人社會的能力或身份特質，能夠做到俗語所謂「兩面通吃」，比別人有更好或更多的發展機會。

以社會較常討論的商業、政治與文化三個層面說，由於土生葡人或布力架家族成員處於那個支點地位，他們在商業層面既可選擇自行創業，從事華洋貿易，亦可選擇充當企業或洋行的中介，只要具才華、能拚搏，又碰到機會，就容易乘勢而起。在政治層面上，他們可以加入澳門政府的公務員團隊，成為管理骨幹；在英人治下的香港，他們雖難以登上高位，但居於中層位置其實亦相當不錯；在文化層面上，由於他們掌握華洋語言、明瞭東西文化，能夠充當文化溝通者、傳播者，甚至創造者，因為文化碰撞能激發創新，帶來更多元多樣的內涵。其中又以 JP‧布力架和杰克‧布力架的文化溝通與傳播者身份最為突出。

當然，土生葡人在華人社會的人脈關係及社會網絡，沒華人商業精英那麼深入堅固，所以哪怕他們精通華洋多語和多方文化，卻甚少成為買辦（Wordie, 1999）；在港英政府之內，他們則因被視為比歐洲白人低一級的「異族」，無法成為高層官員或進入政治核心，但仍成為「文員階層」，可謂比上不足，比下

有餘;至於在人文、音樂及藝術等領域,他們則相當突出,主要原因是他們確實能在華洋文化互動與碰撞中「擦出火花」,綻放異彩。李長森十分扼要地指出:「在澳門,土生族群中催生了一大批文化人及知識份子,特別是作家、史學家、漢學家、翻譯家、畫家、音樂家、園藝家、設計家以及報人和新聞工作者」,並十分形象化地把澳門的華洋混合文化形容為「鹹淡水文化」,以澳門位處華南沿岸的珠江口,河水流與海水交滙所形成的獨特現象作比喻,視之為「雙棲文化傳統的真正繼承者」(李長森,2007:7 及 362-367)。

隨著時間轉移,中外社會日趨開放,接觸交往日多,加上不同「條約港」(treaty ports)相繼發展,港澳的獨特地位乃不斷變化,土生葡人在港澳的特殊「支點」地位也逐步消減。與此同時,二戰結束後,不少在港澳生活的土生葡人較以前有更多機會,或更容易把子女送到英美加澳等社會留學,那些下一代在完成學業後一般傾向留在當地發展事業,不願返回港澳,背後除了自覺他們在港澳的特殊地位不斷弱化,亦與英美加澳等地可提供較好的生活條件與前景有關,吸引其留下來。

由此引伸出布力架家族截然不同的第三波移民選擇。他們明白自己在港澳的突出優點明顯消減,與葡國的關係亦進一步疏離;加上子女後代大多在英美加澳,不願再回到香港或澳門。步入晚年的第四代,事實上再沒以港澳為支點打拚事業的心力,所以選擇出售港澳資產,移民到子女的定居地與他們團聚。他們未必一起生活,但仍可住在附近,維持緊密關係。

第四代移居英美加澳與子女團聚,自有其晚年退休、享受生活的考慮,乃情理所在;至於第五、六代選擇不再回到港澳,其實亦不難理解,因為他們自小被送到英美加澳求學,就如若金·布力架當年把獨子JF·布力架送到英國,之後一直留在英國生活一樣,他們血統上雖屬土生葡人,但信仰、價值觀念、語言及生活模式等,已經與盎格魯撒克遜歐洲白人再沒兩樣,完全融入其社

會，身份上亦認同自己是定居國的子民。結果，他們不再如祖輩般懂得東方社會的語言、了解東方文化，或是在東方社會擁有深層次的人脈與社會關係，同時亦難以利用港澳的支點和槓桿，發掘機會與潛能。

更直白地說，自小在英美加澳等國接受教育，學成後選擇在那裡定居，又取得該國國籍的第五、六代布力架家族成員，已完全融入當地社會，儘管他們仍與葡人或土生葡人族群維持一定聯繫，亦與來自港澳的華洋人民有一些接觸，但他們已失去了在這兩個種族、制度或文化之間的「中間」位置，難以有效發揮，即是失去了那個可以移動地球的支點，不能利用槓桿的力量，只能有多大力量，便做多大事情，四兩撥千斤的情況不再。

毫無疑問，無論澳門或香港，自殖民地統治者在當地行使管治實權開始，政治制度、經濟結構，以及社會環境等隨即發生轉變。雖然兩個殖民地政府的管治理念及策略各有不同，發展軌跡同中有異，並存在一定競爭，惟兩地華洋商人卻能利用這兩個地方的特殊條件，結合自身不同優勢，加上種種努力與運氣配合，為本身的生意及家族發展謀求最大利益，並從這個過程中成就了港澳的傳奇。


## 總結

作為社會最基本單位的家族，無論經歷多大的時代變遷，碰到何種困難與挑戰，必然會以種種方法奮力求存，發展延續，亦必然在這個過程中展示競爭力、調適力與永續力，因為不具這些能力的家族，必然早被歷史淘汰。細心一點看，支撐家族生存與延續的，是婚姻制度；約束或主導婚姻與家族行為的，則是宗教信仰，揭示宗教信仰更具決定性，地位最高，並與家族和婚姻互相牽連影響。由此不難看到，若能維持家族的生存、發展與延續，便能維持社會的生存、發展與延續。

屬於天主教國家的葡萄牙，憑先進航海技術和敢於冒險的開拓精神，一度成為世界強國，因此有了葡人越過非洲千里東來，開闢澳門成為「飛地」，孕育出不少土生葡人家族。這些家族在香港被闢為英國殖民地時由澳轉港，曾成為香港發展的其中一股重要力量，惟他們因宗教信仰與種族身份，始終沒被歸入歐洲白人類別。經歷巨大歷史變遷，尤其在二戰之後，大英帝國綜合國力逐步滑落，像布力架家族般的土生葡人看到了新的生存與發展局面，於是作出新的調整，改為淡出港澳，移居英美加澳，其中又以不選擇回到葡國一點最引人好奇，值得玩味。促成他們作出重大抉擇的關鍵所在，是其信仰、身份與生活文化等早已發生巨大轉變，惟那些土生葡人的後裔能否再如杜芬奴‧羅郎也或JP‧布力架那代人般，在某個特殊時空與機遇下創出輝煌、寫下傳奇，則有待時間證明了。

# 參考資料

A-Desiflava. No year. "David Braga & Partners Dentistry". https://adesiflava.com/listing/david-braga-dentistry-central/.

Agreement between H.E. the Governor and Delfino Noronha. 1862. HKRS 149-2-3782. Hong Kong: Public Records Office.

*Anglo-Chinese Calendar.* Various years. Hong Kong: The Chinese Repository.

Australian National Museum of Education. No year. "Stuart Braga". anme.org.au/distinguished-educators/stuart-braga-face/.

Bard, S. 1993. *Traders of Hong Kong: Some Foreign Merchant Houses, 1841-1899.* Hong Kong: Urban Council.

Betta, C. 1997. *Silas Aaron Hardoon (1815-1931): Marginality and Adaptation in Shanghai,* unpublished Ph.D. dissertation. London: University of London.

Betteridge, T. and Freeman, T.S. 2012. *Henry VIII and History.* London: Ashgate.

*Boletim* (Macao). Various years.

Braga Collection. No year. "Collections". National Library of Australia. https://www.nla.gov.au/collections/guide-selected-collections/braga-collection.

Braga, A. 1966. *My Printing: An Exhibition of Chinese Type Paintings on Rice Paper and Silk.* Hong Kong: Hong Kong City Hall.

Braga, J.M. 1960. *Hong Kong and Macao: A Record of Good Fellowship.* Macau: Noticias de Macau.

Braga, J.M. 1970. *Macau: A Short Handbook.* Macau: Information & Tourism.

Braga, J.P. 1895. *The Rights of the Aliens in Hong Kong.* Hong Kong:Noronha & Co.

Braga, J.P. 1987. *The Portuguese Pioneers of Hong Kong.* Macau: Instituto Cultural de Macau.

Braga, J.P. 2013. *The Portuguese in Hong Kong and China: Their Beginning, Settlement and Progress to 1949,* Vol. 1. Macao: University of Macau.

Braga, S. 2012. *Making Impression: The Adaptation of a Portuguese Family of Hong Kong, 1700-1950,* Ph.D. dissertation. Canberra: Australian National University.

Buitendag, J. 2007. "Marriage in the theology of Martin Luther – worldly yet sacred" An option between secularism and clericalism", *Hervrmde Teologiese Studies,* 63(2): 445-641.

Cameron, N. 1982. *Power: The Story of China Light.* Hong Kong, New York: Oxford University Press.

*Casa Down Under Newsletter.* 2013. "Obituaries" , Vol. 25, Iss. 2, p. 11.

Chater, L. No year. "Sir Catchick Paul Chater Kt., C.M.G. Hon LLD", in *Sir Catchick Paul Chater Kt. CMG, 1846-1926.* http://freepages.rootsweb.com/~sirpaulchater/genealogy/biography_Paul_Chater.html.

*China Directory.* Various years. Hong Kong: A. Shortrede & Co.

China Light and Power Company (1918) Limited. 1918. *Memorandum and Article of Association.* Hong Kong: Companies Registry.

China Light and Power Company Limited. 1901. *Memorandum and Article of Association.* Hong Kong: Companies Registry.

China Light and Power Company Limited. 1935. *Special Resolution.* Hong Kong: Companies Registry.

*China Mail.* Various years.

*China Press*. Various years.

*Chinese Repository*. Various years. Tokyo: Maruzen Co. Ltd.

*Chronicle and Directory of China*. Various years. Hong Kong: The Hong Kong Daily Press.

*Coinsweekly*. 2011. "The Japan Mint in Osaka — Exponent of Westernization", 6 July 2011. https://coinsweekly.com/the-japan-mint-in-osaka-exponent-of-western-modernization/.

David Braga & Partners Dentistry. No year. "Home". https://www.davidbragadentistry.com/.

*Desk Hong List: General and Business Directory for Shanghai and the Northern and River Ports*. 1904. Shanghai: North China Herald.

Dicks A.R. 1984. "Macao: Legal fiction and gunboat diplomacy", in Aijmer, G. (ed.) *Leadership on the China Coast*, pp.90-128. London and Malmo: Curzon Press Ltd.

Dignity Memorial. No year. "Obituary: Dr. Leslie Peter Millar". https://www.dignitymemorial.com/obituaries/winnipeg-mb/leslie-millar-7564975.

Downes, P. 2003. "Pollard Opera Company", *Crescendo*, No. 64, pp. 6-9.

Endacott, G.B. and She, D.E. 1949. *The Diocese of Victoria, Hong Kong, 1849-1949*. Hong Kong: Kelly & Walsh.

Farmer, H. 2018. "Messrs. Shewan, Tomes & Co.", *The Industrial History of Hong Kong Group*, 24 November 2018. https://industrialhistoryhk.org/messrs-shewan-tomes/.

Fok, K. C. 1978. *The Macao Formula: A Study of Chinese Management of Westerners from the Mid-sixteenth Century to the Opium War Period*, Ph.D. dissertation, University of Hawaii.

Friedman, T.L. 2006. *The World is Flat: The Globalized World in the Twenty-First Century*.

London: Penguin.

*Gazette of Macao and Timor.* Various years.

Hanashiro, R.S. 1999. *Thomas William Kinder & the Japanese Imperial Mint, 1868-1875.* Leiden, Boston: Brill.

*Hong Kong Almanack and Directory.* Various years. Hong Kong: The China Mail.

Hong Kong Census and Statistics Department. 1941. *Hong Kong Census Reports, 1841-1941.* Hong Kong: Government Printer.

*Hong Kong Directory and Hong List for the Far East.* Various years. Hong Kong: Robert Fraser-Smith.

Howells, B. 1987. "Braga's wealth of HK stories", *South China Morning Post*, 31 May 1987, p. 25.

Hugh Braga & Co. Ltd. Various years. "Annual Return". Hong Kong: Company Registry.

Huttenback, R.A. 1976. *Racism and Empire.* London: Cornell University Press.

In the estate of John Vincent Braga, retired account, deceased. 1981. HKRS 144/14A/1496. Hong Kong: Public Records Office.

In the goods of Jose Pedro Braga, company director, deceased. 1947. HKRS 96-1-776. Hong Kong: Public Records Office.

In the goods of Mary Braga, deceased. 1966. HKRS 144-6A-3515. Hong Kong: Public Records Office.

*Japan Gazette Hong List and Directory.* Various years. Tokyo: Sagwan Press.

Jesus, M. 1902. *Historic Macao.* Hong Kong: Kelly & Walsh.

Kaufman, J. 2020. *The Last King of Shanghai: The Rival Jewish Dynasties that Helped Created Modern China.* New York: Viking.

Kong, Y.C. 2017. *Jewish Merchants' Community in Shanghai: A Study of the Kadoorie Enterprise, 1890-1950,* unpublished Ph.D. dissertation. Hong Kong: Hong Kong Baptist University.

Lau, Y.W. 2002. *A History of the Municipal Councils of Hong Kong, 1883-1999: From the Sanitary Board to the Urban Council and the Regional Council.* Hong Kong: Leisure and Cultural Service Department.

Legacy. No year. "Dr. Carol A. Braga". https://www.legacy.com/us/obituaries/sfgate/name/carol-braga-obituary?pid=197555660.

Legislative Council. Various Years. *Hong Kong Legislative Council Official Report of Proceedings.* Hong Kong: Government Printer.

Loades, D.M. 1994. *The Politics of Marriage: Henry VIII and His Queens.* Stroud: Alan Sutton.

*Macao Tribune.* Various years.

MacKeown, P.K. 2007. "The Hong Kong Mint, 164-1868: The history of an early engineering experiment", *Journal of the Royal Asiatic Society Hong Kong Branch,* 2007, Vol. 47, pp.41-79.

*North China Herald.* Various years.

Probate Jurisdiction — Will File No. 1019/76. 1876. "Joao Jaoquim Braga, deceased". HKRS 144-4-329. Hong Kong: Public Records Office.

Probate Jurisdiction — Will File No. 19/00. 1900. "Delfino de Noronha". HKRS 144-4-1281. Hong Kong: Public Records Office.

Puga, R.M. 2013. *The British Presence in Macau, 1635-1793.* Hong Kong: Hong Kong University Press.

Randell, K. 1993. *Henry VIII and the Reformation in England.* London: Hodder &

Stoughton.

*Report of Committee of the Senate of the United State for the Second Session of the 44th Congress, 1876-77.* 1877. Washington: The U.S. Government Printing Office.

*Report on the Census for the Colony of Hong Kong.* 1911. Hong Kong: Government Printers.

Roads, D.J. 1987. "Story behind Rizal's poem", *South China Morning Post,* 7 June 1987, p.10.

Schnucker, R.V. 1969. *View of Selected Puritans, 1560-1630, on Marriage and Human Sexuality,* PhD. dissertation. Iowa City: University of Iowa.

Schumpeter, J.A. 1996. *The Theory of Economic Development,* trans by Opie, R. New Brunswick and London: Transaction Publishers.

Smith & Jian Clinic. No year. "About Us". https://www.smithandjaindentists.com/our-team/about-smith-and-jain.

Smith, C. No year. "Braga", in Carl Smith Collection. Hong Kong: Public Records Office.

Snow, P. 2003. *The Fall of Hong Kong: Britain, China and the Japanese Occupation.* New Haven: Yale University Press.

St. Xavier's College. No year. "About the College". https://www.sxccal.edu/about-the-college/

Szczepanski, K. 2020. "Biography of Jose Rizal, national hero of the Philippines", *ThoughtCo,* 28 August 2020. https://www.thoughtco.com/jose-rizal-hero-of-the-philippines-195677.

Telegraph Announcements. No year. "Braga". http://announcements.telegraph.co.uk/deaths/28554/braga.

Terchonian, H. 2005. *Life & Times of Sir Catchick Paul Chater, 1846-1926.* Kolkata:

Armenia Holy Church of Nazareth.

Weber, M. 1985. *The Protestant Ethic and the Spirit of Capitalism*, trans. Parsons, T. New York: Scribner's Book.

Winnipeg Free Press. No year. "Obituaries: Teresa Millar". https://passages.winnipeg freepress.com/passage-details/id-172502/Teresa-Millar

Wordie, J. 1999. "Fading legacy of loyal Portuguese", *South China Morning Post*, 21 March 1999, p. 19.

Wright, A. and Cartwright, H.A. 1908. *Twentieth Century Impressions of Hong Kong, Shanghai and Other Treaty Ports of China*. London: Lloyds Greater Britain Publishing Company.

卡布拉爾。1994。〈澳門的族群構成〉,載《文化雜誌》,1994 年第 20 期,頁 188-195。

何佩然。2016。《城傳立新:香港城市規劃發展史,1841-2015》。香港:中華書局。

余繩武、劉存寬。1994。《十九世紀的香港》。香港:麒麟書業有限公司。

李谷城。2000。《香港報業百年滄桑》。香港:明報出版社。

李長森。2007。《明清時期澳門土生族群的形成發展與變遷》。北京:中華書局。

香港水務署。沒年份。〈海水沖廁〉,《水務署:核心工作》。https://www.wsd. gov.hk/tc/core-businesses/water-resources/seawater-for-flushing/index.html。

香港房屋協會。沒年份。〈香港房屋協會:歷史及里程碑〉。https://www.hkhs. com/tc/about-us/history-milestones。

佩雷菲特。2016。《信任社會》,邱海嬰(譯)。北京:商務印書館。

孟德斯鳩。2009。《論法的精神》,許明龍(譯)。北京:商務印書館。

阿馬羅。1994。〈大地之子：澳門土生葡人研究〉（金國平譯），《文化雜誌》（中文版），第 20 期，頁 10-57。

張生。2013。〈清教家庭倫理研究〉，《甘肅理論學刊》，總第 219 期（2013 年 9 月第 5 期），頁 108-113。

郭源標。2017。〈從神學角度看婚姻〉，《國學與西學》，第 12 期（2017 年 6 月），頁 123-128。

郭鴻標。2004。〈婚姻神學的救贖意義的失落與重建〉，載李耀全（編）《性與靈性》，頁 91-107。香港：建道神學院。

陳成漢。2017。《早期香港的名人訪客》。香港：香港特別行政區政府康樂及文化事務署。

湯開建。1999。《澳門開埠初期研究》。北京：中華書局。

黃仁宇。1997。《資本主義與二十一世紀》。北京：三聯書店。

黃啟臣。1999。《澳門通史：遠古－1998》。廣州：廣東教育出版社。

趙粵。2020。《香港西藥業史》。香港：三聯書店（香港）有限公司。

鄭宏泰、陸觀豪。2017。《點石成金：打造香港金融中心的里程碑》。香港：中華書局。

鄭宏泰、黃紹倫。2005。《香港米業史》。香港：三聯書店（香港）有限公司。

鄭宏泰、黃紹倫。2006。《香港股史：1841-1997》。香港：三聯書店（香港）有限公司。

鄭宏泰、黃紹倫。2007。《香港大老：何東》。香港：三聯書店（香港）有限公司。

鄭宏泰、黃黎若蓮、梁佳俊。2016。〈民間聯繫與港澳互動：東華三院與鏡湖醫院的歷史和發展觀察〉，載鄭宏泰、梁佳俊（編）《澳門對外關係：區域整合與交流》，頁 131-156。香港：香港中文大學香港亞太研究所。

鄭德華。1998。〈清初廣東沿海遷徙及其對社會的影響〉,《九州學刊》,第 2
卷第 4 期,頁 47-71。

龍斯泰。1997。《早期澳門史:在華葡萄牙居留地簡史》,吳義雄、郭德焱、沈
正邦譯。北京:東方出版社。

關禮雄。1993。《日佔時期的香港》。香港:三聯書店(香港)有限公司。

# 布力架家族系譜圖

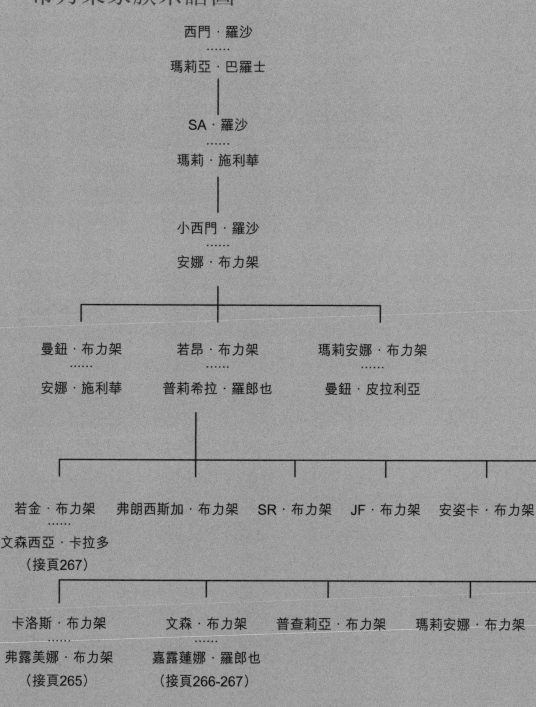

西門・羅沙
......
瑪莉亞・巴羅士

SA・羅沙
......
瑪莉・施利華

小西門・羅沙
......
安娜・布力架

曼鈕・布力架　　　　若昂・布力架　　　　瑪莉安娜・布力架
......　　　　　　　　......　　　　　　　　......
安娜・施利華　　　普莉希拉・羅郎也　　　曼鈕・皮拉利亞

若金・布力架　　弗朗西斯加・布力架　　SR・布力架　　JF・布力架　　安姿卡・布力架
......
文森西亞・卡拉多
（接頁267）

卡洛斯・布力架　　　　文森・布力架　　　　普查莉亞・布力架　　　　瑪莉安娜・布力架
......　　　　　　　　......
弗露美娜・布力架　　嘉露蓮娜・羅郎也
（接頁265）　　　　（接頁266-267）

卡洛斯 · 布力架

‧‧‧‧‧‧

弗露美娜 · 布力架

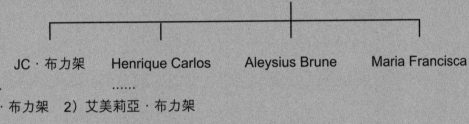

JC · 布力架　　Henrique Carlos　　Aleysius Brune　　Maria Francisca

1）賈斯汀娜 · 布力架　　2）艾美莉亞 · 布力架

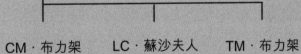

CM · 布力架　　LC · 蘇沙夫人　　TM · 布力架

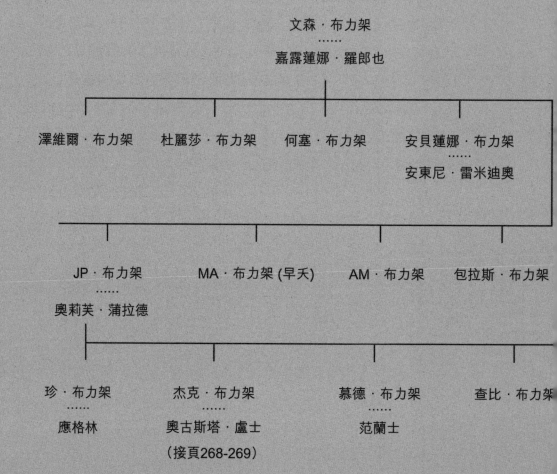

文森·布力架
......
嘉露蓮娜·羅郎也

澤維爾·布力架　　杜麗莎·布力架　　何塞·布力架　　安貝蓮娜·布力架
　　　　　　　　　　　　　　　　　　　　　　　　　　　......
　　　　　　　　　　　　　　　　　　　　　　　　　安東尼·雷米迪奧

JP·布力架　　　MA·布力架 (早夭)　　AM·布力架　　包拉斯·布力架
......
奧莉芙·蒲拉德

珍·布力架　　　杰克·布力架　　　慕德·布力架　　　查比·布力架
......　　　　　　......　　　　　　　......
應格林　　　　奧古斯塔·盧士　　　范蘭士
　　　　　　（接頁268-269）

若金 · 布力架
......
文森西亞 · 卡拉多

JF · 布力架
......
Sophia Maria Theresa

克萊門 · 布力架　　諾埃爾 · 布力架　　曉 · 布力架　　占士 · 布力架　　東尼 · 布力架
......　　　　　　　　......　　　　　　　......　　　　　......
妙麗 · 威廉臣　　瑪祖莉 · 莫里斯　　羅拉 · 布林利　　安妮 · 約翰遜
（接頁270）　　　（接頁270）　　　（接頁270）

瑪莉 · 布力架　　嘉露蓮 · 布力架　　保羅 · 布力架　　約翰 · 布力架
　　　　　　　　　......　　　　　　　......　　　　　......
　　　　　　　　麥堅時　　　　　奧黛麗 · 雲素　　路易斯 · 艾什頓
　　　　　　　　　　　　　　　（接頁271）　　　（接頁271）

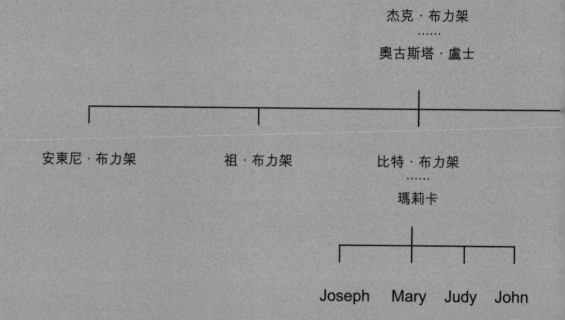

杰克·布力架
......
奧古斯塔·盧士

安東尼·布力架　　　　祖·布力架　　　　比特·布力架
　　　　　　　　　　　　　　　　　　　　　　......
　　　　　　　　　　　　　　　　　　　　　　瑪莉卡

Joseph　Mary　Judy　John

布力架家族系譜圖

嘻露·布力架　　　　杜麗莎·布力架　　　　瑪麗亞·布力架　　　　安琪拉·布力架
　　　　　　　　　　　……　　　　　　　　　　　　　　　　　　　　　　　……
　　　　　　　　　　萊斯利·米拉　　　　　　　　　　　　　　　　　　阿博龍

Elizabeth　Margaret　Jean　Lesley

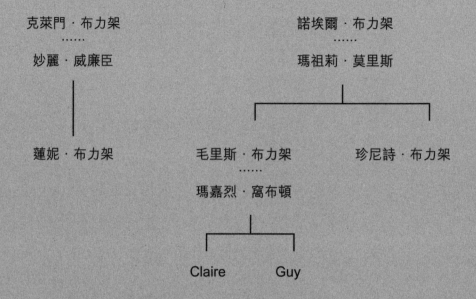

克萊門・布力架　　　　　　　　　　諾埃爾・布力架
⋯⋯⋯　　　　　　　　　　　　⋯⋯⋯
妙麗・威廉臣　　　　　　　　　　　瑪祖莉・莫里斯

蓮妮・布力架　　　　毛里斯・布力架　　　　珍尼詩・布力架
⋯⋯⋯
瑪嘉烈・窩布頓

Claire　　　Guy

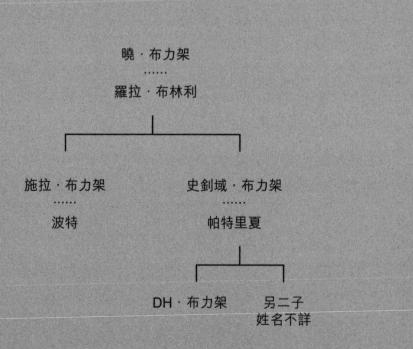

曉・布力架
⋯⋯⋯
羅拉・布林利

施拉・布力架　　　　　史劍域・布力架
⋯⋯⋯　　　　　　　　⋯⋯⋯
波特　　　　　　　　　帕特里夏

DH・布力架　　另二子
姓名不詳

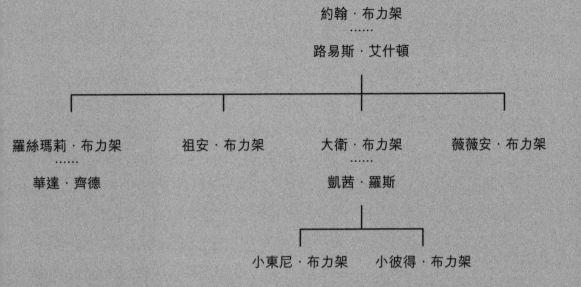

約翰·布力架
……
路易斯·艾什頓

羅絲瑪莉·布力架　　　祖安·布力架　　　大衛·布力架　　　薇薇安·布力架
……　　　　　　　　　　　　　　　　……
華達·齊德　　　　　　　　　　　　　凱茜·羅斯

小東尼·布力架　　小彼得·布力架

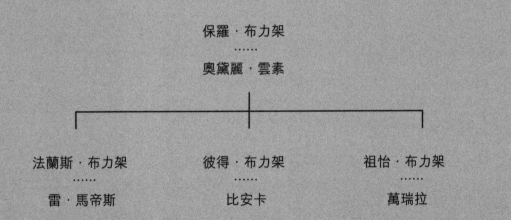

保羅·布力架
……
奧黛麗·雲素

法蘭斯·布力架　　　彼得·布力架　　　祖怡·布力架
……　　　　　　　……　　　　　　　……
雷·馬帝斯　　　　　比安卡　　　　　萬瑞拉

三聯書店
http://jointpublishing.com

JPBooks.Plus
http://jpbooks.plus

| | |
|---|---|
| 編輯 | 寧礎鋒 |
| 設計 | 黃詠詩 |

| | |
|---|---|
| 書名 | 布力架家族：澳門土生葡人在港五代發展傳奇 |
| 作者 | 鄭宏泰 |

出版　三聯書店（香港）有限公司 |
香港北角英皇道 499 號北角工業大廈 20 樓
Joint Publishing (H.K.) Co., Ltd. |
20/F., North Point Industrial Building, 499 King's Road,
North Point, Hong Kong

香港發行　香港聯合書刊物流有限公司 |
香港新界荃灣德士古道 220-248 號 16 樓

印刷　美雅印刷製本有限公司 |
香港九龍觀塘榮業街 6 號 4 樓 A 室

版次　2022 年 7 月香港第一版第一次印刷
規格　16 開（170mm × 230mm）272 面
國際書號　ISBN 978-962-04-5015-0